धर्म और विश्वदृष्टि

पेरियार ई.वी. रामासामी

सम्पादक
प्रमोद रंजन

राधाकृष्ण पेपरबैक्स

राधाकृष्ण पेपरबैक्स में
पहला संस्करण : 2020
पाँचवाँ संस्करण : 2025

राधाकृष्ण पेपरबैक्स : उत्कृष्ट साहित्य के जनसुलभ संस्करण

राधाकृष्ण प्रकाशन प्राइवेट लिमिटेड
जी-17, जगतपुरी, दिल्ली-110 051
द्वारा प्रकाशित

शाखाएँ : अशोक राजपथ, साइंस कॉलेज के सामने, पटना-800 006
पहली मंजिल, दरबारी बिल्डिंग, महात्मा गांधी मार्ग, प्रयागराज-211 001
1, अनमोल सोराबजी सन्तुक लेन, धोबी तलाव, मरीन लाइंस, मुम्बई-400 002

वेबसाइट : www.radhakrishnaprakashan.com
ई-मेल : info@radhakrishnaprakashan.com

विकास कम्प्यूटर एंड प्रिंटर्स
ट्रॉनिका सिटी-201 102
द्वारा मुद्रित

मूल्य : ₹299

DHARM AUR VISHWADRISHTI
by Periyar E.V. Ramasamy
Edited by Pramod Ranjan

ISBN : 978-81-8361-967-7

पेरियार ई.वी. रामासामी

ई.वी. रामासामी नायकर 'पेरियार' (17 सितम्बर, 1879—24 दिसम्बर, 1973) बीसवीं शताब्दी के महानतम चिन्तकों और विचारकों में से एक हैं। उन्हें वाल्तेयर की श्रेणी का दार्शनिक, चिन्तक, लेखक और वक्ता माना जाता है। 'भारतीय समाज और भारतीय व्यक्ति का मुकम्मल आधुनिकीकरण जिन भारतीय चिन्तकों एवं विचारकों के विचारों के आधार पर किया जा सकता है, उसमें वे अग्रणी हैं। पेरियार एक ऐसे व्यक्तित्व हैं, जिन्होंने उन सभी बिन्दुओं को चिह्नित और रेखांकित किया है, जिनका ख़ात्मा भारतीय समाज और व्यक्ति के आधुनिकीकरण के लिए अनिवार्य है।

उनकी विशिष्ट तर्क-पद्धति, तेवर और अभिव्यक्ति शैली के चलते जून 1970 में यूनेस्को ने उन्हें 'आधुनिक युग का मसीहा', 'दक्षिण-पूर्वी एशिया का सुकरात', 'समाज सुधारवादी आन्दोलनों का पितामह' तथा 'अज्ञानता, अन्धविश्वास, रूढ़िवाद और निरर्थक रीति-रिवाजों का कट्टर दुश्मन' स्वीकार किया।

प्रमोद रंजन

जन्म : 22 फरवरी, 1980

डॉ. प्रमोद रंजन ने हिन्दी समाज के सांस्कृतिक और साहित्यिक विमर्श को नए आयाम दिए हैं। वे हिन्दी समाज-साहित्य को देखने-समझने के परम्परागत नज़रिए को चुनौती देनेवाले लोगों में से एक हैं। उनके सम्पादन में प्रकाशित किताबों—'बहुजन साहित्य की प्रस्तावना' और 'बहुजन साहित्येतिहास'—ने जहाँ एक ओर बहुजन साहित्य की अवधारणा को सैद्धान्तिक आधार प्रदान किया, वहीं उनके सम्पादन में प्रकाशित किताब 'महिषासुर : एक जननायक' ने वैकल्पिक सांस्कृतिक दृष्टि को एक व्यापक विमर्श का विषय बनाया। उन्होंने अपनी वैचारिक यात्रा पत्रकारिता से शुरू की। इस दौरान वे 'दिव्य हिमाचल', 'दैनिक भास्कर', 'अमर उजाला' व 'प्रभात खबर' जैसे अख़बारों से सम्बद्ध रहे तथा विभिन्न पत्र-पत्रिकाओं का सम्पादन भी किया। इनमें 'जनविकल्प' (पटना), 'भारतेंदु शिखर', 'ग्राम परिवेश' (शिमला) और 'फारवर्ड प्रेस (दिल्ली) शामिल हैं। रंजन ने जवाहरलाल नेहरू विश्वविद्यालय, नई दिल्ली से 'अद्विज हिन्दी कथाकारों के उपन्यासों में जाति-मुक्ति का सवाल' पर पीएच.डी. की है।

सम्प्रति : असम विश्वविद्यालय के रवींद्रनाथ टैगोर स्कूल ऑफ लैंग्वेज एंड कल्चरल स्टडीज में प्राध्यापक हैं।

सम्पर्क : janvikalp@gmail.com

क्रम

परिशिष्ट

हिन्दी पट्टी में पेरियार

'हिन्दी पट्टी में पेरियार' विषय पर बात करनी हो तो, एक चालू वाक्य को उलट कर कहने पर बात अधिक तथ्यगत होगी। वह यह कि पेरियार के विचार हिन्दी की दुनिया में परिचय के मोहताज हैं! उत्तर भारत, दक्षिण भारत के महान सामाजिक क्रांतिकारी, दार्शनिक और देश के एक बड़े हिस्से में सामाजिक-सन्तुलन की विधियों और राजनीतिक संरचना में आमूलचूल परिवर्तन लाने वाले ईवी रामासामी पेरियार (17 सितम्बर, 1879-24 दिसम्बर, 1973) के बौद्धिक योगदान के विविध आयामों से अपरिचित है। यह सुनने में अजीब है, लेकिन सच है।

जबकि स्वयं पेरियार चाहते थे कि उनके विचार उत्तर भारत के प्रबुद्ध लोगों तक पहुँचे। उन्होंने अपने जीवनकाल में उत्तर भारत के कई दौरे किए और विभिन्न जगहों पर भाषण दिए। इस दौरान उन्होंने अपने कुछ लेखों व एक पुस्तक को हिन्दी में प्रकाशित करने का अधिकार भी उत्तर प्रदेश के दो प्रमुख बहुजन कार्यकर्ताओं, क्रमशः चन्द्रिका प्रसाद जिज्ञासु और ललई सिंह को दिए थे। लेकिन वह बात संभव न हो सकी, जो पेरियार चाहते थे।

उत्तर भारत में आज भी पेरियार को मुख्य रूप से नास्तिक और हिन्दी विरोधी के रूप में जाना जाता है। यह गलत तो नहीं, लेकिन उनका एकांगी

चित्रण अवश्य है। उन्होंने धर्म के आधार पर होने वाले शोषण की कड़ी आलोचना की, लेकिन उसे तार्किक परिणति तक पहुँचाया। डॉ. आंबेडकर के बौद्ध धर्म स्वीकार करने का उन्होंने स्वागत किया और उसे ऐतिहासिक दिन बताया। इसी तरह उनका हिन्दी-विरोध सांस्कृतिक वर्चस्ववाद का विरोध था, जिसने बाद के वर्षों में दक्षिण और उत्तर भारत में राजनीतिक सन्तुलन बनाया। वे हिन्दी भाषा के विरोधी नहीं थे। इन चीजों से इतर पेरियार ने विवाह संस्था, स्त्रियों की आजादी, साहित्य के महत्ता और उपयोग, भारतीय मार्क्सवाद की कमजोरियों, गांधीवाद और उदारवाद की असली मंशा और पाखंड आदि पर जिस मौलिकता से विचार व्यक्त किया है, उसकी आज हमें बहुत आवश्यकता है। वे अपने काल तक ही सीमित नहीं थे, उनकी दृष्टि निरन्तर भविष्य पर बनी रही। विज्ञान और तकनीक भी उनके प्रिय विषय थे। यही कारण है कि आज के उत्तर सूचना-युग में भी हम उनकी भविष्यवाणियों को फलीभूत होते देख रहे हैं।

पिछले कुछ वर्षों में हिन्दी क्षेत्र के सामाजिक आन्दोलनों व अकादमियों में समाज के वंचित तबकों से बड़ी संख्या में लोग आए हैं। वे सिर्फ 'नास्तिक पेरियार' से परिचित हैं। हालाँकि उनके इस रूप के प्रति नई पीढ़ी में जबरदस्त आकर्षण भी है। लेकिन उसने वस्तुत: पेरियार को पढ़ा नहीं है। इस पीढ़ी के पास पेरियार के विचारों के बारे में कुछ सुनी-सुनाई, आधी-अधूरी बातें ही हैं।

यह स्वाभाविक है, क्योंकि हिन्दी में न तो पेरियार का साहित्य उपलब्ध है, न उनकी मुकम्मल जीवनी। पेरियार पर केन्द्रित गम्भीर आलोचनात्मक लेखन हिन्दी में अभी भी उपलब्ध नहीं है।

सकते में डाल देने वाली इस कमी का अहसास मुझे वर्ष 2011 में हुआ था। उन दिनों मैं नई दिल्ली के जवाहरलाल नेहरू विश्वविद्यालय में अध्ययन कर रहा था। अपने एक लेख के लिए मुझे ई.वी. रामासामी पेरियार के विचारों को जानने की जरूरत महसूस हुई। लेकिन, यह जानकर हैरानी हुई कि 'सच्ची रामायण' के अतिरिक्त उनका कोई भी साहित्य हिन्दी में उपलब्ध ही नहीं है। 1970 में चन्द्रिका प्रसाद जिज्ञासु ने 'ई.वी. रामासामी पेरियार नायकर' नाम से पेरियार के कुछ लेखों का हिन्दी अनुवाद प्रकाशित किया था। वह भी अनुपलब्ध था।

'सच्ची रामायण' का जो अनुवाद उपलब्ध था, वह भी शुद्ध नहीं था। अंग्रेजी से मिलान करने पर साफ पता चल रहा था कि कई स्थानों पर अनुवादक/प्रकाशक ने अपनी भावनाओं का समावेश किया है। इस दिशा में खोजबीन करने पर 'सच्ची रामायण' के हिन्दी में प्रचार-प्रसार और राजनीतिक उपयोग-उपेक्षा के बारे कुछ अन्य रोचक जानकारियाँ भी मिलीं।

राम-कथा की व्याख्या पर केन्द्रित पेरियार की रामायण मूल रूप से तमिल में 1944 में छपी थी। तमिल में इसका नाम था—'रामायण पाथीरांगल (रामायण के चरित्र)' अंग्रेजी में यह 1959 में 'द रामायण : अ ट्रू रीडिंग' शीर्षक से प्रकाशित हुई, जिसका हिन्दी अनुवाद 'सच्ची रामायण' शीर्षक से किन्हीं रामाधार ने किया था; जो 1968 में प्रकाशित हुआ। हिन्दी में इसे अर्जक संघ से जुड़े लोकप्रिय सामाजिक कार्यकर्ता व लेखक ललई सिंह (1 सितम्बर, 1911-7 फरवरी, 1993) ने प्रकाशित किया था। बाद के वर्षों में वे स्वयं भी अपने प्रशंसकों के बीच 'पेरियार ललई सिंह' और 'उत्तर भारत के पेरियार' के नाम से जाने गए।

उन्होंने सिर्फ इसे प्रकाशित ही नहीं किया बल्कि इसके प्रचार-प्रसार में भी कोई कसर नहीं छोड़ी, जिससे राम-पूजक उत्तर प्रदेश में हड़कंप मच गया। दिसम्बर, 1969 में उत्तर प्रदेश सरकार ने इस किताब को (सिर्फ हिन्दी अनुवाद नहीं) हिन्दुओं की धार्मिक भावनाओं को आहत करने के आरोप में प्रतिबन्धित कर दिया और हिन्दी अनुवाद की प्रतियाँ जब्त कर ली। ललई सिंह यादव ने इसके खिलाफ लम्बी न्यायिक लड़ाई लड़ी। सुप्रीम कोर्ट ने 16 सितम्बर, 1976 के अपने फैसले में इस किताब पर प्रतिबंध को गलत बताया एवं जब्त की गई प्रतियाँ ललई सिंह को लौटाने का निर्देश दिया। लेकिन, कोर्ट के आदेश के बावजूद उत्तर प्रदेश सरकार ने 'सच्ची रामायण' से प्रतिबंध नहीं हटाया। 1995 में प्रदेश में पेरियार को अपने प्रमुख आदर्शों में गिनने वाले कांशीराम की बहुजन समाज पार्टी (बसपा) सत्ता में आई, तब जाकर इससे प्रतिबंध हटा। उस समय बसपा कांशीराम के हाथ में थी और वे दलित-ओबीसी नायकों का राजनीतिक उपयोग करने की रणनीति पर काम कर रहे थे।

लेकिन पेरियार के विचार तब भी हिन्दी भाषी जनता तक नहीं पहुँच सके। कांशीराम की मुख्य प्रतिबद्धता दलित समुदाय की राजनीतिक हिस्सेदारी के प्रति थी। उन्होंने पेरियार मेला का भी आयोजन किया। नायकों की मूर्तियों की स्थापना, मेलों का आयोजन आदि शीघ्र फल देने वाले बहुत महत्त्वपूर्ण काम थे। लेकिन कांशीराम से इन नायकों के मूल विचारों को जनता तक पहुँचाने का बीड़ा उठाने की उम्मीद करना अतिरेक ही कहा जाएगा। यह बीड़ा साहित्य और संस्कृति के क्षेत्र में काम कर रहे समतावादी कार्यकर्ताओं को उठाना चाहिए था। लेकिन यह नहीं हुआ।

यही कारण था कि, 2007 में जब उत्तर प्रदेश में 'सच्ची रामायण' का एक बार फिर जोरदार विरोध हुआ था, तब बसपा को पेरियार से कन्नी काटनी पड़ी। विरोधियों के प्रश्नों का उसके पास सैद्धान्तिक उत्तर नहीं था। उस समय भी बसपा उत्तर प्रदेश की सत्ता में थी और मायावती ही मुख्यमंत्री थीं।

अक्टूबर, 2007 में भारतीय जनता पार्टी ने बहुजन समाज पार्टी पर आरोप लगाया कि वह सरकार के सहयोग से 'सच्ची रामायण' का प्रचार-प्रसार कर रही है तथा बड़े पैमाने पर इसकी बिक्री की जा रही है। उस समय विधानसभा का सत्र चल रहा था, इसलिए यह मामला मीडिया में भी खूब गूँजा। भाजपा विधानमंडल दल के नेता ओमप्रकाश सिंह का कहना था कि "हिन्दू देवी-देवताओं के विरोधी तथा द्रविड़िस्तान की माँग करने वाले अलगाववादी पेरियार रामासामी की सरकार निंदा करे तथा उन्हें महापुरुषों की श्रेणी में न माने।" इस पर तत्कालीन मुख्यमंत्री मायावती का उत्तर अप्रत्याशित था। मायावती ने कहा कि ''बसपा तथा सरकार का पेरियार की सच्ची रामायण की बिक्री से कोई लेना-देना नहीं है। भाजपा मामले का राजनीतिकरण कर रही है।''

भाजपा के विरोध और बसपा द्वारा पेरियार से रणनीतिक दूरी बना लेने की इस घटना का एक आश्चर्यजनक पक्ष भी था; जिसका पता इंडियन एक्सप्रेस की एक ख़बर से लगता है।

पत्रकार अलका पांडेय ने 7 नवम्बर, 2007 को इंडियन एक्सप्रेस में प्रकाशित अपनी खोजी रिपोर्ट में लिखा कि, "जिस 'सच्ची रामायण' के

लिए भाजपा और बसपा एक-दूसरे पर आरोप-प्रत्यारोप लगा रही थीं उसकी प्रति न भाजपा के पास उपलब्ध है, न ही बसपा के पास। बसपा का सारा साहित्य बेचने वाले 'बहुजन चेतना मंडप' के पास भी यह किताब उपलब्ध नहीं है।'' भाजपा इस दौरान कई जगहों पर 'सच्ची रामायण' के दहन का आयोजन कर रही थी। लेकिन, "जलाने के लिए भी पार्टी के पास किताब की प्रति नहीं थी। उसने जिस किताब का दहन किया, वह किताब के कथित आपत्तिजनक अंशों की फोटोकॉपी थी।"

अखबार ने अपनी पड़ताल में पाया कि "सिर्फ बसपा से जुड़े स्टॉलों पर ही नहीं, बल्कि पूरे लखनऊ में किसी भी दुकान पर 'सच्ची रामायण' उपलब्ध नहीं है।'' लखनऊ के सबसे बड़े पुस्तक विक्रेता 'यूनिवर्सल बुक सेलर' ने भी अखबार को बताया कि "'सच्ची रामायण' कभी बिक्री के लिए उपलब्ध ही नहीं थी।"

वस्तुत: 'बैकवर्ड एंड माइनॉरिटी कम्युनिटीज इंप्लाइज फेडरेशन' (बामसेफ) से जुड़े 'मूलनिवासी प्रचार-प्रसार केन्द्र' तथा 'आंबेडकर प्रचार समिति' आदि ने 'सच्ची रामायण' की लाखों प्रतियाँ अपने समर्थकों-कार्यकर्ताओं के बीच वितरित की थीं। लेकिन, इसकी पहुँच न तो विश्वविद्यालयों तक हो सकी थी, न ही उन दुकानों तक, जहाँ कथित 'मुख्यधारा' की किताबें पढ़ने वाले लोग जाते हैं। यह कोई नई बात नहीं है। एक ओर बहुजन तबकों को ज्ञान की कथित मुख्यधारा से दूर रखने की कोशिश की जाती है, दूसरी ओर इन तबकों के पास उपलब्ध ज्ञान और उनके नायकों की यह सचेत उपेक्षा की जाती है।

बहरहाल, इन स्थितियों से चिन्तित होकर मैंने तमिलनाडु निवासी अपने सहपाठी मनीवन्नन मुरुगेसन के साथ विश्वविद्यायल में पेरियार ग्रंथावली हिन्दी में लाने की योजना बनाई थी। लेकिन, समस्या अनुवादकों की अनुपलब्धता की थी। तमिल से हिन्दी अनुवाद मिलना टेढ़ी खीर था। हमारे पास इसके लिए आर्थिक संसाधन भी बहुत सीमित थे। इसलिए हम इस दिशा में उस समय बहुत कम काम कर पाए।

2014 के मार्च महीने में मनीवन्नन ने बताया कि पेरियार साहित्य के गम्भीर अध्येता और प्रतिबद्ध पेरियारवादी टी. थमराईकन्नन तमिलनाडु से

दिल्ली आए हैं तथा मुझसे मिलना चाहते हैं। उस मुलाकात में थमराईकन्नन ने बताया कि वे हम लोगों द्वारा अंग्रेजी और हिन्दी में किए जा रहे बहुजन मुद्दों पर केन्द्रित पत्रकारिक काम से परिचित हैं तथा कोयम्बटूर से पेरियार के विचारों पर आधारित एक पत्रिका के प्रकाशन की योजना पर काम कर रहे हैं। अक्टूबर, 2014 में उनके संगठन ने 'कात्तारू' नाम से पत्रिका का प्रकाशन आरंभ किया। उन्होंने अक्टूबर, 2015 में अपनी पत्रिका के पहले जन्मोत्सव पर मुझे आमंत्रित किया। वहीं प्रस्तुत पुस्तक श्रृंखला की ठोस योजना बनी।

थोड़े विषयांतर का खतरा मोल लेते हुए भी, उपरोक्त तमिल पत्रिका की विशिष्टता का उल्लेख कर देना यहाँ प्रासंगिक होगा।

कोयम्बटूर से प्रकाशित 'कात्तारू' अपने कलेवर, विषयों के चुनाव आदि में यह एक श्रेष्ठ और गम्भीर मासिक पत्रिका है, जो आज भी नियमित प्रकाशित हो रही है। उत्तर भारत से जो साहित्यिक-वैचारिक अथवा दलित-बहुजन मुद्दों पर केन्द्रित लघु पत्रिकाएँ निकलती हैं, उनमें से अधिकांश के पीछे प्राय: कोई एक व्यक्ति मिशनरी भाव से जुड़ा होता है। कुछ मामलों में तो पत्रिका के माध्यम से स्वनामधन्य हो जाने की ख्वाहिश भी काम कर रही होती है। लेकिन, कोयम्बटूर में 'कात्तारू' की युवा टीम इससे बिलकुल अलग थी।

'कात्तारू' में किसी एक व्यक्ति का नाम नहीं प्रकाशित होता है। सारा काम 'टीम' की ओर से किया जाता है। सबसे अधिक हैरान करने वाली बात है पत्रिका के प्रकाशन स्थल के निकटवर्ती गाँव-कस्बों के परिवारों का इससे जुड़ाव। उस वार्षिकोत्सव के दौरान 'टीम कात्तारू' ने मुझे बताया कि इससे आस-पास के गाँवों के लगभग 500 परिवार जुड़े हैं, जिनके अनुदान से यह चलती है। सम-सामयिक मुद्दों की इस पत्रिका में कुछ पृष्ठ इन परिवारों में होने वाले जन्मदिन, विवाह व अन्य छोटी-बड़ी उपलब्धियों, शोक समाचार आदि के संक्षिप्त समाचारों व तस्वीरों के लिए सुरक्षित हैं। हिन्दी की लघु पत्रिकाओं में इसकी कल्पना भी हम नहीं कर सकते। पत्रिका के जिस समारोह में मैं शामिल हुआ था, उसमें पुरुषों के अतिरिक्त बड़ी संख्या में

किशोरियाँ, युवतियाँ, बहुएँ, बच्चे और बुजुर्ग महिलाएँ भी सक्रिय भागीदारी कर रहीं थीं। वे विविध वैचारिक मुद्दों पर सवाल पूछ रही थीं और वक्ताओं के भाषणों के बाद हस्तक्षेप कर रही थीं।

तमिलनाडु में पेरियार के विचारों के प्रभाव के कारण एक प्रगतिशील, समावेशी समाज बना है। पेरियार ने अपने आन्दोलन को महिलाओं से जोड़ने पर बहुत बल दिया था। इसके विपरीत, आज उत्तर भारत के सारे जातिवाद-विरोधी आन्दोलन मुख्य रूप से सिर्फ पुरुषों के आन्दोलन हैं। जो महिलाएँ इन आन्दोलनों में हमारे कंधे-से-कंधा मिला सकती थीं, उन्हें भी हमने विवश कर दिया है कि वे हमारे पुरुषवाद के विरोध में अपना अलग आन्दोलन चलाएँ। उत्तर भारत का 'दलित स्त्रीवाद' इसी का परिणाम है।

'कात्तारू' के उपरोक्त समारोह के दौरान थमराईकन्नन ने इस बात पर लगातार बल दिया कि जैसे भी हो, जल्दी से जल्दी हिन्दी में पेरियार का साहित्य उपलब्ध हो। वे इसके लिए अपने संगठन से आर्थिक संसाधन भी जुटाने के लिए तत्पर थे। मैंने उन्हें आश्वस्त किया कि मैं इसके लिए हरसंभव कोशिश करूँगा। उसी आयोजन के दौरान तय हुआ कि पेरियार का कुछ साहित्य अंग्रेजी से ही अनूदित कर हिन्दी में प्रकाशित किया जाए और हम तमिल साथियों के सहयोग से अनुवाद को मूल के अधिकाधिक निकट लाने की कोशिश करें। कन्नन ने मुझे कुछ ही समय बाद पांडिचेरी विश्वविद्यालय में अंग्रेजी के प्राध्यापक टी. मार्क्स द्वारा अंग्रेजी में अनूदित पेरियार के लेखों व भाषणों के संग्रह 'ऑन कास्ट एंड रिलीजन' की पांडुलिपि हिन्दी अनुवाद के लिए उपलब्ध करवा दी, जिसके कुछ अंशों को इस श्रृंखला में शामिल किया गया है। श्रृंखला के अन्य हिस्सों को हमने अलग-अलग अंग्रेजी पुस्तकों व अन्य स्रोतों से चयनित किया है।

फिलहाल इसके तहत तीन किताबें एक साथ 'जाति व्यवस्था और पितृसत्ता', 'धर्म और विश्व दृष्टि', तथा 'सच्ची रामायण' शीर्षक से प्रकाशित हो रही हैं। इनमें सम्बन्धित विषयों पर पेरियार के लेख और भाषण हैं। इसके अतिरिक्त सभी खंडों में सम्बन्धित विषय के अध्येताओं के आलोचनात्मक लेख तथा पेरियार के जीवन का वर्षवार लेखा-जोखा दिया गया है।

यह पुस्तक-शृंखला थमराईकन्नन के निरन्तर तकाजों के कारण ही संभव हो सकी। शृंखला में समाहित सामग्री का एक हिस्सा 'पेरियार के प्रतिनिधि विचार' शीर्षक से 'द मार्जिनलाइज्ड प्रकाशन' से वर्ष 2016 में प्रकाशित हुआ था। आज यह जिस रूप में प्रकाशित हो रही है, उसमें कई लोगों की भूमिका रही है। ललई सिंह द्वारा प्रकाशित सच्ची रामायण का अंग्रेजी संस्करण से मिलान और पुनः पूरी पुस्तक का नया और सटीक अनुवाद, तमिल भाषा के शब्दों के सही भावार्थ को समझने के लिए तमिल भाषी साथियों से निरन्तर सम्पर्क एक बहुत श्रम साध्य काम था, जिसे मित्र अशोक झा ने अपनी अनेक व्यस्तताओं के बीच पूरी प्रतिबद्धता से पूर्ण किया।

'द मार्जिनलाइज्ड प्रकाशन' के निदेशक मित्र संजीव चन्दन, ग्राफिक डिजाइनर राजन कुमार, लेखक व अनुवादक ओमप्रकाश कश्यप, दलित चिन्तक कंवल भारती, युवा शोधार्थी धर्मवीर गगन के परामर्शों ने इसे समृद्ध किया है। इन सभी का आभार! मित्र डॉ. सिद्धार्थ जिस प्रकार इसके सम्पादन की पूरी प्रकिया में साथ बने रहे, उसके लिए आभार शब्द तो पर्याप्त नहीं ही होगा।

उम्मीद करता हूँ कि इन मित्रों के सहयोग से तैयार यह पुस्तक हिन्दी पाठकों के लिए उपयोगी साबित होगी और हम अब कह सकेंगे कि पेरियार हिन्दी पट्टी में भी परिचय के मोहताज नहीं हैं! हालाँकि यह सच है कि हिन्दी में पेरियार की मौजूदगी को बढ़ाने के लिए अभी काफी काम किया जाना है। उनके सम्पूर्ण वाङ्मय का सरल और सटीक हिन्दी अनुवाद होना चाहिए, वह भी सीधे तमिल से। तमिल और हिन्दी पट्टी के सांस्कृतिक अंतर के कारण कई जगह अंग्रेजी से हिन्दी अनुवाद में चूक और अस्पष्टता बनी रहती है। इस किताब को तैयार करते हुए हमें इस कमी से निरन्तर जूझना पड़ा। उम्मीद है आने वाले वर्षों में यह संभव हो सकेगा।

फिर भी, जितना हो सका, उसका श्रेय उपरोक्त मित्रों को ही है, अगर कुछ कमियाँ हैं तो उसकी सारी जिम्मेदारी सिर्फ मेरी है।

—प्रमोद रंजन

जाति का विनाश और पेरियार

वी. गीता

बालों की लट से पहाड़ उलटना

पेरियार अपनी मान्यता का पालन करते हुए मृत्युपर्यंत जाति और हिन्दू-धर्म से उत्पन्न असमानता और अन्याय का विरोध करते रहे। ऐसा करते हुए उन्होंने लम्बा, सार्थक, सक्रिय और सोद्देश्यपूर्ण जीवन जिया था। अपनी मृत्यु से ठीक दो वर्ष पूर्व अपनी स्थिति को साफ करते हुए उन्होंने लिखा था—

> "यद्यपि मैं पूरी तरह जाति को खत्म करने को समर्पित था; लेकिन जहाँ तक इस देश का सम्बन्ध है, उसका एकमात्र निहितार्थ था कि मैं ईश्वर, धर्म, शास्त्रों तथा ब्राह्मणवाद के खात्मे के लिए आन्दोलन करूँ। जाति का समूल नाश तभी सम्भव है, जब इन चारों का नाश हो। यदि इनमें से कोई एक भी बचता है, तब जाति का आमूल उच्छेद असम्भव होगा...। क्योंकि, जाति की इमारत इन्हीं चारों पर टिकी है...केवल आदमी को गुलाम और मूर्ख बनाने के बाद ही, जाति को समाज पर थोपा जा सकता था। (लोगों में) ज्ञान और स्वाधीनता के प्रति जागरूकता पैदा किए बिना जाति का कोई भी खात्मा नहीं कर सकता। ईश्वर,

धर्म, शास्त्र और ब्राह्मण लोगों में गुलामी और अज्ञानता की वृद्धि के लिए बनाए गए हैं। वे जाति व्यवस्था को मजबूती प्रदान करते हैं।"

(पेरियार : 93वें जन्मदिवस पर प्रकाशित स्मारिका, 17 सितम्बर, 1971, अनीमुथू 1974 : 1974)।

इस तर्क के अन्य पाठान्तर भी थे। 1930 और 1940 के दशक में पेरियार ने व्यक्ति को समानता और स्वाभिमान से भरपूर न्यायपूर्ण समाज की स्थापना के लिए तीन प्रकार के पूर्वाग्रहों, यथा—जाति, धर्म और राष्ट्र(वाद) का विरोध करने की सलाह दी थी। कुछ सीमा तक पेरियार ने इनमें चौथे और पाँचवें पूर्वाग्रह को भी शामिल कर दिया था। जैसे कि भाषा तथा पूर्वनिर्धारित अवधारणाओं के माध्यम से स्त्री की अधीनस्थता को न्यायसंगत ठहराना। दैहिक शुचिता को अनिवार्य घोषित करना, जो स्त्रियों को नीरस दाम्पत्य से बाँधे रखती है; उन्हें अपने मनोभावों को दबाने को प्रेरित करती है तथा दैहिक सुख के अधिकार से वंचित रखती है।

संक्षेप में, पेरियार ने मानव-मस्तिष्क की जटिल एवं विवेकसम्मत गतिविधियों, चिन्तनधाराओं, पसन्दों का निर्धारण व्यक्ति और राज्य, सामाजिक व धार्मिक, यानी जीवन के सभी पक्षों को ध्यान में रखकर किया था। वे मानते थे कि मानवमात्र इस तरह के प्रभावों को ग्रहण करने में सक्षम है। उनके लिए 'स्वतंत्रता और ज्ञान के प्रति अभिरुचि' व्यक्ति-विशेष के मनुष्यत्व को परिभाषित करती थी। वे चाहते थे कि लोग यदि इससे अनभिज्ञ हैं, तो उन्हें इससे परिचित कराया जाना चाहिए था। उनके अनुसार, सामाजिक न्याय और समानता के समग्र दर्शन को मनुष्यत्व की प्राप्ति में बाधक सभी तरह के कारकों की बुद्धिसंगत आलोचना, समीक्षा द्वारा प्राप्त किया जाना चाहिए। इसका सामान्य अर्थ है—धर्म की प्रासंगिकता तथा उन सभी दावों एवं तर्कों के आगे प्रश्न-चिह्न लगाना, जो धर्म से प्रेरित हैं; तथा उनके (धार्मिक-सामाजिक अभिजात्य वर्गों) सांस्कृतिक, सामाजिक और शक्ति-सम्बन्धी विशेषाधिकारों को न्यायपूर्ण ठहराते हैं। प्रकारान्तर में पेरियार के लिए धर्म की आलोचना

अपरिहार्य रूप से धर्म द्वारा पोषित-संवर्धित सामाजिक-सांस्कृतिक स्तरीकरण की आलोचना थी।

पेरियार द्वारा धर्म की आलोचना, विशेषरूप से हिन्दू-धर्म की आलोचना; उनके नास्तिक होने तक सीमित कर दी जाती है। जबकि, इसके व्यापक सन्दर्भ हैं। पेरियार का निष्कर्ष था कि धर्म जन्म पर आधारित सामाजिक विभाजन को न्यायोचित ठहराता है; साथ ही वह जाति-आधारित भेदभाव को सांस्थानिक वैधता प्रदान करता है। इस मामले में सभी शास्त्र, इतिहास, पुराणादि पूर्णतः स्पष्ट हैं। उनका कहना था कि इन ग्रंथों को महज शूद्रों और पंचमों के जीवन को नियंत्रित करने के लिए नहीं रचा गया था, अपितु उनकी रचना शूद्रों और पंचमों को उनकी तुच्छता का बोध कराने और उसे स्वीकारने के लिए की गई थी। (कुदी आरसु-कु.आ., 30 मार्च, 1926)

दूसरे, उन्होंने पाया था कि हिन्दू-धर्म सिवाय ब्राह्मण के किसी और को पढ़ने-लिखने की अनुमति नहीं देता। बाकी लोग किसी शिल्पकला को सीख सकते हैं अथवा अपने व्यापार में पारंगत हो सकते हैं; परन्तु वे शिक्षा ग्रहण नहीं कर सकते थे। यही कारण है कि उन्हें ईश्वर अथवा धार्मिक कार्य-कलाप को लेकर सवाल करने की अनुमति नहीं थी। वस्तुतः उन्हें मुक्त चिन्तन और आस-पास की दुनिया को जानने-समझने के अधिकार से ही वंचित कर दिया गया था। (वही, 92)

तीसरे, हिन्दू आस्था ब्राह्मण के योगदान, उसके कार्यक्षेत्र को अपरिमित मान लेती है; न केवल पुजारी के रूप में उसकी क्षमता को, अपितु धर्मनिरपेक्ष व्यक्ति के रूप में भी, जैसा कि उसने अपने लिए चुना हुआ है; मान्य ठहरा देती है। जैसे कि ब्राह्मणों के उस दावे पर भी जब वे मौलिक चिन्तक और समाज के मार्गदर्शक होने का दावा करते हैं, सहज विश्वास कर लिया जाता है। (कुदी आरसु, 14 अप्रैल, 1929, अनीमुथू, 255)। यह राष्ट्रवाद के लिए ब्राह्मण के समर्थन को रेखांकित करता है अथवा नौकरशाह या शिक्षाविद् के रूप में जो भी ब्राह्मण स्त्री-पुरुष अपने लिए चुनना चाहें, उसे उनका विशेषाधिकार घोषित कर देता है। (कुदी आरसु, 19 मई, 1929, अनीमुथू, 371-72)

पेरियार द्वारा धर्म की आलोचना हिन्दू-धर्म तक सीमित नहीं थी। जब उनका ध्यान इस्लाम के वैश्विक भाईचारे के आदर्श की ओर दिलाया गया और कहा गया कि उन हिन्दुओं, जो धर्मांतरित होने की इच्छा रखते हैं; के लिए वह बेहतर विकल्प है, तो उन्होंने इस्लाम में स्त्रियों की दुर्दशा की ओर ध्यान दिलाया और उसकी आलोचना की। इस्लाम और उसमें व्याप्त लैंगिक भेदभाव पर वे जीवंत बहसें, आत्म-सम्मान आन्दोलन की पत्रिकाओं में नियमित रूप से प्रकाशित हुई थीं। (कुदी आरसु, 14 अक्टूबर, 1928, 25 नवम्बर, 1928)

ईसाई धर्म की संस्थाओं में जाति-आधारित विभाजन को स्वीकृति तथा चर्च और पादरी को, ईसाई धर्मावलम्बी के जीवन से सम्बन्धित अतिरेकपूर्ण अधिकार देने के कारण उनका दृष्टिकोण ईसाई धर्म के प्रति भी आलोचनात्मक था। (कुदी आरसु, 15 मार्च, 1936)

पेरियार बौद्ध धर्म के पक्ष में थे। वे इतिहास में उसके क्रान्तिकारी योगदान को स्वीकारते भी थे। लेकिन, किसी व्यक्ति के बौद्ध धर्म में दीक्षित होने का क्या उद्देश्य हो सकता है, इसे लेकर वे निश्चित नहीं थे। इस प्रकार उन्हें बोध था कि उन जैसे व्यक्ति के लिए धर्मांतरण को तैयार होना बुद्धिमानी भरा काम हो, तब भी धर्मांतरण नहीं करना चाहिए। क्योंकि, उसके पश्चात वे हिन्दुत्व के लिए बाहरी व्यक्ति माने जाएँगे। तब उनके द्वारा हिन्दुत्व की आलोचना अपना तेज खो बैठेगी। (वी.एम. सुबगुनराजन, 2018 : 360)

पेरियार ने साफ कर दिया था कि वे उन विभिन्न विचार प्रणालियों तथा उनके अनुशीलन के विरुद्ध नहीं हैं, जो मनुष्यता को नैतिकता की राह दिखाती हैं। यही वह आधार था, जिससे उन्हें लगता था कि हिन्दू-धर्म अपने दायित्व का निर्वाह करने में विफल सिद्ध हुआ है। वह सार्वभौमिक नैतिकता यानी समधर्म, जो सर्वसाधारण के लिए न्याय और समानता का पर्याय है; के प्रति प्रतिबद्ध नहीं था; अपितु 'मनुधर्म' यानी जन्म पर आधारित दंडविधान और विशेषाधिकारों का समर्थन करता था। 1945 के दौरान कानपुर में 'आल इंडिया बैकवर्ड क्लास हिन्दूज' की सभा में भाषण देते हुए उन्होंने हिन्दुओं से उनकी आस्था की सीमाओं तथा उसमें अन्तर्निहित अन्याय को समझने की

अपील करते हुए उनसे उससे मुक्त हो जाने का आग्रह किया था। उनका मानना था कि किसी भी व्यक्ति को धार्मिक पहचान से प्रभावित होने की आवश्यकता नहीं है। यह आसान है; क्योंकि उसका जन्म ही उसमें हुआ था।

कोई भी व्यक्ति विभिन्न दार्शनिक सिद्धान्तों और उससे सम्बन्धित आस्थाओं के दावे का परीक्षण कर, उनमें से इच्छानुरूप चयन कर सकता है। इस प्रक्रिया के दौरान वह इस नतीजे पर पहुँचेगा कि वस्तुतः विवेकपूर्ण तर्क ही सभी विश्वासों का जन्मदाता है। दूसरी ओर यदि कोई व्यक्ति अपनी व्यापक पहचान चाहता था, तो स्वयं को 'हिन्दू' के रूप में देखने के बजाय 'द्रविड़ियन' कह सकता था। क्योंकि, सभी गैर-ब्राह्मण शूद्र आर्य के रूप में मान्य नहीं थे। इसके अलावा वह मानवतावादी राह चुनकर स्वयं को 'जीव-कारुण्य' को समर्पित करने की सोच सकता था, जिसका आशय प्राणिमात्र के प्रति करुणाभाव दर्शाना है। सबसे मुख्य बात, जिसे विचार किया जाना चाहिए था; वह यह है कि कोई भी व्यक्ति हिन्दू-धर्म में सुधार की उम्मीद नहीं कर सकता। जिन लोगों ने भी इस दिशा में प्रयास किए थे; उन्हें उनके विचारों के कारण भले ही मान-सम्मान और प्रतिष्ठा हासिल हुई हो, किन्तु उससे हिन्दू-धर्म की संरचना लगभग अपरिवर्तित ही रही। उन्होंने चेताया था कि पुराणों, महाकाव्यों तथा सामाजिक रीति-रिवाजों की प्रामाणिकता हेतु बुद्ध को भी उनमें शामिल कर लिया गया था। रामानुज जैसे सुधारवादियों ने यह काम हिन्दू-आस्था को मजबूत करने के नाम पर किया था। (वी.एम. सुबगुनराजन : 257-263)।

पेरियार के लिए समस्या यह नहीं थी कि हिन्दुत्व पुरातन के प्रति अतिरेकी आस्थाओं के अम्बार तथा उनसे जुड़े आडम्बरों से भरपूर है; या वह पूरी तरह अतार्किक है। आधुनिक युग में हिन्दुत्व ने चतुराईपूर्वक राष्ट्रवाद का नया कलेवर प्राप्त कर लिया है। पेरियार का कहना था कि राष्ट्रवाद का दबदबा, उसका बढ़-चढ़कर प्रचार, आस्था की भाषा को नई जमीन देता था; जो काफी खतरनाक था। उनके लिए राष्ट्र के नाम पर जादुई आभामंडल तैयार किया जाता था, तथा राष्ट्रवाद पर इतने तीव्र और गर्वीले अन्दाज में विचार किया जाता था कि उसकी आलोचना असम्भवप्राय हो जाती थी।

राष्ट्रवाद को उसकी स्वयं-सिद्ध शुभता किसी भी प्रकार के सवालों से परे बहुमूल्य आदर्श के रूप में परिभाषित करने में राष्ट्रवादी ब्राह्मणों की मुख्य भूमिका थी। दूसरी ओर वे सामाजिक दुनिया, जो उनके लिए कृत्रिम भारतीय राष्ट्र का निर्माण करती थी; के आगे भी प्रश्नचिह्न लगाने को तैयार नहीं होते। हालाँकि, उन्होंने स्वराज को दमनकारी विदेशी शासन से मुक्ति के रूप में परिभाषित किया था; लेकिन वे उसके सामाजिक सरोकारों पर चर्चा करने को तैयार नहीं थे। न ही वे पुराने उत्पीड़क सामाजिक रीति-रिवाजों, जाति, लैंगिक और वर्गीय भेदभाव से मुक्ति को लेकर कोई सवाल उठाते थे। (रिवोल्ट, 27 मार्च, 1927; वी. गीता और एस.वी. राजादुरै, 2008 : 34)।

ऐसे समझौतावादी राष्ट्रवाद के विरुद्ध अपने आजीवन संघर्ष के दौरान पेरियार आलोचना की एक साथ दो धाराओं का अनुगमन करते हैं। पहली, सीमित राष्ट्रवादी एजेंडा के विरुद्ध; दूसरी, हिन्दू-धर्म के विरुद्ध। पहली धारा का समापन स्वयंभू द्रविड़ियन राष्ट्र की माँग रूप में होता है; जिसमें उन्होंने सभी गैर-ब्राह्मणों को उसका सदस्य बनने के लिए आमंत्रित किया था। हालाँकि, पेरियार कभी-कभी द्रविड़ियन राष्ट्र की कल्पना को भारतीय राष्ट्र की माँग से मिला देते हैं; जिसके बारे में उनका मानना था कि वह बलपूर्वक घुस आए आर्यों से सुरक्षित है। सच तो यह है कि वे इस मुद्दे पर ज्यादा जोर नहीं देते; सिवाय ब्राह्मण-बनिया गठजोड़ से बने सत्ताकेन्द्र की ओर ध्यानाकर्षित करने के। उनके लिए 'द्रविड़ियन' का आशय, जैसा कि वे बहुधा लिखते थे; एक बहुमूल्य भाषिक प्रतीक था। एक आदर्श रचना, जो धर्म और जाति के बन्धनों से सर्वथा मुक्त, कल्पनालोक की रूपरेखा गढ़ती थी। उन्होंने उसे जातीय अथवा संस्कृति विशेष के प्रभाव से मुक्त रखा था। (कुदी आरसु, 25 जून, 1944)।

आलोचना की दूसरी लाइन भी पहली से सम्बद्ध थी। पेरियार का आग्रह था कि द्रविड़ियन कार्यकर्ताओं को उन हिन्दू-विश्वासों का विरोध करना चाहिए, जो मनुष्यता के साथ हीला-हवाली करते हैं, तथा अल्पसंख्यक सवर्णों को प्राप्त जन्म-आधारित शक्तियों एवं अधिकारों को वैध ठहराते हैं। इस अल्पसंख्यक समूह में सम्मिलित 'आर्य' यानी ब्राह्मण को बाहरी

माना गया, जो महज जातीय अथवा नस्लीय अर्थों में नहीं था। ब्राह्मणों ने एक शक्तिशाली सामाजिक समूह का गठन किया था, तमाम चुनौतियों के बीच वे अपने सामाजिक एवं सांस्कृतिक वर्चस्व की सुरक्षा के प्रति दृढ़ संकल्पित थे। इसलिए वे ऐसा कोई काम करने के लिए इच्छुक नहीं थे, जो सर्वकल्याणकारी हो; जिसमें जनसाधारण का हित भी समाहित हो। यही आधार उन्हें बाहरी सिद्ध करता है। उनका धर्म भी मूलत: आरोपण था। वह केवल उन्हीं के हितों की रक्षा तथा बाकी लोगों के सापेक्ष श्रेष्ठत्व के उनके दावे की पुष्टि करता है। (कुदी आरसु, 26 अगस्त, 1928, अनीमुथू, 249)।

पेरियार के लिए हिन्दुत्व के विरोध में संघर्ष अपरिहार्य भी था। उन्होंने द्रविड़ बुद्धिजीवियों और कार्यकर्ताओं से अपील की थी कि वे प्रचलित सामाजिक वास्तविकताओं की तर्कसंगत आलोचनाओं को आगे बढ़ाएँ। उनका अभिप्राय था—हिन्दूवादी विश्वासों के आगे प्रश्नचिह्न लगाना; उन पर सवाल खड़े करना। पेरियार जानते थे कि हिन्दुत्व की आलोचना को राजनीतिक हथियार के रूप में इस्तेमाल करना कदाचित पर्याप्त न हो। इस उद्देश्य के लिए 'द्रविड़यार कड़गम' पहले ही स्थापित हो चुका था; तथापि केवल राजनीतिक प्रयासों द्वारा जातिविहीन समाज की स्थापना की सफलता सन्दिग्ध थी। पेरियार के लिए राजनीति, निरन्तर परिवर्तनशील घटनाओं और परिस्थितियों के बीच यहीं और अभी कुछ करने जैसा था। दूसरी बात यह थी कि राजनीतिक परिवर्तन, जिनमें राजनीतिक नियमों में बदलाव भी शामिल थे; के लिए आवश्यक नहीं था कि वे सामाजिक स्थितियों में भी परिवर्तनकारी सिद्ध हों। वस्तुत: अधिकांश राजनीतिक नियमों की प्रवृत्ति, प्रचलित सामाजिक परम्पराओं को चुनौती देने के बजाय उन्हें समायोजित करने की होती थी। यदि वे चुनौती देती भी थीं, ऐसा उन्होंने किया भी; तो उनका प्रभावक्षेत्र बहुत सीमित होता था। इस कारण आवश्यक था कि राजनीतिक बदलाव अथवा राजनीतिक शक्ति प्राप्त करने के बारे में सोचने के साथ-साथ व्यक्ति रूढ़िग्रस्त समाज को विचारशील समाज में ढालने पर ध्यान दे।

सामाजिक सक्रियता पर जोर देने का आशय यह नहीं था कि पेरियार राजनीति के सर्वथा विरोधी थे। वे राज्य की शक्ति तथा पहुँच से

पूरी तरह परिचित थे। इसलिए वे आजीवन सामाजिक न्याय को लक्ष्य मानकर काम करने वाली सरकारों के समर्थक बने रहे। पेरियार राजनीति के विरोधी भी नहीं थे; मगर वे ऐसी राजनीति का समर्थन करते थे, जो सामाजिक न्याय को अपना लक्ष्य और उद्देश्य मानती हो। उन्होंने के. कामराज की कांग्रेस सरकार का समर्थन किया था; क्योंकि वे महसूस करते थे कि कामराज सरकार ने अपेक्षित, त्वरित आर्थिक एवं शैक्षिक विकास के साथ-साथ आरक्षण को भी महत्त्व दिया था। साथ ही उन्होंने अन्तर्निहित जातीय लाभों के लिए भी संघर्ष किया था। पेरियार भारतीय राष्ट्रीय कांग्रेस तथा उसकी राजनीति के आजीवन विरोधी रहे। बावजूद इसके वे नेहरू की समाजवादी राजनीति में सम्भावनाएँ देखते थे। उन्हें लगता था कि उससे गैर-ब्राह्मण और दलित लाभान्वित हो सकते हैं। (वी.एम. सुबगुनराजन : 345-350)।

पेरियार इस तथ्य से अनभिज्ञ नहीं थे कि राजसत्ता, यदि वह सामाजिक न्याय के लक्ष्य की ओर निरन्तर अग्रसर न हो तो किस तरह आसानी से वर्चस्वकारी शक्तियों की तरफदारी करने लगती है। 'द्रविड़यार कड़गम' इस मामले पर विशेष संवेदनशील था कि किस प्रकार क्षेत्रीय सरकार, विशेषरूप से उसके अधिकारीगण; वर्चस्वकारी जातियों से तालमेल बनाकर उनके वर्गीय हितों की सुरक्षा के लिए काम कर सकते हैं। इसलिए 1960 के दशक से ही कड़गम, जिसके मुखिया उन दिनों पेरियार थे; ने माँग की थी कि दलितों को स्थानीय निकायों—विशेष रूप से पुलिस, थाना, राजस्व विभाग में अनिवार्यतः भर्ती किया जाना चाहिए। क्योंकि, ये क्षेत्र स्थानीय जातियों और राजनीतिक शक्ति के प्रमुख केन्द्र बने थे। उन्होंने यह माँग भी की थी कि दलितों को गाँव के बीच में, ब्राह्मणों या सवर्णों के पड़ोस में, जिनसे उन्हें दूर रखा गया था; घर बनाने के लिए जमीनें दी जानी चाहिए। (वी.एम. सुबगुनराजन : 361-362)।

फिर भी पेरियार के लिए राजनीति मात्र अवांतकर कथा के समान थी। मूल कहानी जाति और धर्म पर केन्द्रित थी। इन दोनों की उन्होंने अनथक स्थायी और लगातार आलोचना की थी।

पेरियार के लिए हिन्दू-धर्म और उसकी जाति-व्यवस्था के बीच स्वयं-सिद्ध सम्बन्ध था; ठीक ऐसे ही जातिवाद विरोधी सक्रियता भी पीढ़ियों से मौजूद रही है। उनके अनुसार, हिन्दू-धर्म भेदभावपूर्ण जातीय स्तरीकरण के सिवाय कुछ नहीं है। जाति ही इसका मूल सिद्धान्त इसकी असली जीवनधारा है। इसके ग्रंथ सामाजिक भेदभाव और ऊँच-नीच का समर्थन करते हैं। इसकी प्रथाओं ने अमानवीय और बर्बर रीति-रिवाजों को स्वीकृति दी है। वे सब मिलकर सामाजिक ऊँच-नीच और भेदभाव का समर्थन करते आए हैं। सामाजिक रीति-रिवाजों और धर्मशास्त्रों की व्याख्या पर उसके पुजारियों का एकाधिकार बना हुआ है। उसके माध्यम से वे जाति के आधार पर बँटे समाज के आध्यात्मिक मामलों के स्वार्थपूर्ण प्रबन्धक तथा उनके एकमात्र अधिकारी बने हुए हैं।

पेरियार के लिए जाति और धर्म का अन्त:सम्बन्ध बहुव्यापी है। यह ज्ञान और ज्ञानार्जन के समस्त साम्राज्य, श्रम और शिल्पकर्म की दुनिया में दुनियादारी और यहाँ तक कि आन्तरिक सम्बन्धों के बीच भी अनेकानेक रूपों और स्तरों पर लागू होता है।

जहाँ तक ज्ञान और ज्ञानार्जन का सम्बन्ध है; वे सभी ब्राह्मणों के विशेषाधिकार में शामिल थे तथा उनके शास्त्रों, पुराणों एवं स्मृतियों के पठन-पाठन सहित उनकी विवेचना करने के ईर्ष्यापूर्ण एकाधिकार द्वारा निर्देशित थे। बाकी लोगों को उन्होंने इससे वंचित किया हुआ था। पेरियार का तर्क था कि उन सभी को, जिनके जीवन ब्राह्मणों के बनाए नियमों से अनुशासित होते थे; उन्हें इन नियमों या इनके निर्माताओं की अच्छाई या बुराई को चुनौती देने का न तो अधिकार था; न उनमें वैसी क्षमता थी। (कु.आ., 15 अगस्त, 1926, अनीमुथू, 11)

आधुनिक युग में चीजें बदल चुकी थीं। सभी को शिक्षा प्राप्त करने का अधिकार था; तथापि बहुत कम लोग धर्म और धार्मिक रीति-रिवाजों को लेकर प्रश्न उठाने का साहस जुटा पाते थे। साथ ही, जैसा पहले था; हिन्दू-धर्म आज भी मनुष्य ने क्या खाया है, कैसा पहना हुआ है—यहाँ तक कि सार्वजनिक स्थानों पर उसके व्यवहार, सामाजिक सम्बन्धों—संक्षेप में उसके

सदाचरण और दुराचरण, मानवीय उत्तरदायित्वों और कर्तव्यों का निर्धारण करता है। (कु. आ., 9 नवम्बर, 1946, अनीमुथू, 1197-98)

पेरियार ने लिखा था कि हिन्दू विश्वास जाति-भेद को जिन्दा रखने, असमानता को स्वीकार्य बनाने में सहायक थे। वे सुनिश्चित करते थे कि जातीय विधान एवं धार्मिक संरचनाओं के विरुद्ध आवाज उठाने वालों को दंडित किया जाए। उन्होंने छुआछूत को कायम रखा तथा उसकी उपस्थिति को न्यायसंगत ठहराया था। (वही)

पेरियार के अनुसार, इस तंत्र की असफलता के साथ ही इसके आस्था-सम्बन्धी मामलों में अड़चन इसलिए पैदा हुई, क्योंकि आध्यात्मिक मामलों में ब्राह्मणों की प्रभुसत्ता को एकाएक चुनौती मिली थी। इस चुनौती को आगे बढ़ाने के लिए दो चीजें की जानी अत्यावश्यक थीं। पहला, धर्म के सम्बन्ध में ब्राह्मणों की प्रभुसत्ता को समझना; यह जानना कि उनका सारा ज्ञान वस्तुत: अतार्किक है और अधिकांशत: उन्हीं के द्वारा फैलाया गया था। पेरियार को विश्वास था कि अध्यात्म और परम्परा-सम्बन्धी मामलों की असलियत को केवल तर्क के सहारे समझा जा सकता है। जनेऊ पर लिखे अपने एक निबन्ध में पेरियार ने ब्राह्मणों के ज्ञानानुराग का उपहास उड़ाया था। उन्होंने बताया था कि किस प्रकार एक धागा ब्राह्मण की सन्तान को उसके वास्तविक चरित्र और आचरण से परे सम्पूर्ण प्रतिष्ठा और अथाह शक्तियाँ प्रदान करता था। यही कारण है कि ब्राह्मण सन्तान अभाव और विपन्नता में जन्म ले, तो भी न तो उसका जनेऊ धारण का अधिकार बाधित होता था, न ही उस धागे से जुड़े विश्वास में कोई कमी आती थी। जबकि, दूसरे समुदाय की सन्तान—वह चाहे जितनी स्वच्छ, पवित्र और देखने में आकर्षक क्यों न हो; उसे जनेऊ धारण करने के अधिकार तथा उसके आधार पर प्राप्त मान-सम्मान से वंचित कर दिया जाता था। दूसरे, कोई ब्राह्मण जनेऊ धारण करे या न करे, उससे जुड़ी परम्पराओं के नियमानुसार पालन में सफल रहे या असफल; वह उन सभी सामाजिक पद-प्रतिष्ठा से गौरवान्वित हो सकता है, जो उसे जनेऊ के आधार पर प्राप्त हैं। दूसरी ओर यदि कोई गैर-ब्राह्मण अपने ज्ञान और पवित्र कर्मों के आधार पर जनेऊ धारण

करना चाहता है, तो उसे उसको धारण करने की अनुमति प्राप्त नहीं होगी। (कु.आ., 27 दिसम्बर, 1925)

विचारणीय यह है कि ज्ञान और बुद्धिमानी के प्रति ब्राह्मण का दावा न तो उसकी योग्यता पर निर्भर है, न ज्ञान के प्रति उसकी उत्सुकता से। बजाय इसके कि ये दावे महज जन्म के संयोग तथा उन विशेषाधिकारों से सम्बन्धित हैं, जो इसके साथ स्वाभाविक रूप से चले आते हैं।

ज्ञान और योग्यता के ब्राह्मणवादी दावे के बरक्स पेरियार तर्क की दावेदारी करते हैं। उनके अनुसार सभी मानवीय प्राणी बौद्धिक चिन्तन में सक्षम थे और सभी मामलों, चाहे वे धार्मिक हों; सामाजिक हों अथवा राजनीतिक—उपलब्ध प्रमाणों के विश्लेषण—सभी में तर्क करने, समझने तथा उपयुक्त निष्कर्ष तक पहुँचने की योग्यता थी और अपनी निर्णय क्षमता का इस्तेमाल करते थे। पेरियार ने खुद भी धर्म और राजनीति पर अपने क्रान्तिकारी विचारों को तर्कसंगत ढंग से प्रस्तुत किया था। इसके बावजूद अपने अनुयायियों से उनका आग्रह था कि उनके विचारों का भली-भाँति परीक्षण किए बगैर उन्हें स्वीकार न करें। वे अकसर कहा करते थे कि आने वाले दशकों में उनके विचार पुरातनपंथी, यहाँ तक कि निरर्थक सिद्ध हो सकते हैं। यही उनका तर्क-आधारित, मुक्त चिन्तन एवं परीक्षण द्वारा ज्ञानार्जन का रास्ता था। गैर-ब्राह्मण और दलित उस ज्ञान-पद्धति को अपनाकर लाभान्वित हो सकते हैं तथा अच्छे और न्यायसंगत समाज की रचना में उसका सदुपयोग कर सकते हैं।

पेरियार समझाते हैं कि अतीत में ब्राह्मणों की वर्ण-आधारित ज्ञानार्जन प्रणाली किस प्रकार श्रम का जाति-आधारित विभाजन करती थी। यह दो तरह से काम करती थी। जाति का स्तर समाज में समृद्धि-अनुपात भी तय करता था। मालदार और विशिष्ट वर्ग में शामिल थे—पुरोहित, अधिकारी, वकील, दुकानदार, पूँजीपति, जमींदार और मिरासीदार। 'उच्च कुल' में जन्म के आधार पर उन्हें धन-सम्पदा और प्रतिष्ठा अर्जित करने का अधिकार था। बाकी लोग उसी तर्क के आधार पर, श्रम के लिए धकेल दिए जाते थे। (कु.आ., 6 सितम्बर, 1931, अनीमुथू, 1640)।

विशिष्ट वर्ग अपनी सुख-समृद्धि और सम्पन्नता को न्यायसंगत मानता था। क्योंकि, पवित्र धर्मशास्त्रों की व्यवस्था थी कि 'शूद्र को सम्पत्ति अर्जित करने का कोई अधिकार नहीं है और यदि किसी शूद्र के पास सम्पत्ति है; तो ब्राह्मणों को पूरा-पूरा अधिकार है कि वे उसे बलपूर्वक छीन लें।' पेरियार ने संकेत किया था कि इस तरह के सुविधाजनक विचार आधुनिककाल में भी महत्त्वपूर्ण और कारगर हैं। गांधी ने वर्णाश्रम धर्म को चतुराईपूर्वक नए सिरे से स्थापित किया है। उन्होंने जोर देकर कहा था कि गाँव के गरीब आदमी को 'मुम्बई के बनिए जितना धन जमा करने की इच्छा' नहीं करनी चाहिए। बजाय इसके 'वह श्रद्धापूर्वक अपना काम करेगा; गाय चराएगा; जूते गाँठेगा।' (कु.आ., 13 सितम्बर, 1931, अनीमुथू, 1640-43)।

दूसरे, हिन्दू-धर्म ने खास लोगों के लिए खास श्रम का प्रावधान किया था। इस रूप में कि वे केवल वही काम कर सकते हैं; कुछ और नहीं। इस प्रणाली को उन्होंने स्मृतियों, रीति-रिवाजों और परम्पराओं तथा राजाओं की दमनकारी ताकत के भरोसे लागू किया था। ब्राह्मणों के समर्थन पर यह वर्ग हजारों वर्षों से अपनी अधिसत्ता को भोगता आया है। (कु.आ., 14 अप्रैल, 1929, अनीमुथू, 255)।

तदनुसार कोई मजदूर किसी काम को करना चाहे या नहीं; उस पर वह कार्य थोप दिया जाता था। आशय यह नहीं है कि मजदूर थोपे गए काम को लाभदायक या रचनात्मक मानने से इनकार करते थे। इसलिए कि आधुनिक युग में भी मजदूर वर्ग की विकास या प्रगति सम्बन्धी चेतना उनके आर्थिक स्तर द्वारा निर्धारित नहीं होती; न ही सामाजिक और आर्थिक शोषण के प्रति उनकी समझ द्वारा तय की होती है; अपितु सामाजिक स्तर पर इस घोषणा द्वारा तय होती है कि वे इस या उस वर्ण से सम्बन्ध रखते हैं। इस तरह यदि कोई बुनकर या लोहार अपना ब्राह्मणीकरण करना चाहता है; तो दूसरा कोई शिल्पकार उसे रोककर स्वयं 'ऋषि-पद' को प्राप्त करना चाहेगा। दूसरे शब्दों में वर्णाश्रम धर्म की संरचना ही ऐसी है कि इसमें मजदूर 'वेतन श्रमिक' के बजाय 'जातीय श्रमिक' बने रहना चाहते हैं। जाति के सन्दर्भ में सर्वहारा चेतना का निर्माण जाति-व्यवस्था और धार्मिक अनुराग, जो उसे

संरक्षित करते हैं; को चुनौती दिए बगैर सम्भव नहीं है। (विदुथलाई-6, 16 फरवरी, 1940, अनीमुथू, 1748-50)।

पुनश्च: पेरियार के अनुसार, वर्ण-धर्म के आधार पर गठित समाज में श्रम का न तो अन्तर्निहित मूल्य होता था, न उसकी गरिमा। यदि यह जीवित रहने के लिए आवश्यक हो, तब भी इसे प्रतिष्ठा के प्रतिकूल माना जाता था। और भी बुरा तब होता है, जब विशेषाधिकार सम्पन्न वर्ग खुद काम करने से इनकार कर, दूसरों के श्रम पर जीने पर जोर देने लगता है। उसकी देखा-देखी श्रमिक वर्ग भी मानवीय श्रम से कतराने लगता था; उनके बीच उसके सामाजिक औचित्य को बिना जाने-समझे ब्राह्मण अपने अध्ययन-मनन का निरन्तर दावा करते हुए; खुद को मानसिक श्रम का एकमात्र अधिकारी बनाने लगता है। (कु.आ., 14 जून, 1931, अनीमुथू, 1658-60)।

पेरियार का तर्क था कि जब तक धार्मिक मान्यताओं को, जो जाति-आधारित श्रम-विभाजन को न्यायोचित ठहराती हैं; चुनौती नहीं दी जाती, तब तक असमानता और भेदभाव बने रहेंगे। श्रमिक संगठनों की दृष्टि से यह महत्त्वपूर्ण निष्कर्ष हो सकता है। पेरियार के अनुसार यह केवल मार्क्स, ऐंगल्स और लेनिन के लिखे को रट लेने, अथवा यह कहने से नहीं होगा कि ये पूर्वज्ञात सत्य की परिणतियाँ थीं। समाजविज्ञानियों को इसे विशिष्ट सामाजिक सत्य, भारतीय समाज की विशेषताओं के रूप में समझना होगा; जिसे मार्क्स अथवा लेनिन से पूरी तरह जानने की अपेक्षा नहीं की जा सकती—

> "क्या मार्क्स इस देश के ब्राह्मणों द्वारा थोपी गई प्रभुसत्ता से परिचित थे? क्या वह जानते थे कि अपना प्रभुत्व बनाए रखने के लिए वे किस तरह षड्यंत्र रचते हैं? क्या वह जानते होंगे कि इस देश के मूल निवासियों को जन्म से ही शूद्र, गुलाम माता-पिताओं की सन्तान माना गया है? कि इस देश में ऐसी धार्मिक और शास्त्रोक्त विद्या है, जो इसे वैध ठहराती है? मार्क्स ने पूँजीवाद और उसके वर्चस्व के बारे में बताया है कि धर्म किस प्रकार विशिष्ट सन्दर्भों और वास्तविकताओं में पूँजीवाद शोषण को न्यायोचित ठहराता है। यह उम्मीद करना कि मार्क्स हमारे हालात से परिचित थे; न तो उचित है, न ही न्यायपूर्ण।"
> (vi, 20 सितम्बर, 1952, अनीमुथू : 1746)

मार्क्स के विपरीत पेरियार का कथन तर्कसंगत है कि जाति-आधारित श्रम की समाप्ति हो; ताकि हम श्रमिक के जीवन के बारे में नए सपने देख सकें—

> "यहाँ तक कि जातीय विभाजन को पेशागत विभाजन में बदल दिया था, तब भी इस तरह के विभाजन को क्यों होना चाहिए? मैं जानना चाहता हूँ कि क्यों कोई व्यक्ति सुबह को बढ़ई, दोपहर बाद व्यापारी और रात को अध्यापक नहीं हो सकता; और इसके साथ-साथ क्यों ऐसे समय में, जब किसी व्यक्ति का दमन हो रहा हो; दूसरे आदमी की मदद के लिए आगे नहीं आ सकता।"
> (कु.आ., 11 जनवरी, 1931)

पेरियार के अनुसार, जाति और धर्म आधारभूत आर्थिक ढाँचे को मनचाहा रूप देने के अलावा सामाजिक सम्बन्धों पर भी गहरा असर डालते हैं। किसी व्यक्ति के लिए, यहाँ तक कि दलित और शूद्रों के लिए भी; आत्मसम्मान का अभाव असमान और अपमानजनक सामाजिक सम्बन्धों का कारण बन सकता है। ध्यातव्य है कि पेरियार ने जातीय उत्पीड़न के शिकार लोगों से आग्रह किया था कि वे देखें कि वे स्वयं महिलाओं के साथ कैसा व्यवहार करते हैं? जाति-व्यवस्था के अस्तित्व के लिए स्त्री की अधीनता, उसके चाल-चलन पर सवाल खड़े करना आवश्यक था। पत्नीत्व, मातृत्व और योनि-शुचिता के अतिरेकी महिमा-मंडन द्वारा जाति-केन्द्रित समाज में स्त्री का अस्तित्व महज प्रजननीय प्राणी में सिमट चुका था। उसके माध्यम से ही वह अपने अस्तित्व को बचाए हुए था। (कु.आ., 8 फरवरी, 1931)

पेरियार जानते थे कि जाति-व्यवस्था बंधुत्व-भावना के लिए काम नहीं करती; असल में वह आपसी सन्देह और नफरत को बढ़ाती है। हिन्दू आस्था और ब्राह्मणों का आधिपत्यपूर्ण आचरण दलितों एवं शूद्रों को कई तरीकों से प्रभावित करता है। छुआछूत अपने आपमें विशिष्ट स्थिति थी। समग्र जातीय सन्दर्भों और तर्कों को समझते हुए, उसका सामना सीधे-सीधे किया जाना था। दूसरे केवल छुआछूत को समाप्त करना पर्याप्त नहीं था, अपितु वर्ण-धर्म नामक पूरी संस्था को मिट जाना चाहिए था। शूद्रत्व का

मामला थोड़ा अलग था। हालाँकि, शूद्र भी एक सीमा तक ही 'स्पृश्य' थे। ब्राह्मण की निगाह में उन्हें भी हीन और ओछा माना जाता था। लेकिन, जैसा पेरियार लिखते हैं—'शूद्र अपनी अस्थिर, अनिश्चित, अमानवीय परिस्थिति को स्वीकारने को तैयार नहीं थे। इस कारण एक ओर तो उन्हें ब्राह्मणों का पिछलग्गू बनते हुए देखा गया। दूसरी ओर खुद को दलितों से अलग दिखाते हुए।' दलितों के प्रति शूद्रों के विद्वेष पर चर्चा करते हुए पेरियार लिखते हैं—

> "गैर-ब्राह्मणों के बीच भी ऐसे बहुत-से लोग हैं, जो जातिभेद को अपनाए हुए हैं। लेकिन, यदि आप चाहते हैं कि उच्च जातियाँ आपको अपने बराबर समझें, तो आपको उन जातियों को जो आपसे निचले क्रम पर हैं; अपने बराबर मानना पड़ेगा। कभी-कभी मुझे लगता है कि हम जो जातीय उत्पीड़न करते हैं, वह ब्राह्मणों द्वारा किए जाने वाले जातीय उत्पीड़न से अधिक है। नट्टुकोट्टई चेटियार (तमिलनाडु की व्यापारी जाति), जिनके पास अपार धन-सम्पदा है; वे उसे वेदों के अध्ययन-अध्यापन पर खर्च करना चाहते हैं। यह ठीक ऐसा ही है, जैसे कोई अपनी छुट्टियाँ आजीवन भिक्षावृत्ति सीखने में अकारथ करे। वे न केवल ब्राह्मणों को खिलाते-पिलाते हैं, अपितु वेदाध्ययन के लिए प्रोत्साहित भी करते हैं। यदि वे अपने धन का सदुपयोग कुछ आदि-द्रविड़ बच्चों को पढ़ाने के लिए करते, तो वे किशोरावस्था से ही कुली का काम करने को विवश न होते।" (कु.आ., 9 दिसम्बर, 1928, अनीमुथू, 332)

अन्य अवसर पर पेरियार आवेश में लिखते हैं—

> "जब हम आदि-द्रविड़ों की बात करते हैं, तो बात समझ में आती हैं कि उससे ब्राह्मण नाराज हो जाएँगे। लेकिन, यह मेरी समझ से बिलकुल परे है कि गैर-ब्राह्मण भी उससे हतोत्साहित हो जाएँगे। यदि आप वास्तव में खुद को शूद्र समझे जाने पर अपमानित महसूस करते हैं, तब क्या आप उस समय क्षण-भर के लिए भी असहज महसूस करते हैं, जब हम कहते हैं कि अछूत-भाव को भी पूरी तरह नष्ट हो जाना चाहिए।" (कु.आ., 11 अक्टूबर, 1931, अनीमुथू, 60)

पेरियार ने वर्तमान सामाजिक व्यवस्था में शूद्रों की 'जातीय-उन्नयन' की इच्छा को भी निरर्थक माना है। उनके अनुसार—

> "प्रत्येक जाति-वर्ग अपनी श्रेष्ठता सम्बन्धी दावों की खोजकर उन्हें प्रस्तुत कर सकता है। परन्तु, वे सभी प्रमाण केवल इस दावे की पुष्टि करेंगे कि बाकी सभी जातियाँ उन लोगों से, जो स्वयं को ब्राह्मण कहते हैं; हीन हैं।" (कु.आ., 30 नवम्बर, 1930, अनीमुथू, 1599)

सामाजिक अनुकरण की प्रवृत्ति का सामना करने के लिए पेरियार समझाते हैं कि शूद्रों को शिक्षा द्वारा ब्राह्मण-पुजारियों एवं ब्राह्मणवादी परम्पराओं का बहिष्कार करके तथा स्त्री को शिक्षा एवं समानता का अधिकार देते हुए अपना आधुनिकीकरण करना चाहिए। यह जानते हुए कि शूद्र दक्ष शिल्पकार रह चुके हैं; पेरियार ने उन्हें विज्ञान के लाभों को प्राप्त कर तकनीकी दक्षता में सुधार के लिए भी प्रोत्साहित किया था। (वी. एम. सुबगुनराजन : 119-121)

1940 के दशक से ही पेरियार उनसे हिन्दुत्व के परित्याग का अनुरोध करते आ रहे थे। यह बताते हुए कि भारत बहुत जल्दी स्वतंत्र हो जाएगा, तब उस पर ब्राह्मणों और बनियों का राज होगा। ऐसे में हिन्दुत्व के परित्याग एवं धर्मनिरपेक्ष 'द्रविड़ियन' पहचान के लिए उन्हें अभी से अपना आत्मसम्मान सुरक्षित रखकर अपनी स्वतंत्रता और समानता का अनुभव करना चाहिए।

दलितों के लिए पेरियार के भाषण भिन्न थे। उन्होंने दलितों से कहा था कि परस्पर एकजुट रहें, स्थानीय जातिवादी राजनीतिक शक्ति और सत्ताओं को चुनौती दें तथा गांधीवादी संस्थानों का दृढ़तापूर्वक परित्याग कर दें। उन्होंने दलितों से अनुरोध किया था कि वे हिन्दुत्व से बाहर आएँ। यदि आवश्यक हो तो कोई और धर्म जो न्यायपूर्ण लगता हो और उनके समानता और स्वतंत्रता के अधिकार की रक्षा करता हो, उसे अपनाएँ। इसके साथ-साथ पेरियार ने उन्हें आश्वस्त किया था कि शूद्र स्वयं को श्रेष्ठतर समझ सकते हैं। मगर, असलियत में वे बिलकुल नहीं हैं। क्योंकि, जाति-आधारित समाज उन्हें सम्माननीय मानने से

इनकार करता है। ब्राह्मण धर्मशास्त्र और स्मृतियाँ शूद्र को ऐसे व्यक्ति के रूप में परिभाषित करती हैं, जो "दास, वेश्या अथवा रखैल की औलाद हो; जन्मजात दास हो अथवा दास के रूप में बड़ा हुआ हो।" (कु.आ., 16 जून, 1929, अनीमुथू, 57)

शूद्र-दलित अन्तर्सम्बन्धों को पेरियार तथा उनके आन्दोलन ने कितनी दक्षता से सँभाला था। इसका सटीक उदाहरण कल्लर समुदाय (जिन्हें आज पिछड़ी जाति का दर्जा दिया गया है) द्वारा दलितों पर लगाए गए प्रतिबन्ध थे; जिन्हें आज कुख्यात देवकोट्टई आदेशों के नाम से जाना जाता है। इस मामले को पेरियार ने क्षेत्र में आयोजित पहले आत्मसम्मान सम्मेलन में उठाया था। सम्मेलन की अध्यक्षता भलीभाँति समृद्ध व्यापारी वर्ग, चेट्टियार समुदाय के वरिष्ठ-जनों ने की थी। उस सम्मेलन में हिंसा तथा उसके जिम्मेदार शूद्र समुदाय के लोगों की निन्दा का एक प्रस्ताव स्वीकृत हुआ था। सम्मेलन में उस दुर्घटना की जाँच के लिए एक समिति बनाने का प्रस्ताव भी स्वीकृत हुआ था। खास बात यह है कि उस सम्मेलन में उन शूद्रों की प्रशंसा की गई थी, जिन्होंने दलितों पर प्रतिबन्ध लगाने का विरोध किया था। उस सम्मेलन में जो भाषण हुए उनमें दलितों के बराबरी के अधिकार का समर्थन किया गया था। (वी.एम. सुबगुनराजन : 193)

स्पष्ट है कि 'जाति का विनाश' शूद्रों और दलितों से अलग-अलग अपेक्षाएँ रखता था। पेरियार को 'आत्म-सम्मान समुदाय' बनाने की माँग अभी करनी ही थी; उसमें द्रविड़ियन बिरादरी की घोषणा भी शामिल थी, जो उन्हें साहचर्य की नई संस्कृति के तहत परस्पर निकट लाने वाली थी। इस लक्ष्य को जड़ हिन्दू विश्वासों, रीति-रिवाजों के सतर्क खंडन तथा जीवन के नए रास्तों का चयन के माध्यम से प्राप्त किया जाना था। उसमें अन्तर्जातीय विवाहों, स्त्री को सहयात्री मानने, कार्यक्षेत्र, परिवार या अन्तरंग सम्बन्धों के मामले में उन्हें उनकी मर्जी के अनुसार जीवन जीने में मदद करना भी सम्मिलित था।

दलितों एवं अन्य पिछड़े वर्गों में भाईचारा कायम करना और उसे बनाए रखना आसान न था। क्योंकि, उसके मूल में भौतिक सम्बन्धों,

यथा—शक्ति, सम्पदा, श्रम आदि से जुड़े अनेकानेक अवरोधक थे। दूसरे, शूद्र अपने आधुनिकीकरण को लेकर पेरियार के आह्वान को तो गम्भीरता से लेते थे, परन्तु उनकी आपसी भाईचारे की अपील के प्रति उतने गम्भीर नहीं थे। विभिन्न शूद्र जातियों के काफी लोग, कभी-कभी भारी संख्या में; छुआछूत विरोधी संघर्ष में सबसे आगे थे। वे अन्तर्जातीय विवाहों, विशेष रूप से शूद्रों और दलितों के बीच; का समर्थन भी करते थे। बावजूद इसके शूद्र जातियों का एक उल्लेखनीय हिस्सा ऐसा भी था, जो ब्राह्मणवाद की आलोचना का दिल से समर्थन तो करता था; मगर दलितों के साथ सम्पूर्ण एकता के आह्वान को अनसुना कर देता था।

पेरियार के स्त्री-पुरुष दोनों को बराबर का दर्जा देने के प्रस्ताव पर भी हर समय, समान रूप से ध्यान नहीं दिया गया। यद्यपि, इस पर कायम रहना कठिनतम आदर्श था। तथापि, यह उल्लेख करना आवश्यक है कि ऐसे स्त्री-पुरुष भी बहुतायत में थे, जो आपसी सम्मान, समानता और साझा राजनीतिक विश्वासों के आधार पर अलग तरह के पारिवारिक और अन्तरंग जीवन जीने के लिए संकल्परत थे।

पेरियार की हिन्दुत्व की आलोचना शायद ही कभी नकारात्मक थी। इसके साथ-साथ उन्होंने एक श्रेष्ठ और न्यायपूर्ण समाज के अपने और अपने सहयोगी कार्यकर्ताओं के प्रगतिगामी सपने को निरन्तर प्रचारित किया था। 1910 के दशक के अन्तिम तथा 1920 के शुरुआती वर्षों में, जब पेरियार कांग्रेस के सक्रिय सदस्य थे; उनके लिए श्रेष्ठ समाज का अर्थ ऐसे समाज से था, जिसे सृजनात्मक कार्यक्रमों के आधार पर बनाया जा सके। वे गांधी की ओर उनके त्रिसूत्रीय कार्यक्रमों, यथा—छुआछूत उन्मूलन, संयम एवं सहिष्णुता तथा खादी के कारण आकर्षित हुए थे। आगे चलकर कांग्रेस के एक वर्ग—तथाकथित स्वराजियों के असहयोग आन्दोलन से किनारा करने तथा विधायिकाओं में प्रवेश करने की माँग का गांधी ने समर्थन किया, तो उनका कांग्रेस से एकाएक मोहभंग हो गया। उन्हें लगा कि उपर्युक्त तीन महत्त्वपूर्ण कारणों, जो उनकी दृष्टि में गैर-ब्राह्मणों और दलितों के जीवन के लिए विशेष आशाजनक थे; के साथ समझौता किया गया है। गांधी के

प्रति उनकी मायूसी बढ़ती ही गई। आगे चलकर जब उतने ही उत्साह से वर्ण-धर्म की सुरक्षा तथा छुआछूत के खात्मे के लिए प्रतिबद्धता का दावा किया गया; पेरियार ने लिखा था—

> "यदि वर्ण-व्यवस्था अस्तित्व में नहीं होती, तो अस्पृश्यता भी, जो उसकी देह का प्राणतत्त्व है; जीवित नहीं रह पाएगी।" इसलिए, "यदि हम महात्मा के अस्पृश्यता उन्मूलन के सिद्धान्त का अनुसरण करते हैं, तो हम दोबारा अस्पृश्यता, जिसे हम समाप्त करने के प्रयास में लगे हैं; के गहरे गर्त में जा पड़ेंगे।" (कु.आ., 7 अगस्त, 1927, अनीमुथू, 1976-77)

गांधी से मोहभंग ने पेरियार को जाति और अस्पृश्यता से टकराव तथा श्रेष्ठ समाज हेतु अपने सिद्धान्तों की रूपरेखा तैयार करने के लिए प्रेरित किया। उससे पहले कांग्रेस में रहते हुए ही उन्होंने साफ कर दिया था कि स्वराज की माँग को उन लोगों के अधिकार के साथ संतुलित होना चाहिए, जिन्हें शिक्षा और सरकार में उनकी न्यायोचित सहभागिता से अभी तक वंचित रखा गया है। इसके साथ-साथ उसमें तथाकथित अस्पृश्यों की जरूरतें भी शामिल होनी चाहिए—

> "हम (अस्पृश्यों को) वे अधिकार देने से भी इनकार करते हैं, जो कुत्तों और सूअरों को आसानी से प्राप्त हैं। क्या स्वराज हमारे सन्दर्भ में अनिवार्य है? जनता से ही पूछना चाहिए कि उसके लिए महत्त्वपूर्ण क्या है? स्वराज या अस्पृश्यों की प्रगति तथा उनके लिए आत्मसम्मान भरे जीवन की उपलब्धता।" (कु.आ., 31 जनवरी, 1926, अनीमुथू, 450)

उन्हें इस बात से हैरानी थी कि जिस समाज में आत्मसम्मान का अभाव हो, वहाँ स्वराज का क्या अर्थ हो सकता है—

> "तिलक का दावा है कि स्वराज उनका जन्मसिद्ध अधिकार है। चूँकि, वर्णव्यवस्था के अनुसार वे ब्राह्मण हैं और ऐसे मनुष्य मानते हैं कि बाकी लोग उनसे हीन हैं; यह भावना ही अपने आप में उनका जन्मसिद्ध अधिकार है। इसलिए, इस अर्थ में तिलक को

'स्वराज' शब्द का उपयोग करने के लिए बाध्य किया गया था; जो इस उद्देश्य हेतु निरर्थक, परिणामों की दृष्टि से भ्रान्तिपूर्ण, अपने जन्मसिद्ध अधिकार के लिए राजनीति से अपनाया हुआ है। मगर हम दूसरों को भरमाकर जीवित रहने के अभ्यस्त नहीं हैं। बजाय इसके हम मनुष्यता को उसके वास्तविक अर्थों में खोजने के इच्छुक हैं। इसलिए हम कहेंगे कि 'आत्मसम्मान हमारा जन्मसिद्ध अधिकार है।' हमें यह मानना होगा कि स्वराज तभी सम्भव है, जब पर्याप्त आत्मसम्मान हो; अन्यथा यह अपने आपमें सन्दिग्ध मसला है।" (कु.आ., 9 जनवरी, 1927, अनीमुथू, 3-4)

'आत्म-सम्मान' की सैद्धान्तिकी का खूब प्रचार-प्रसार किया गया; और आने वाले दशकों में यह प्रमाणित हो गया कि यह स्वराज की राजनीति के साथ-साथ धर्म-आडम्बरों और धर्म-आदेशों के भी विरुद्ध है; जो इस प्रकार की राजनीति का संरक्षण करते हैं। इसके अन्तर्गत एक ओर तो हिन्दू धार्मिक मान्यताओं और रीति-रिवाजों की न केवल आलोचना की गई, बल्कि बेहतर जीवन और उसकी सम्भावनाओं की वैकल्पिक रूपरेखा भी तैयार की गई। पेरियार के नेतृत्व में जैसे ही आत्मसम्मान आन्दोलन की जमीन तैयार हुई; इसके सदस्य, स्त्री-पुरुष दोनों नए मानव-आदर्शों, रूपान्तरित मानव-सम्बन्धों पर बातचीत करने लगे थे। निजी और घरेलू सम्बन्धों को लेकर भी उदारतापूर्ण ढंग से पुनर्विचार की माँग उठने लगी थी।

दूसरी ओर, राष्ट्रवाद और राष्ट्रवादियों को भी नहीं बख्शा गया था। राष्ट्रवाद, जैसा ऊपर कहा गया है कि आलोचना नए और पक्के धर्म के रूप में की गई। जिसके शिखर पर महात्मा गांधी के रूप में एक भद्र राजनीतिक तानाशाह विराजमान है; जिनकी प्रेरक वाणी इस धर्म को जादुई आभामंडल प्रदान करती है—

"उनका धार्मिक बाना, ईश्वर सम्बन्धी व्याख्यान, सत्य का अनवरत सन्दर्भ, अहिंसा, सत्याग्रह, हृदय-शुद्धि, आत्मशक्ति, उपवास एक ओर तथा उनके शिष्यों एवं अन्य राष्ट्रवादियों, पत्रकारों—जो राजनीति के नाम पर, राष्ट्र के नाम पर उन्हें एक साधु, क्राइस्ट, पैगम्बर, मसीहा,

महात्मा...तथा विष्णु का सच्चा अवतार...दूसरी ओर...साथ में धनाढ्य और पढ़े-लिखे लोगों द्वारा गांधी नाम का अवसरानुकूल उपयोग—सब मिलकर गांधी को राजनीतिक तानाशाह बना चुके थे।" (23 जुलाई, 1933, अनीमुथू, 389-90)

पेरियार गांधीवादी प्रतिरोध के सबसे उत्कृष्ट माने गए रास्ते 'सत्याग्रह' के भी आलोचक थे। उनका तर्क था कि यह समाज के दबंगों को सत्य को खास सन्दर्भों में समझने के लिए प्रेरित करेगा। इसलिए, वह नैतिक रूप से सन्दिग्ध और अनेकार्थी है। दूसरे, सत्याग्रह ऐसे वातावरण में काम नहीं कर पाएगा, जहाँ सामाजिक न्याय का अभाव हो। वह भूमिहीन दलितों को जमीन दिलवाने में मदद नहीं कर पाएगा; न ही वह उस धन में उनकी हिस्सेदारी सुनिश्चित कर सकेगा, जो मन्दिरों और धार्मिक संस्थाओं में सुरक्षित है; न ही सत्याग्रह जमींदारों, व्यापारियों और राजाओं के विरुद्ध काम करने में सक्षम होगा, जो कामगारों को अपने स्वार्थ के अनुरूप जकड़े रहते हैं और बदले में महज उतना ही देते हैं, जिससे वह श्रम के लिए जीवित रह सकें। (कु.आ., 6 सितम्बर, 1931)

गांधीवादी धर्मनिष्ठता के मुकाबले, विशेषरूप में सत्याग्रह और राष्ट्रवाद के सापेक्ष; पेरियार ने आत्म-सम्मान का दर्शन प्रस्तुत किया था; जिसकी नींव आपसी संवाद, प्रोत्साहन और तर्क पर रखी गई थी। पेरियार ने लिखा है कि अनिर्वचनीय, अव्यक्त सत्य बोलने-करने के दावे के विरोध में, आत्म-सम्मानी व्यक्ति लोगों की राय बलपूर्वक बदलने के बजाय उन्हें इस दिशा में मात्र प्रोत्साहित करता है। उन्होंने इस कस्बे से उस कस्बे, इस गाँव से उस गाँव तक की यात्राएँ की थीं। वहाँ वे लोगों को बैठक करने, उन्हें सुनने, यदि लोग सहमत हों तो अपने शब्दों को आत्मसात करने की अपील करते थे। उन्होंने अवसर या सन्दर्भ के अनुरूप अपने विचारों को बदलने या व्याख्या करने की कोशिश नहीं की थी।

पेरियार का जनता से संवाद करने का यह तरीका कांग्रेस के राजनीतिक अभियान और जनसभाओं को सम्बोधित करने से अलग था। कांग्रेस की रुचि अपने शक्ति-प्रदर्शन तथा लोगों की भावनाओं से खिलवाड़ करने में

थी। वह सीधे-सीधे ब्रिटिश सरकार के प्रति अनादर और उत्तेजना से भरपूर थी। कांग्रेसी नेता जनता को शिक्षित करने के बजाय मामले को लेकर उसकी भावनाओं और संवेदनाओं को भड़काते रहते थे। (वही)

1930 के दशक में पेरियार तथा आत्मसम्मान आन्दोलन के कार्यकर्ताओं ने अपने दर्शन की विस्तृत रूपरेखा तैयार की थी; जिसमें उन्होंने अपने स्वयं को समाजवादी आदर्शों तथा सशक्त एवं तर्कसंगत नास्तिकता से जोड़ा था। उनके द्वारा कांग्रेसी राष्ट्रवाद के सशक्त और सार्थक विरोध ने, विशेषरूप से गांधी के निरन्तर चलने वाले अनशनों और बाद में पूना समझौते पर हस्ताक्षर के बाद जनमानस में क्रान्तिकारी त्वरा के साथ अपनी जगह बनाई थी। यह उस समय भी उपयोगी सिद्ध हुई, जब उन्होंने भारत में साम्यवादी आन्दोलन की विस्तृत समीक्षा की थी; जिसमें उन्होंने जाति के विनाश तथा उसे अपनी राजनीति का केन्द्रीय विषय बनाने के प्रति साम्यवादियों की अरुचि की आलोचना की थी। (कु.आ., 25 मार्च, 1944, अनीमुथू, 1711-13)

इस बीच पेरियार हिन्दुत्व की आलोचना करते रहे। 1940 के दशक में जब ब्रिटिश सरकार भारतीयों को सत्ता सौंपने का मन बना चुकी थी; वह लोगों का ध्यान तेजी से अपनी ओर खींचने में सफल रहे। चक्रवर्ती राजगोपालाचार्य मद्रास प्रान्त के प्रधानमंत्री (1937 के चुनावों के बाद जब उन्हें मद्रास प्रान्त का प्रधानमंत्री चुना गया था) के नाते कांग्रेस जब हिन्दुस्तान की विविध संस्कृति को मानने वाली जनता पर 'हिन्दी-हिन्दू-हिन्दुस्तान' अथवा 'हिन्दुस्तान का विचार' के रूप में एकल भाषा और संस्कृति तथा ब्राह्मण-बनिया नेतृत्व को थोपने की कोशिश कर रही थी; उसके विरोध में पेरियार और उनके साथियों को कांग्रेस और उसके नेताओं पर जमकर हमला करने का अवसर दिया। पेरियार द्वारा हिन्दी विरोध के पीछे मुख्य कारण था कि वह संस्कृत से सीधे जुड़ी थी। इसलिए उसे पौराणिक मूल्य की संवाहक माना गया। (कु.आ., 22 अगस्त, 1937)। हालाँकि, जैसा ऊपर बताया गया है; पेरियार ने उसका कोई जातीय अथवा सांस्कृतिक कारण नहीं बताया था। यद्यपि, वह उन दिनों संस्कृतिकरण को प्रश्रय देती

थी। पेरियार के लिए हिन्दी का प्रश्न चुनौतीपूर्ण था। मुख्यतः इसलिए, कि वे सोचते थे कि हिन्दी को थोपना प्रकारान्तर में हिन्दू राष्ट्रवाद को प्रश्रय दे सकता है।

द्रविड़ियन राष्ट्र की माँग इसी सन्दर्भ में उभरी थी। परन्तु, जैसा कि ऊपर कहा गया है; उसके पीछे सांस्कृतिक अथवा जातीय आग्रह कम, आदर्शोन्मुखी चेतना अधिक थी। इसमें एक ऐसा समाज, जिसके बारे में पेरियार ने 1940 के दशक में अपने वक्तव्यों में बार-बार स्पष्ट किया था, कि वह पूरी तरह जाति-मुक्त होगा; जिसमें हिन्दुवादी आदर्श लोगों की संचेतना और दिलो-दिमाग को नियंत्रित नहीं करेंगे। पुनश्चः, ऐसा समाज जो समाजवादी एवं सहकारिता के आदर्शों के अनुसार परिचालित होगा।

द्रविड़ राष्ट्र के सन्दर्भ में पेरियार ने गैर-ब्राह्मणों तथा दलितों से हिन्दुत्व से बाहर आने को कहा; उनकी यह माँग भारत की आजादी के बाद भी बनी रही। पेरियार का कहना था कि भारतीय विधिक और संवैधानिक तंत्र दोषपूर्ण सिद्ध होगा। क्योंकि, उसमें जाति-उन्मूलन का स्पष्ट प्रावधान नहीं है। यद्यपि, संविधान घोषणा करता है कि अस्पृश्यता को खत्म किया जाएगा; तथापि उनका स्पष्ट मत था कि संविधान असल में मौजूदा जाति-आधारित तंत्र का संरक्षण करता है। मद्रास उच्च न्यायालय के एक निर्णय, जिसने तत्कालीन सरकार के आरक्षण सम्बन्धी निर्णय को खारिज कर दिया था तथा उच्चतम न्यायालय ने जिसका समर्थन किया था; ने पेरियार को सरकार से यह माँग करने का अवसर दिया था कि वह सकारात्मक कार्यवाही के साथ आगे आए। 1950 के बाद से निरन्तर व्यापक विरोध के फलस्वरूप पहला संविधान संशोधन सम्भव हो पाया था। (अनीमुथू, 2009, 148-9)

भारत सरकार, विशेष रूप से ब्राह्मण बहुल नौकरशाही की कार्यशैली संविधान के साथ कैसा बर्ताव करती है; पेरियार की इस पर निरन्तर नज़र थी। नौकरशाही में व्याप्त कुनबापरस्ती के विरुद्ध विरोध-प्रदर्शनों की अनवरत शृंखला के बाद 'द्रविड़यार कड़गम' ने एक मुहिम की शुरुआत की थी।

1957 में उसने संविधान की उन धाराओं को आग के हवाले करने का निश्चय किया था, जो वर्तमान जाति-व्यवस्था का संरक्षण करती है तथा ब्राह्मण नौकरशाही को अजेय बनाती है। (वही, 256-157)

1960 के दशक में भी कड़गम द्वारा जाति, हिन्दुत्व और राष्ट्रवाद का विरोध जारी रहा। यह तब था, जब तमिलनाडु में कड़गम, कांग्रेस के साथ सरकार में सहयोगी बनी थी। (ऊपर देखें)।

पेरियार की अन्तिम और औचित्यपूर्ण लड़ाई गैर-ब्राह्मणों एवं दलितों के आगमिक मन्दिर का पुजारी बनने के अधिकार को लेकर थी; परम्परागत रूप से ब्राह्मण ही उसके शीर्ष पुजारी बनते आए थे। 1970 में जब तमिलनाडु में द्रविड़ मुनेत्र कड़गम (डीएमके) की सरकार थी; प्रदेश के तत्कालीन मुख्यमंत्री एम. करुणानिधि ने हिन्दू धार्मिक और धमार्थ बन्दोबस्त अधिनियम—तमिलनाडु, 1971 के अधिनियम-2, में संशोधन करते हुए 10 हजार से अधिक मन्दिरों में अर्चकों (पुजारियों) की वंशानुगत नियुक्ति के नियम को समाप्त कर दिया था। फलस्वरूप, सभी जातियों के पात्र व्यक्तियों को पुजारी बनने का रास्ता साफ हुआ था। पेरियार की दृष्टि में ऐसे कानून को तत्क्षण अमल में लाने की आवश्यकता थी। उन्होंने अपना पूरा जीवन यह समझाने में लगा दिया था कि धार्मिक पूजा-पाठ आदि पर ब्राह्मणों का समय-सिद्ध अधिकार उन्हें विशिष्ट पहचान और अधिकार उपलब्ध कराता है। तमिलनाडु सरकार के निर्णय को उच्चतम न्यायालय में चुनौती दी गई थी।

उच्चतम न्यायालय के पाँच न्यायाधीशों की बेंच ने कहा कि पुजारी की नियुक्ति का मामला धर्मनिरपेक्ष अनिवार्यताओं से बाहर आता है। इस प्रक्रिया में कुछ भी पवित्र नहीं है। इसके बावजूद बेंच ने भविष्य में सभी जातियों से पुजारियों की नियुक्ति के फैसले को मानने से इनकार कर दिया। न्यायालय का मत था कि यदि इस तरह की नियुक्तियाँ मान ली जाती हैं, तो वे आगमिक आदेशों का स्पष्ट उल्लंघन होंगी; जो प्रस्तावित पुजारी के लिए अनिवार्य आचरण के सम्बन्ध में बहुत कठोर हैं। दूसरे, यदि इस प्रकार के आदेशों की जानबूझकर उपेक्षा की गई, तो वह हिन्दू उपासक के धार्मिक

विश्वास में सीधा हस्तक्षेप होगा। बैंच का मानना था कि हिन्दू उपासक के लिए मूर्ति अत्यधिक महत्त्वपूर्ण और पवित्र वस्तु है। धर्मनिष्ठ हिन्दू सिवाय पारम्परिक पुजारी के किसी और को मूर्ति छूने की अनुमति नहीं दे सकता। इस बारे में उसकी आस्था एकदम स्पष्ट है। पुनश्च:—

> "कोई राज्यादेश किसी आगम द्वारा अनाधिकृत आर्चक के स्पर्श से अपवित्र या अशुद्ध माना जाता है, तो वह धार्मिक आस्था और हिन्दू उपासक के पूजा-विधान में बड़ा हस्तेक्षप होगा। अत: प्रथम दृष्टया यह संशोधन संविधान की धारा 25(1) के अन्तर्गत अमान्य है।" (ए.आई. आर. 1972 : 1592-93)

कहने की आवश्यकता नहीं कि इस तरह के विचारों ने ही पेरियार को नाराज किया था। साथ ही उनके इस विचार की पुष्टि भी की कि भारतीय राष्ट्र को उन लोगों के हितों की रक्षा में दिलचस्पी नहीं थी, जिन्हें हिन्दू-धर्म में सामान्य मनुष्य की गरिमा से सिर्फ इसलिए वंचित रखा गया था, क्योंकि वे ब्राह्मण नहीं थे। ऐसे सांस्थानिक तर्कों द्वारा घेरा जाना पेरियार के लिए विशेष कष्टप्रद था। उच्चतम न्यायालय के निर्णय से संकेत मिलता था कि आगे हर राह अवरुद्ध है। अपने फैसले के अन्त में विद्वान-जजों ने आखिर में पांडुरंग वामन काणे का ब्रह्मपुराण से सन्दर्भ उद्धृत किया था; जिसमें कहा गया है कि 'जब कोई मूर्ति...किसी जानवर जैसे कि गधा द्वारा स्पर्श की जाती है...अथवा बाहरी जातियों (गैर-ब्राह्मणों) द्वारा अशुद्ध कर दी जाती है; ईश्वर उसमें रहना छोड़ देता है।' दूसरे, बैंच ने स्पष्ट रूप से लिखा था कि वे संविधान की धारा 25 और 26 के अन्तर्गत प्रदत्त स्वतंत्रता की रक्षा के लिए कर्तव्यबद्ध हैं—

> "इन अधिनियमों के अन्तर्गत प्रदत्त सुरक्षा किसी सिद्धान्त अथवा आस्था, विश्वास तक सीमित नहीं है। इनमें वे कर्तव्य भी आते हैं, जो धार्मिक कार्यकलाप या उनका हिस्सा माने जाते हैं। इसलिए, इनमें परम्पराओं तथा उनके अनुपालन, उत्सवों, पूजा-पद्धतियों, जो धर्म का आन्तरिक हिस्सा हैं; की गारंटी भी शामिल है...। ऐसे सभी मसले, जो धर्म अथवा धार्मिक प्रक्रिया का आवश्यक अंग हैं; अदालतों द्वारा उनके फैसले

धर्म-विशेष की सैद्धान्तिकी और उन सभी पूजा-पद्धतियों, जिन्हें कोई समुदाय अपने धर्म का अनिवार्य हिस्सा मानता है; के तत्त्वावधान में किए जाएँगे।" (ए.आई.आर., 1972: 1593)

इन परिस्थितियों में पेरियार ने अलग तमिलनाडु का नारा उछाला, जो जैसा कि ऊपर बताया गया है; ऐसा राज्य होगा, जिसमें राजनीति और नस्लीय मामलों को न्यूनतम जगह मिलेगी...इसके विपरीत उसमें वर्ण-धर्म के विनाश तथा समानता एवं न्याय की स्थापना के लिए अधिकाधिक सम्भावनाएँ होंगी।

वह 1972 का वर्ष था। एक वर्ष पहले ही पेरियार ने जीवन के 90 वर्ष पूरे किए थे। फिर भी वे संघर्ष के लिए तैयार थे; जैसा कि उन्होंने लिखा भी था—'जाति के विरुद्ध लड़ाई आसान नहीं है, न ही यह बहुत जल्दी समाप्त होने वाली है।' अपनी उपलब्धियों को लेकर वे बहुत-ही विनम्र थे; मगर भविष्य में किए जाने वाले कार्यों को लेकर सचेत। जैसा कि अपने जीवन के अन्तिम दशक में उन्होंने कई बार दोहराया था कि यह 'पहाड़ उलटने जैसा है'; आगे लिखा—'बालों की लट से!' उस समय भी पेरियार न तो क्षुब्ध थे; न हताश। जीवन के अन्तिम वर्षों में वे खुद को ऐसे वृक्ष के रूप में देख रहे थे, जो अपनी सभी पत्तियों को बिखरा चुका है। उनके पास खोने के लिए कुछ और नहीं था; और इस बीच हर चीज थी, जिसे जाति के विरुद्ध बोलकर आत्मसम्मान और समधर्म के समर्थन के माध्यम से प्राप्त किया जा सकता था।

(अंग्रेजी से अनुवाद : ओमप्रकाश कश्यप)

सन्दर्भ

पुस्तकें

1. वी. अनीमुथू, सम्पा. ई.वी. रामासामी सिंदानायगल (पेरियार के विचार), 3 खंडों में, सिंदानायलार पदिप्पगम, त्रिचनापोली, 1974, (सीमित संस्करण के रूप में 2009 में कई खंडों में पुनर्प्रकाशित)।

2. वी. गीता और एस.वी. राजादुरै, सम्पा. रिवोल्ट : ए रेडीकल वीकली फ्रॉम कोलोनियल मद्रास, पेरियार द्रविड़यार कड़गम पब्लिकेशन, चेन्नई, 2008 (उसके बाद से 'पेरियार द्रविड़यार कड़गम' बदलकर 'द्रविड़यार विदुथालाई कड़गम' हो चुका है।)
3. वी.एम. सुबगुनराजन, सम्पा. नमक्कू एन इंधा, इझी निलाई? जाति मानादुगल्लीलम जाति ओझिप्पु मानादुगल्लीलम पेरियार (हम अपमानित स्थिति में क्यों हैं? जाति और जाति उन्मूलन सभाओं में पेरियार के भाषण, कायल काविन, चेन्नई 2018)।

अन्य स्रोत

1. कुदी आरसु (कु.आ.); विदुतलई (vi); रिवोल्ट: आत्मसम्मान आन्दोलन और द्रविड़यार कड़गम का प्रकाशन।
2. ए.आई.आर.—आल इंडिया रिपोर्टर (डाटाबेस ऑफ जजमेंट्स)

टिप्पणी

क. पेरियार के लेखन सम्बन्धी सभी तमिल से अंग्रेजी अनुवाद वी. गीता और एस.वी. राजादुरै द्वारा।

ख. गैर-ब्राह्मण और आत्मसम्मान आन्दोलन, 1926-1938 के विस्तृत इतिहास के लिए देखें : वी. गीता और एस.वी. राजादुरै की पुस्तक—'टूवड्र्स अ नॉन-ब्राह्मिन मिलेनियम : फ्रॉम ज्योति थास टू पेरियार', साम्या (1998), 2008।

पेरियार और आत्मसम्मान आन्दोलन

ब्रजरंजन मणि

ई.वी. रामासामी नायकर (1879-1973), पेरियार के नाम से प्रसिद्ध हैं। पेरियार का अर्थ होता है—महान आदमी। यह उपाधि उनके महान संघर्ष के दौरान लोगों ने उन्हें दी थी। वे ब्राह्मणवादी संस्कृति और विचार के तीखे आलोचक और आन्दोलनकारी थे। उनके सार्वजनिक जीवन और धारदार राजनीति ने कांग्रेसी राष्ट्रवाद की छुपी हुई गंदगी के इतिहास को उजागर किया। सन् 1919 में कांग्रेस में शामिल होते ही वे तमिलनाडु कांग्रेस में एक प्रमुख शख्सियत बनकर उभरे। लेकिन, जल्द ही कांग्रेस के पाखंड से उनका मोहभंग हो गया।

उन्होंने ब्राह्मणवादी कांग्रेस छोड़कर 'आत्मसम्मान आन्दोलन' संचालित करने का निर्णय लिया। उन्होंने यह क्रान्तिकारी गैर-ब्राह्मणवादी आन्दोलन गांधी की राजनीति के जवाब में खड़ा किया था। पेरियार द्वारा 1926 में निर्मित 'आत्मसम्मान मंच' के उद्देश्य जोतीराव फुले के सत्यशोधक समाज के उन उद्देश्यों से बहुत समानता रखते थे, जिसमें उन्होंने जाति-व्यवस्था के खात्मे, ब्राह्मणवादी वर्चस्व के विरोध और महिलाओं सहित दलित-बहुजनों की मुक्ति का आह्वान किया था। जातीय ऊँच-नीच, कर्मकांड और मूर्तिपूजा

के कठोर आलोचक पेरियार ने फुले और आंबेडकर की ही तरह हिन्दू-धर्म को मूलत: ब्राह्मणवाद से जोड़कर दिखाते हुए हिन्दू-विधानों और संस्थाओं को 'ब्राह्मणवादी', 'पुरुषवादी' और 'आर्य' शोषण के उपकरण के रूप में निरूपित किया। उनके सशक्त और लोक-उन्मुख आन्दोलनों ने कांग्रेस के छद्‌म राष्ट्रवाद पर हमला किया और इस राष्ट्रवाद को ब्राह्मणवाद का राजनीतिक चेहरा बताया; जो कि देश में सत्ता, भेदभाव और शोषण जैसे महत्त्वपूर्ण मुद्‌दों को उजागर नहीं होने देता।

आत्मसम्मान आन्दोलन, जैसा कि वी. गीता और एस.वी. राजादुरै बताते हैं कि मूलत: धर्म, जाति और राष्ट्रवाद के उस 'पवित्र' गठजोड़ के विरोध में था, जो मूलत: सामाजिक असमानता पर खड़ी सामाजिक-राजनीतिक व्यवस्था का समर्थन करती थी। ब्राह्मण जिस तरह से 'कर्मकांडीय नैतिकता को राष्ट्रीय सिद्धान्त' बना देते थे; पेरियार उसके सख्त विरोधी थे। उन्होंने गहराई से अनुभव किया कि ब्राह्मण नए उभरते सार्वजनिक क्षेत्रों या मुद्‌दों में इस ब्राह्मणवाद का इस्तेमाल गैर-ब्राह्मणों को खारिज और बेइज्जत करने में करते हैं। मद्रास के निकट कांग्रेस समर्थित आवासीय विद्यालय (गुरुकुलम) में ब्राह्मण और गैर-ब्राह्मण विद्यार्थियों के लिए भोजन की अलग-अलग व्यवस्था के मुद्‌दे पर उनका कांग्रेस नेताओं से मतभेद हुआ और यह उनके लिए एक निर्णायक बिंदु बन गया। यह उनके लिए बहुत कष्टकारी और आँखें खोलने वाला अनुभव था कि किस तरह यह स्कूल, जो कि छात्रों में समाजसेवा और देशभक्ति सिखाने के उद्‌देश्य से बनाया गया था; स्वयं ब्राह्मण व गैर-ब्राह्मण लड़कों के बीच भोजन की अलग-अलग भेदभावपूर्ण बैठकें लगवाकर अस्पृश्यता का पालन कर रहा था।

कांग्रेस के राष्ट्रवादी, जिनमें गांधी भी शामिल थे; पारम्परिक समरसता को बनाए रखने के नाम पर इस व्यवस्था का समर्थन कर रहे थे। पेरियार ने 'ऐसे राष्ट्रवादियों' के सामने यह सवाल उठाने का प्रयास किया कि गुरुकुलम को एक आदर्श भारतीय राष्ट्रवाद के लिए कटिबद्ध होना चाहिए और मनुष्य-मनुष्य के बीच में कोई भी अपमानजनक भेदभाव नहीं होना चाहिए। उनका तर्क था कि राष्ट्रवाद नागरिकों द्वारा अपनी गरिमा और अन्त:करण

से समझौता किए बिना एक सामूहिक-शुभ के लिए विकसित करना चाहिए; जिसमें 'ज्ञान के सर्वांगीण विकास', 'शिक्षा के प्रसार', 'वैज्ञानिक चित्त के विकास', 'रोजगार, उद्योग', 'समता', 'एकता', 'नवाचार और ईमानदारी सहित गरीबी', 'अन्याय और अस्पृश्यता उन्मूलन' शामिल हो। उन्होंने जोर दिया कि अन्य बातों से पहले राष्ट्र को इस बात की आवश्यकता है कि 'वर्णाश्रम धर्म' और 'जन्म आधारित भेदभाव' का अन्त हो।

कांग्रेस से पेरियार के रिश्ते बहुत तीखे और तूफानी रहे और जल्द ही खत्म हो गए। 1920 में कांग्रेस के क्षेत्रीय अधिवेशन में तिरुनलवेली में उन्होंने गैर-ब्राह्मणों के एक अलग सत्र की अध्यक्षता की। इस बैठक में गैर-ब्राह्मणों के लिए चुनाव क्षेत्रों और शासकीय सेवाओं में आरक्षण की माँग सम्बन्धी प्रस्ताव रखे गए। कांग्रेस अध्यक्ष श्रीनिवास आयंगर ने खुले सत्र में इन पर विचार करने की अनुमति नहीं दी और 'जनहित' के नाम पर वीटो कर दिया।

पुन: 1924 में तिरुवन्नामलई के क्षेत्रीय कांग्रेस सत्र के दौरान पेरियार ने अपने अध्यक्षीय भाषण में जोर देते हुए कहा कि जाति-व्यवस्था को खत्म करना उनका लक्ष्य है। लेकिन, जब तक यह लक्ष्य हासिल नहीं हो जाता, तब तक सभी जातियों और समुदायों को प्रत्येक क्षेत्र में प्रतिनिधित्व मिलना चाहिए। उन्होंने कांग्रेस नेतृत्व को यह बात समझाने का प्रयास किया कि जब तक जातिविहीन समाज का लक्ष्य हासिल नहीं हो जाता, तब तक एक ही रास्ता है; और वह यह कि अतीत में जो कुछ गलत हुआ है, उसे ठीक करने के लिए जाति-व्यवस्था द्वारा शोषित हुए लोगों को लोकतांत्रिक ढंग से सबल बनाया जाए। उनके अनुसार आरक्षण वह तरीका है, जिसके द्वारा वर्तमान सत्ता का पुनर्वितरण किया जा सकता है।

कांग्रेस के कांचीपुरम अधिवेशन में 1925 में पेरियार ने पुन: सभी समुदायों के प्रतिनिधित्व की माँग उठाई। उन्हें सूचित किया गया कि यदि 30 सदस्यों की स्वीकृति वे हासिल कर लेंगे, तो उनके प्रस्ताव को विचार के लिए चुना जाएगा। पेरियार ने 50 समर्थकों की सूची बनाई, इसके बावजूद खुले सत्र में इस मुद्दे को उठाने की अनुमति नहीं दी गई। इस वजह से काफी असन्तोष और अव्यवस्था फैल गई और उग्र चर्चाओं के दौरान

पेरियार अपने साथियों के साथ कांग्रेस से बाहर निकल गए। कांग्रेस छोड़ने से पहले उन्होंने कहा—

> "हम स्वराज के लिए सभी के बलिदान की बात कर रहे हैं। अगर हम स्वराज हासिल करते हैं, तो यह सभी लोगों के लिए होगा। आज लोगों के मन में भय है कि स्वराज भी एक अर्थ में ब्राह्मण-राज ही होगा। हमें लोगों के मन में भरोसा पैदा करना होगा। प्रत्येक समुदाय को एक-दूसरे के प्रति सौहार्द रखना होगा। हमें सुनिश्चित करना होगा कि प्रत्येक समुदाय सुरक्षित हो और समृद्ध बने। आज करोड़ों लोग हैं, जो दीनहीन हालत में हैं। वे कमजोर और गूंगे-बहरों की तरह हैं। एकमात्र रास्ता जो है, वह यह कि सभी समुदायों को वैध प्रतिनिधित्व दिया जाए।"

पेरियार ने 1928 में कांग्रेस के पाखंड को दोबारा बेनकाब किया; जबकि जस्टिस पार्टी ने एस. मुथैया मुदालियर कैबिनेट की सरकारी नौकरियों में सभी समुदायों को प्रतिनिधित्व देने के शासकीय आदेश का समर्थन किया। कांग्रेस नेता अंग्रेजों के इशारे पर लिए गए इस विभाजनकारी कदम के खिलाफ आग-बबूला हो उठे। पेरियार ने कहा कि अगर ब्राह्मण जाति-आधारित भेदभाव छोड़ देते हैं, तो गैर-ब्राह्मणों को भी शासकीय आदेश के लाभों का मोह छोड़ देना चाहिए। 'राष्ट्रवादियों' ने इसका कोई उत्तर नहीं दिया। किन्तु, पेरियार की इस पहल ने उनको पूरी तरह से बेनकाब कर दिया। तब शासकीय आदेश को अन्तिम रूप दिया गया और आज तक आरक्षण नीति के मार्ग को सुदृढ़ करने वाले इस आदेश को 27 दिसम्बर, 1929 को पास कर दिया गया।

आइए, अब हम आजादी के बाद आरक्षण के लिए पेरियार की कहीं अधिक कठिन संघर्ष की कहानी को थोड़ा और गहराई से जानने की कोशिश करते हैं। जब 26 जनवरी, 1950 को संविधान लागू कर दिया गया, तब आज की तरह उसमें 'अन्य पिछड़ा वर्ग' की श्रेणी नहीं थी। उस समय केवल अनुसूचित जाति, अनुसूचित जनजाति और सामान्य वर्ग ही थे। इस आधार पर केन्द्र में नेहरू के नेतृत्व वाली कांग्रेस ने पिछड़े वर्गों के लिए आरक्षण को रद्द करने की माँग की। इस आरक्षण को अगस्त, 1950 में मद्रास

उच्च न्यायालय में भी चुनौती दी गई और न्यायालय ने इसे असंवैधानिक करार दिया। सर्वोच्च न्यायालय ने भी उच्च न्यायालय के इस आदेश को सही मानते हुए इस आरक्षण को असंवैधानिक करार दिया। इसके बाद तमिलनाडु में विरोध-प्रदर्शन फूट पड़े। लोग बहुत गुस्से में थे और असन्तोष बढ़ रहा था। तब जन-असन्तोष को आवाज देते हुए पेरियार ने संविधान को ब्राह्मणों के हाथ का खिलौना कहा।

उन्होंने बताया कि यद्यपि आंबेडकर संविधान निर्मात्री सभा के अध्यक्ष थे; लेकिन वे दलित-बहुजनों के अकेले प्रतिनिधि थे और उन्हें सभा के अन्य तीन ब्राह्मण सदस्यों—ए. कृष्णा स्वामी अय्यर, टी.टी. कृष्णमाचारी और गोपालस्वामी, जो खुद तमिलनाडु से थे; के आगे समर्पण करना पड़ा था। आन्दोलन उग्रतर होता गया। जनसमूह की लहरों पर लहरें सड़कों पर आने लगीं, धरने और हड़तालें एक प्रचलन-सी बन गईं। पेरियार के आह्वान पर 14 अगस्त को शासकीय अध्यादेश दिवस की तरह मनाया गया और पूरा राज्य जहाँ-का-तहाँ रुक गया।

पेरियार ने भारतीय संघ, जो कि ब्राह्मण-अभिजात्य द्वारा शासित है; से अलग होने की धमकी दी। इन उग्र प्रदर्शनों ने भारत की केन्द्र सरकार को पहली बार संविधान में संशोधन करने के लिए मजबूर किया और अनुच्छेद 15 (4) को शामिल किया गया; जिसके माध्यम से राज्य सरकारों को इस बात का अधिकार दिया गया कि अनुच्छेद 15 (1) और 29 (2) से बाध्य न होते हुए ये सरकारें सामाजिक, शैक्षणिक रूप से पिछड़े और अनुसूचित जाति और जनजाति के समुदायों की बेहतरी के लिए विशेष प्रावधान कर सकती हैं। इसी प्रावधान के अन्तर्गत तमिलनाडु में आरक्षण नीति को दोबारा लागू किया गया। आगामी वर्षों में यह प्रावधान केन्द्र सहित अन्य राज्यों में भी अलग-अलग रूपों में लागू हुआ।

लेकिन, पेरियार का आन्दोलन सिर्फ आरक्षण और राजनीति गैर-ब्राह्मणवाद तक सीमित नहीं थी। आत्मसम्मान आन्दोलन जातिविहीनता और तार्किकता की भूमि पर एक सांस्कृतिक क्रान्ति को लक्षित था। पेरियार ने 'गैर-ब्राह्मण' के रूप में वृहत्तर बंधुत्व को धारण करने वाले एक ऐसे शब्द

की कल्पना की, जिसमें ब्राह्मणों और ब्राह्मणवाद द्वारा नीच ठहराए गए, घृणित बनाए गए और इंसानों से कमतर बताए गए सभी समुदाय शामिल थे। पेरियार के शब्दों में—

> "ईसाई, मुसलमान, एंग्लो-इंडियंस और अन्य गैर-हिन्दू भी गैर-ब्राह्मण हैं। हिन्दुओं में भी ब्राह्मण जाति को छोड़कर सभी गैर-ब्राह्मण ही हैं; जो अछूत माने जाते हैं और इस कारण हाशिए पर हैं। जिन्हें देखना अशुभ है और जिन्हें छूना पाप है; वे भी गैर-ब्राह्मण हैं। इन सब समुदायों को अगर ब्राह्मणवाद के तिलस्मी जाल की दासता से बचना है और आत्मसम्मान के साथ रहना है, तो उन्हें आपस का भेदभाव और स्वार्थ भूलकर एक होना होगा और ब्राह्मणों का जासूस बनना छोड़ना होगा। ...उन्हें सार्वभौमिक विकास में विश्वास व्यक्त करते हुए इस लक्ष्य को हासिल करने के लिए एक होना होगा; और साथ ही पाखंडों और पूर्वाग्रहों से मुक्त होना होगा।"

इस आन्दोलन का जोर और मूल उद्देश्य शूद्रों को उनके शूद्रत्व से मुक्त करना और उन्हें अतिशूद्रों एवं अन्य समुदायों के साथ लाकर ऐसे समाज का पुनर्निर्माण करना था, जिसमें जातिभेद के लिए कोई जगह न हो। पेरियार के लिए फुले और आंबेडकर की ही तरह अस्पृश्यता के अन्त का मतलब था—जाति-व्यवस्था का अन्त। गैर-ब्राह्मणों की प्रगति अछूतों से जुड़ी है; इस बात पर जोर देते हुए उन्होंने कहा कि 'इतना ही नहीं, बल्कि अछूतों के दु:ख-दर्द भी गैर-ब्राह्मणों से जुड़े हुए हैं।' पेरियार के अनुसार आरक्षण अछूतों के लिए अधिक जरूरी है। क्योंकि, उन्हें अन्य गैर- ब्राह्मणों की तुलना में अधिक तिरस्कार सहना पड़ता है। सत्ता और शक्ति के पदों पर आते ही अछूत अपने खिलाफ प्रताड़नाओं और नागरिक अशक्तताओं को रोक सकेंगे, जो उन पर थोपी गई हैं।

जातियों, समुदायों और लिंगों के भेदभाव के परे समतामूलक सामाजिक सम्बन्धों पर जोर देते हुए पेरियार ने जाति और पितृसत्ता को उखाड़ फेंकने की वकालत की। उन्होंने विवाह के गैर-ब्राह्मण तरीकों की शुरुआत की और स्त्रियों की समानता और जीवन-साथी चुनने के अधिकार

को सम्मान दिया। वर्तमान में प्रचलित धार्मिक विश्वासों और रूढ़ियों के साथ इस समाज के पूरे ब्राह्मणवादी ढाँचे को ही वे उखाड़ना चाहते थे, जो कि गैर-ब्राह्मणों और स्त्रियों के दमन का मूल कारण है। न्याय पार्टी (ज्रस्टिस पार्टी), जो कि जमीनी तौर पर लोगों को संगठित नहीं कर सकी थी; के विपरीत पेरियार के आन्दोलन ने गाँवों और शहरों में हजारों युवाओं, स्त्री-पुरुषों को आकर्षित किया; जिनमें से अधिकांश बहुत गरीब थे और पहली पीढ़ी के शिक्षित लोग थे। आन्दोलन के केन्द्रीय बिंदु सदियों से सताए गए स्त्री-पुरुषों के लिए आत्मसम्मान, आत्म-अभिमान और गरिमा थे; जिन्हें पुनर्स्थापित करने की माँग ने सहज ही लोगों के मन जीत लिए। समय-समय पर पेरियार ने जोरदार ढंग से अपनी बातें रखीं और महत्त्वपूर्ण मुद्दों के प्रति ध्यान आकर्षित किया।

कई जगहों पर इस आन्दोलन ने ब्राह्मणी प्रतीकों के खिलाफ नाटकीय हमले आयोजित किए। पेरियार आन्दोलन के सदस्यों ने मनुस्मृति जैसे ग्रंथ जलाए। भेदभाव-वादी भगवानों और पुरोहितों पर जूते बरसाए गए और प्रतिबन्धित मन्दिरों में विद्रोह भाव के साथ सामूहिक रूप से प्रवेश और प्रदर्शन किया गया। ब्राह्मणवादी राष्ट्रवादी 'द हिन्दू' जैसे राष्ट्रीय प्रेस द्वारा सवर्ण अभिजात्य की जिस प्रतिक्रियात्मक भूमिका को रचा जा रहा था, उनके खिलाफ पेरियार ने अपनी खुद की पत्रिकाएँ और समाचार पत्र निकाले। जनसामान्य द्वारा बोली जाने वाली तमिल भाषा में 'कुदी आरसु' जैसे मुखपत्रों द्वारा वे एक नए और विराट जनसमुदाय तक पहुँच गए; जो कि अभिजात्य आधारित जस्टिस पार्टी के कार्य-क्षेत्र से कहीं आगे बढ़ चुका था। पेरियार ने सांस्कृतिक और राजनीतिक आयामों में सामाजिक क्रान्तिकार्य सहित सामाजिक विरोध प्रदर्शनों की विशिष्ट गतिविधियों का एक 'आत्मसम्मान' विकसित किया; जो कि गांधी की ब्राह्मणवादी राजनीति के खिलाफ था। शुरुआती दौर में गांधी की सृजनात्मकता और सामाजिक सुधारों से प्रभावित रहने वाले पेरियार जल्द ही जाति, संस्कृति और राष्ट्रवाद पर गांधी के विचार जान गए; जिससे गांधी के प्रति उनका सम्मान कड़वे क्रोध में बदल गया।

1924 में उन्होंने वाईकॉम मन्दिर सत्याग्रह में भाग लिया और सामाजिक-धार्मिक दमन के मुद्दों पर गांधी के अस्पष्ट रवैये पर सवाल उठाते हुए गांधी का विरोध किया। अपनी घोषित नास्तिकता के बावजूद पेरियार ने मन्दिर में शूद्रों के प्रवेश को समर्थन दिया। उनकी समझ थी कि 'मन्दिर उतना ही एक नागरिक स्पेस है, जितना कि एक धार्मिक स्पेस।' लेकिन, गांधी और कांग्रेस ने जिस तरह से मन्दिर प्रवेश के मुद्दे में जाति-आधारित शोषण को मिलाने की कोशिश की वह पेरियार को ठीक नहीं लगा। दमित वर्गों के लिए पृथक निर्वाचन क्षेत्रों की माँग पर आंबेडकर से गांधी के निर्णायक संघर्ष के बाद (जिसके दौरान पेरियार स्वयं आंबेडकर के पक्ष में डटकर खड़े थे) इस महान द्रविड़ नेता को मन्दिर प्रवेश सत्याग्रह में कोई रुचि नहीं रह गई। पेरियार ने इस पूरे आन्दोलन को यह कहते हुए नकार दिया कि 'यह व्यर्थ के सपने के पीछे भागने जैसा है; जो कि अन्तत: ब्राह्मणवादी व्यवस्था को ही मजबूत करेगा।'

गांधी से पेरियार का अलगाव कुछ जल्द ही हो गया था। 1927 में दक्षिण भ्रमण के दौरान गांधी ने वर्णाश्रम धर्म को महिमामंडित किया था और ब्राह्मणों की यह कहते हुए प्रशंसा की थी कि ब्राह्मण 'महान हिन्दू जीवन' के योग्य संरक्षक रहे हैं। जाति-व्यवस्था के विरोधियों के घावों पर नमक छिड़कते हुए गांधी ने यह भी कहा था कि अन्तर्जातीय विवाह और भोजन-व्यवहार पर प्रतिबन्ध आवश्यक है; ताकि आदर्श हिन्दू जीवन को बनाए रखा जा सके। इतना ही नहीं; अप्रैल, 1921 में मद्रास में एक जनसभा में बोलते हुए गांधी ने ब्राह्मणवादी परम्पराओं की प्रशंसा की और जातिविरोधी आन्दोलनों का उल्लेख करते हुए गैर-ब्राह्मणों द्वारा 'ब्राह्मणवाद की राख से उदित होने' के प्रयासों की कड़े शब्दों में भर्त्सना की। गांधी के इसी दौरे के समय तंजावुर के थुवुर नगर में एक ब्राह्मण सम्मेलन आयोजित किया गया; जिसमें वर्ण-धर्म की वैधता को फिर से मान्यता दी गई। इस दौरान यह कहा गया कि वर्तमान में सिर्फ दो ही वर्ण हैं—ब्राह्मण और शूद्र। दोनों के लिए यह उचित है कि वे अपने-अपने वर्णानुकूल पेशों में निष्ठा से लगे रहें।

पेरियार ने इसके खिलाफ उग्र प्रतिक्रिया दी। उन्होंने कहा कि अगर शूद्रों को गांधी द्वारा तिन्नेवेली के सार्वजनिक भाषण में दी गई सलाह के अनुसार चलना पड़ा, तो जीवन भर ब्राह्मणों की सेवा ही करते रहेंगे। उन्होंने अपने एक सम्पादकीय लेख में इसे दोहराते हुए आम जनता को चेतावनी दी कि गांधी की राजनीति केवल ब्राह्मणों का फायदा करेगी, जाति और संस्कृति पर जोर देने वाले उनके दकियानूसी विचारों का भंडाफोड़ और विरोध होना चाहिए। उन्होंने लिखा—

> "हालाँकि, जनता समझती है कि महात्मा गांधी अस्पृश्यता को खत्म करना चाहते हैं और धर्म व समाज में सुधार लाना चाहते हैं। लेकिन, महात्मा के वक्तव्य और विचार यह बताते हैं कि इस मुद्दे पर उनके विचार एकदम विपरीत हैं।...अगर हम अस्पृश्यता पर महात्मा द्वारा बताई गई विचारधारा पर चलेंगे; तो हम जिस अस्पृश्यता को समाप्त करना चाहते हैं, उसी की खाई में जा गिरेंगे। हमने अभी तक धैर्य रखा है; बहुत धैर्य रखा है और अपने होंठ सिल रखे हैं। लेकिन, आज जाति-व्यवस्था के खात्मे के लिए और आत्मसम्मान के लिए बहुत दु:खी मन से हम महात्मा का विरोध और प्रतिकार करने के लिए विवश हैं।"

इस सम्पादकीय ने गांधी के जाति और वर्ण सम्बन्धी विचारों का विश्लेषण किया और पाया कि इनमें और प्रचलित ब्राह्मणवादी विचारों में कोई अन्तर नहीं है। इस विश्लेषण ने सवर्ण अभिजात्यों को आग-बबूला कर दिया और उन्होंने पेरियार पर आरोप लगाया कि वे गांधी के विचारों को विकृत ढंग से पेश कर रहे हैं। पेरियार ने भी अपने अनूठे ढंग से इन मूढ़ों पर दया करते हुए, उनके विरोध को धिक्कारते हुए कहा कि 'गांधी ने यह कहा, वह नहीं कहा' या 'इस तरह उनका मकसद यह था कि उन्हें कोई समझ न सके।' पेरियार और उनके साथियों ने कहा कि वे बड़ी आसानी से गांधी की हकीकत को देख सकते हैं; जो कि असल में 'कांग्रेस-ब्राह्मण सत्ता के निर्माण और विस्तार में लगे एक महत्त्वपूर्ण खिलाड़ी हैं।'

गांधी की 1948 में हुई हत्या पर उन्होंने एक अनूठा शोक सन्देश लिखा था; जिसमें उन्होंने हत्या की कड़ी निन्दा की। लेकिन, साथ ही

रेखांकित किया कि 'गोडसे (हत्यारा) कोई अकेला अतिवादी या पागल नहीं है; बल्कि यह उसी हिन्दू राष्ट्रवाद का नतीजा है, जिसे खुद गांधी ने बड़ी मेहनत से पाला-पोसा था और जो भारत-भर में फैल चुका है।' उन्हें एक 'आन्तरिक कैंसर' ने मार गिराया है। द्रविड़ नेता पेरियार ने इस कैंसर को हिन्दू विचारधारा के ब्राह्मणवादी आधिपत्य से बुनियादी रूप से जुड़े हुए अभिशाप की तरह देखा।

पेरियार के क्रान्तिकारी विचारों ने न केवल जनसामान्य को, बल्कि कई सृजनात्मक प्रतिभाओं को भी गहराई से प्रेरित किया। इनमें से एक भारती दासन् थे; जिनकी कविताएँ आत्मसम्मान की विचारधारा को उजागर करते हुए दमन की परम्परा के अंधकार को उखाड़ फेंकने वाली समाजवादी आधुनिकता के लिए एक प्रेरणा का काम करती हैं। इन कविताओं में एक इस तरह है—

क्या महिलाओं के हक़ को खारिज करना कोई महानता है?
या कि महिलाओं की तरक्की से आह्लादित होना महानता है?
...क्या वेदों, ईश्वर और इस पतन में आस्था उचित है?
या कि इस धरा पर समाजवाद उतार लाना उचित है?
क्या हम सदा विभाजन से घिरे जीते रहेंगे?
या कभी आत्मसम्मान से भर ऊपर उठेंगे?

दासन् का समाजवाद एक नई तरह की राजनीति को और 1930 की शुरुआत में एक अल्पजीवी जाति-वर्ग विरोधी विचारधारा को प्रतिबिंबित करता है। 1932 में पेरियार ने सोवियत संघ का दौरा किया और जो कुछ उन्होंने वहाँ देखा, उससे वे काफी प्रभावित और प्रेरित हुए। उन्होंने भारतीय अभिजात्य और अंग्रेजी साम्राज्यवाद को वैश्विक पूँजीवाद का एजेंट बताते हुए इनके खिलाफ बोलना शुरू कर दिया। इसके कारण ब्रिटिश सरकार द्वारा उनके ऊपर निगरानी रखी जाने लगी। दक्षिण भारत के प्रथम कम्युनिस्ट माने जाने वाले बौद्ध विद्वान और श्रमिक नेता एम. सिंगारवेलु ने समाजवाद के प्रति पेरियार की बढ़ती रुचि को प्रोत्साहन दिया। सिंगारवेलु ने 'कुदी आरसु' में लेखों की एक शृंखला लिखी; जिसमें समाजवाद और इतिहास

की भौतिकवादी व्याख्या की गई थी। पेरियार ने सिंगारवेलु को साथ लिया और 1932 में 'आत्मसम्मान समधर्म पार्टी' की स्थापना हुई।

जैसे गीता और राजादुरै बताते हैं कि आत्मसम्मानवादियों के लिए 'समधर्म' शब्द तमिल में समाजवाद का अनुवाद मात्र नहीं था; इसमें पुरुषों के बीच आपसी समानता और स्त्री-पुरुष के बीच समानता भी शामिल थी। इससे आगे बढ़कर इसमें यह भी अपेक्षित था कि इस समानता को प्रत्येक व्यक्ति के आत्मसम्मान और आर्थिक उन्नति के जरिए हासिल करना था। इस तरह समधर्म का सिद्धान्त न केवल नए जमाने के आर्थिक न्याय के निकट आता है, बल्कि यह हजारों साल से जाति आधारित समाज को जड़ मूल से रूपान्तरित करने वाले स्वप्न के साथ भी न्याय करता है। एम. सिंगारवेलु और लक्ष्मी नरसू, दोनों महान बौद्ध विद्वानों ने समधर्म की अलग-अलग तरह से; मगर एक ही लक्ष्य के लिए संगत व्याख्या की है। उन्होंने इसके आदर्श और विशेषताओं के बौद्ध उद्गम को रेखांकित करते हुए बौद्ध धर्म की समाजवादी चेतना को पुनर्जीवित करने पर जोर दिया। यह चेतना लम्बे समय से भेदभावमूलक हिन्दू-धर्म का नैतिक और अध्यात्मिक प्रतिपक्ष बनी रही थी। आदि-द्रविड़ विचारकों और आन्दोलनकारियों ने जातिविहीन समाज को समधार्मिक समाज की तरह देखा। हालाँकि, समधर्म के आदर्श पर अभी पूर्ण स्पष्टतः निर्मित नहीं हुई थी तथा इसे सैद्धान्तिक रूप से खुला रखा गया था। आत्मसम्मानवादियों ने समय-समय पर विभिन्न सन्दर्भों में इस विचार के आदर्श को उन भौतिकवादी विशेषणों के साथ रखकर विश्लेषित और निर्मित किया, जो कि एक समाजवादी समाज के निर्माण के लिए आवश्यक थे। किन्तु, इसने निश्चित ही गैर-ब्राह्मण संघर्ष के विकास में अतिवादी तीव्रता प्रदान की। अब इस मंच से समाजवाद की वकालत होने लगी और कई अन्य पूँजीवाद विरोधी और सामन्ती सत्ता विरोधी सम्मेलन इन आत्मसम्मानवादियों द्वारा होने लगे। हालाँकि, जाति-विरोधियों और वामपंथियों का यह गठजोड़ अधिक समय तक नहीं टिक सका। आत्मसम्मान आन्दोलन का रूढ़िवादी धड़ा समाजवाद के प्रति उदासीन बना रहा। लेकिन, इससे कहीं आगे बढ़कर साम्यवादियों ने जाति

विरोध के आन्दोलन को वर्ग-संघर्ष का ही एक लघु रूप निरूपित करके इसका विरोध किया। सिंगारवेलु का स्थानीय मूल का समाजवाद बॉम्बे के इन साम्यवादी आकाओं को खतरनाक प्रतीत हुआ।

असल विभाजन इनमें सीधे-सीधे राजनीतिक मुद्दों पर हुआ। 1934 के चुनावों के अन्तिम दौर में, चूँकि तब कोई समाजवादी पार्टी मौजूद नहीं थी; 'आत्मसम्मान आन्दोलन' को जस्टिस पार्टी और कांग्रेस में से किसी एक को चुनने की आवश्यकता आन खड़ी हुई। इस समय पेरियार ने जस्टिस पार्टी के पुनर्जीवन और उसके क्रान्तिकारी स्वरूप में आत्मसम्मानवाद का भविष्य देखा; वामपंथ ने अपना भविष्य सिर्फ कांग्रेस में देखा; जिसे उन्होंने 1930 के मध्य तक आते हुए 'साम्राज्यवाद विरोधी समेकित मंच' के रूप में पहचाना। 1936 में उच्च जाति के मार्क्सवादी नेताओं ने सिंगारवेलु और अन्य कॉमरेड्स को पेरियार के आन्दोलन से अलग होकर कांग्रेस सोशलिस्ट पार्टी में जाने का आदेश दिया; जो कि कांग्रेस का ही एक भाग थी और जिसमें साम्यवादी सदस्य कार्यरत थे।

इस विभाजन का परिणाम पेरियार और वामपंथियों दोनों के लिए भयानक हुआ। इसके बाद उनका रवैया ब्राह्मणवादी वामपंथ और कांग्रेस के राष्ट्रवाद के लिए और कठोर होता गया और वे उत्तरोत्तर भाषाई-क्षेत्रीय राष्ट्रवाद की तरफ झुकते गए। 1936 में पेरियार ने ढलती हुई जस्टिस पार्टी का नेतृत्व ग्रहण किया और इसे न केवल सामाजिक बदलाव के आन्दोलन में; बल्कि द्रविड़ भाषा, संस्कृति और राष्ट्रवाद के वाहक के रूप में उस राष्ट्रवाद के विरुद्ध खड़ा किया; जो आर्य-ब्राह्मण और उत्तर (भारतीय) राष्ट्रवाद था। उन्होंने 1937 में सरकारी स्कूलों में कांग्रेस द्वारा हिन्दी थोपे जाने के खिलाफ एक सशक्त आन्दोलन का नेतृत्व किया और इसे 'आर्य राष्ट्रवाद' का एक अन्य दमनकारी कदम बताया। इसे हिन्दी-हिन्दू-हिन्दुस्तान के ब्राह्मणवादी षड्यंत्र की तरह देखते हुए उन्होंने अब तमिल, तेलुगु, कन्नड़ और मलयालम भाषी लोगों के लिए दक्षिण में एक पृथक राष्ट्र के निर्माण की माँग की।

1940 में पेरियार की राजनीति पर एक आत्मनिर्भर जातिविहीन द्रविड़नाडु संघ की माँग हावी होने लगी। 1944 में उन्होंने द्रविड़ कड़गम

की स्थापना की; जिसका एक लक्ष्य द्रविड़ राष्ट्र की स्थापना करना था। हालाँकि, यहाँ यह नोट करना चाहिए कि सच्चे अर्थों में जातिविहीन समाज की स्थापना के लिए यह उनका जुनून ही था, जो उन्हें इस तरह की माँग उठाने की सीमा तक ले गया। यह नया समुदाय 'संस्कृति, सभ्यता के आधार पर ब्राह्मणवादी एवं जाति-आधारित समाज से भिन्न होना चाहिए था।' द्रविड़ संस्कृति इस भाँति जाति के आधार पर तिरस्कृत सभी समुदायों की स्वीकार्यता को रेखांकित करती थी। इसीलिए, जब साझा आन्दोलन की सम्भावना पर विचार करने के लिए 1944 में आंबेडकर पेरियार से मिले, तब आंबेडकर ने कहा कि द्रविड़िस्तान का विचार वस्तुत: सम्पूर्ण भारत के लिए लागू होता है। क्योंकि, ब्राह्मणवाद एक ऐसी समस्या है, जिसने समूचे उपमहाद्वीप को पीड़ित कर रखा है।

अपनी राजनीति और समतावादी दर्शन के उग्र विचार के कारण पेरियार अपने जीवनकाल में ही एक महानायक बन गए थे। जन समुदाय में अति लोकप्रिय पेरियार ने अन्तिम साँस तक जातिवाद और ब्राह्मणवाद की संस्कृति के खिलाफ बहुआयामी संघर्ष को जारी रखा। जब 1973 में उनकी मृत्यु हुई; तब लगभग 35 लाख लोगों ने उनकी अन्तिम यात्रा में शिरकत की।

(अंग्रेजी से अनुवाद : संजय जोठे)

ईश्वर की अवधारणा

इस बात का कोई प्रमाण नहीं है कि सबसे पहले ईश्वर की अवधारणा के बारे में किसने बोला? लेकिन, यह अनुमान लगाया जा सकता है कि हमारे (तमिल द्रविड़ियन के) ऊपर ईश्वर का विचार आर्यों ने थोपा है।

आर्यों से पहले तमिलों का कोई ईश्वर नहीं था। इस बात का प्रमाण यह है कि तमिल भाषा में ईश्वर के लिए कोई शब्द ही नहीं है।

तमिल विद्वानों का कहना है कि 'कान्तजी' नामक एक शब्द तमिल भाषा में है; जिसका अर्थ ईश्वर है। बहरहाल, अभी तक इस शब्द को अर्थहीन माना जाता रहा है और उसे यह नया अर्थ मिले अधिक समय नहीं हुआ।

इस शब्द की व्याख्या एक सर्वोच्च सत्ता के रूप में की जाती है, जो किसी के सहारे नहीं है और जो अमूर्त दर्शन से सम्बन्धित है। दर्शन शब्द के कई अर्थ हैं। उदाहरण के लिए सत्य, प्रकृति, वीरता, बुद्धिमत्ता आदि। अगर कहा जाता है कि कुछ है, जो सबसे परे है; तो फिर हमारे पास उसके लिए 'अस्तित्वहीन' और 'झूठा' शब्द ही रह जाएँगे।

ऐसे में कहा जा सकता है कि कोई तमिल व्यक्ति जब 'कान्तजी' बोलता है, तब भी उसमें ईश्वर के नकार का अर्थ शामिल होता है। 'तत्त्वम कडंधू' यानी दर्शन से इतर शब्द की बात करें, तो मेरे विचार में तत्त्वम तमिल शब्द नहीं है। जैसा कि हमने देखा 'कान्तजी' शब्द का अपना कोई अर्थ नहीं है।

उत्तरी भाषाओं की बात करें, तो वहाँ भी 'कान्तजी' शब्द का कोई अर्थ नहीं है और इसके बाद ऐसे शब्दों का एक सिलसिला है, जो तमिल नहीं हैं। उदाहरण के लिए पंच भूतंगल जैसे शब्द शब्दकोश में प्रकाशित हैं। मेरा यह भी मानना है कि देवियम, भगवान, ईश्वरन, परपरन जैसे शब्द तमिल भाषा के नहीं हैं। ऐसे में यह तय है कि 'कडवुल' (ईश्वर) शब्द भी तमिल भाषा का नहीं है।

शब्दकोष 'कडवुल' शब्द के लिए भी गुरु, अय्यर, वनवर और पुथेल जैसे अर्थ देता है।

अगर पुथेल (स्वर्गीय) शब्द को तमिल मान लिया जाए, तो उसके लिए भी देवियम (देवी), पुडुमई (नया), पुथियावार (नई इकाई), पुथल जैसे अर्थ उपलब्ध हैं।

ऐसे में अगर आप बिना संस्कृत अर्थों का सहारा लिए ईश्वर शब्द का अर्थ तलाश करना चाहते हैं, वह भी दैवीय अर्थ देते हुए; तो यह निश्चित है कि आप ऐसा उत्तर भारत की भाषाओं या तमिल में नहीं कर सकेंगे। क्योंकि, ये भाषाएँ इस शब्द का वह अर्थ देती हैं, जो लोक में प्रचलित हैं।

मेरे कहने का यह अर्थ नहीं है कि केवल तमिलों में ही ईश्वर की अवधारणा नहीं है। यहाँ तक कि आर्यों में भी ईश्वर की अवधारणा नहीं है।

आर्यों के लिए मूल आधार वेद हैं। इनमें किसी ईश्वर की बात नहीं है। वेदों में हमें देवताओं का ही उल्लेख मिलता है। ये सभी देवता इन्द्र के अधीनस्थ हैं। इस तरह देखा जाए, तो तमिल या आर्यों के लिए कोई ईश्वर नहीं था।

सभी ईश्वर देवताओं से चुने गए थे। कई देवता बहुत निम्न गुण वाले थे और उनमें मानवीय कमजोरियाँ थीं। तमिल तीन देवों को मानते हैं—ब्रह्मा, विष्णु और शिव। इन तीनों देवों को अन्य सभी देवों का जनक माना जाता है। चूँकि इनको अलग-अलग माना जाता है, इसलिए इनके नाम पर अलग धर्म और शास्त्र हैं। विभिन्न पुराणों में इन्हें एक-दूसरे से उच्च या निम्न दर्जा दिया गया है।

चूँकि, इन तीनों धार्मिक उपपंथों ने तीन तरह के देवों, पुरुष-स्त्री, मानव स्वभाव, मानवीय गुणों, मूल मनुष्यगत भावना रची व उनकी उपासना की; इसलिए, इन तीनों पंथों के अनुयायियों को दुनिया के शेष लोग उचित ही बर्बर कहकर पुकार सकते हैं।

दुनियाभर के ईश्वर में आस्था रखने वाले लोग उन देवताओं की उपासना कर रहे हैं, जो मानवीय गुणों से भरे हुए हैं। वे ऐसे देवताओं की पूजा नहीं करते, जिनमें 'ईश्वरीय गुण' हों। इतना ही नहीं, जो लोग ईश्वर में विश्वास करते हैं और उसकी उपासना करते हैं; उनके विचारों में भी किसी तरह की एकरूपता देखने को नहीं मिलती है। इतना ही नहीं ईश्वर प्रदत्त, उसके बारे में या उसे लेकर कही जाने वाली बातों में भी किसी तरह की एकरूपता नहीं नजर आती है।

इसी तरह ईश्वर के गुणों की बात करें, तो उनकी केवल कल्पना ही की गई है। इनके बारे में भी लोग एक-दूसरे से जो चर्चा करते हैं, उसमें कोई एकरूपता नहीं दिखती। कहने का मतलब कोई एक ईश्वर नहीं है और कई तरह के ईश्वरों की कामना की जा सकती है।

आज की दुनिया में ईश्वर पर भरोसा करने वाले लोगों की संख्या में कमी आ रही है। इसकी वजह यह है कि लोगों में बौद्धिकता बढ़ रही है, वे शोध कर रहे हैं और तर्कशक्ति का प्रयोग कर रहे हैं। उनमें स्वतंत्र सोच का साहस है। इसका तात्पर्य यह है कि बेईमान और स्वार्थी व्यक्ति के लिए ईश्वर पर भरोसा आवश्यकता बन चुका है। केवल मूर्खों और बुद्धिहीनों में पूजा-अर्चना की इच्छा बढ़ रही है।

आज के विश्व में बहुत बड़ी संख्या में लोग ईश्वर में आस्था गँवा रहे हैं। रूस, चीन, जापान, बर्मा, स्याम और श्रीलंका जैसे देशों में 100 से लेकर 90 और 75 प्रतिशत तक लोग नास्तिक हैं।

अमेरिका, फ्रांस, इंगलैंड और जर्मनी जैसे पश्चिमी देशों में भी न केवल नास्तिकों के संगठन हैं, बल्कि करोड़ों लोग इनके सदस्य हैं; जो नास्तिकता को बढ़ावा देने के लिए लाखों पुस्तकें प्रकाशित करते हैं।

इसकी वजह यह है कि विद्वानों के बीच यह जागरूकता बढ़ती जा रही है कि ईश्वर में विश्वास एक बड़ी बाधा है और यह वैज्ञानिक सोच और सामाजिक स्तर पर मानवता के विकास को बाधित करती है। आज से 2000 साल पहले भी यह धारणा प्रचलित थी कि एक ज्ञानी या बुद्धिमान व्यक्ति के लिए कोई ईश्वर नहीं होता। उस वक्त भी ईश्वर में भरोसा करने

वाले तथा अन्धविश्वासी लोग एक ज्ञानी के समान बुद्धिमत्तापूर्ण सोच नहीं अपनाते थे। दीपक तभी जल सकता है, जबकि उसमें तेल हो। इसी प्रकार सच तभी हासिल हो सकता है, जब तार्किक सोच मौजूद हो। अगर किसी व्यक्ति में यह भावना कूट-कूटकर भरी हो कि ईश्वर को विचारों से नहीं जाना जा सकता है, क्योंकि वह मस्तिष्क और सोच-विचार से परे है; तो फिर उससे समझदारी की उम्मीद करना बेमानी है। मौजूदा समय में दुनिया तेजी से वैज्ञानिक विकास की ओर अग्रसर है।

अगर हम पर शासन करने वाली मौजूदा सरकार इस तार्किक विचार पर आधारित हो कि कोई ईश्वर नहीं है, तो क्या हमारी यह सरकार भी रूस की सरकार के समकक्ष नहीं हो जाएगी? जिस तरह भारतीय कम्युनिस्ट पार्टी और दुनिया की तमाम कम्युनिस्ट पार्टियाँ एक संस्थागत तरीके से काम कर रही हैं। क्या उससे यह संकेत नहीं मिलता है कि ईश्वर के अस्तित्व के प्रति नकार का भाव, बुद्धिमत्ता का विकास और सोचने की शक्ति बढ़ रही है? इसके अलावा यूरोप और एशिया के पूँजीवादी देशों के तमाम बड़े शहरों में भी कई ऐसे संघ हैं, जिनके करोड़ों सदस्य ईश्वर के अस्तित्व से इनकार करते हैं। ऐसे संगठनों की संख्या तेजी से बढ़ रही है। इसका क्या अर्थ है? पादरी, मुल्ला और ब्राह्मण, जो खुद को नालियों में छिपा लेंगे; जब आप उनको आवाज लगाएँगे। जब उनका ईश्वर का विचार नष्ट हो रहा है और उसका खत्म हो जाना तय है; तो वे एक ऐसे ईश्वर की स्थापना का प्रयास करते हैं, जिसका अस्तित्व ही नहीं है। ऐसे में तार्किक या उचित विचार-विमर्श की गुंजाइश ही कहाँ रह जाती है?

मैं अपनी बात इस तथ्य के साथ समाप्त करूँगा कि पश्चिमी शोधकर्ताओं के मुताबिक, दुनिया की कुल 300 करोड़ की आबादी में से 150 करोड़ से भी कम आस्तिक हैं। शेष में से तीन-चौथाई पूरी तरह नास्तिक हैं; जबकि शेष भ्रम की अवस्था में हैं। यह बात पश्चिम में प्रमाणित है।

(विदुथलई—सम्पादकीय, 5 अगस्त, 1972)

(अंग्रेजी से अनुवाद : पूजा सिंह)

ईश्वर के बारे में

ईश्वर से सम्बन्धित इस आलेख का उद्देश्य है यह पता लगाना कि क्या ईश्वर को लेकर मनुष्य का व्यवहार और उसका रुख सही अथवा आवश्यक है?

इस आलेख का पहला लक्ष्य : क्या लोगों के लिए यह आवश्यक है कि वे दूसरों से भगवान को बचाने को कहें, उनको ईश्वर के बारे में बताएँ कि वह एक या अनेक है और इसका प्रचार-प्रसार करें?

दूसरा लक्ष्य : ईश्वर सम्बन्धी विचार लोगों के दिलोदिमाग से गायब हो रहे हैं। क्या पादरियों और गुरुओं को नियुक्त करना और ईश्वर के प्रचार के लिए, उसके अस्तित्व के प्रचार के लिए उनको धन देना जरूरी है?

इतना ही नहीं, कई नास्तिक भी सामने आए हैं और ईश्वर का अस्तित्व न होने सम्बन्धी उनके प्रचार ने ईश्वर के अनुयायियों की संख्या कम की है। ऐसे में अनेक आस्तिकों ने आगे बढ़कर ईश्वर के प्रचार का मोर्चा सँभाल लिया है। क्या ऐसा करना आवश्यक है? ऐसे में क्या ईश्वर के मन्दिर होने चाहिए? क्या ईश्वर की पत्नी होनी चाहिए? क्या ईश्वर को यौन-आनन्द लेना चाहिए?

क्या ईश्वर को वेश्याओं की आवश्यकता है? यानी ऐसी स्त्रियाँ, जो उन्हें यौन सेवा दें?

क्या ईश्वर को खाने, आभूषणों, कपड़ों, साज-सज्जा, विवाह, त्योहार और शोभा-यात्रा की आवश्यकता होनी चाहिए?

इसके अलावा भी क्या ऐसे मानक हैं, जिनके आधार पर ईश्वर के कामों और उसकी शक्ति को आँका जा सकता है? या फिर क्या वह दुनिया में सर्वशक्तिमान और सारी चीजों के लिए उत्तरदायी है?

क्या उसकी शक्तियों और कार्यों की कोई सीमा है?

क्या कोई व्यक्ति है, जिसे ईश्वर की क्षमताओं और उसकी शक्तियों के बारे में पता हो और वह ईश्वर को बचाने की चिन्ता कर सकता है?

अगर कोई अपने हृदय की गहराइयों से यह विश्वास करता है कि एक सर्वशक्तिमान ईश्वर है और इसकी जानकारी के बिना कुछ भी नहीं हो सकता है; तो क्या वह ईश्वर को बचाने का प्रयास करेगा? अगर कोई यह कहता हो कि दुनिया में कोई ईश्वर नहीं है, तो क्या वह उससे नाराज होगा?

तमाम ऐसे लोग हैं, जो ईश्वर को लेकर चिन्तित रहते हैं; उसके बारे में प्रचार करते हैं। क्या आप उनमें से ऐसे किसी व्यक्ति के पाले पड़े हैं, जो ईश्वर के आदेशों का पालन करता हो; सारे काम ईश्वर से भयभीत होकर करता हो? क्या लोग ईश्वर से भय, उसमें आस्था और उसके प्रति आदर प्रदर्शित करते हैं?

अगर कोई व्यक्ति ईश्वर में विश्वास रखता है, तो क्या उसे ईश्वर की प्रार्थना करनी चाहिए और उसकी उपासना करनी चाहिए?

अगर किसी व्यक्ति को ईश्वर की उपासना और उसकी पूजा करनी भी हो, तो क्या इसका कोई निश्चित समय, स्थान, स्वरूप और इसके तय वाक्य या गीत होने चाहिए?

इसके अलावा क्या ईश्वर को भौतिक वस्तुएँ दी जानी चाहिए? अगर वाकई भगवान है और लोगों की उसमें आस्था है, तो क्या अलग-अलग धर्मों के लोगों का अलग-अलग व्यवहार अपेक्षित है?

इन प्रश्नों को परे रखकर देखें, तो जो लोग अपने आपको महान विद्वान मानते हैं; जिनको लगता है कि वे सर्वज्ञ हैं; उनके लिए ईश्वर का अस्तित्व

है या नहीं यह एक अलग प्रश्न है। 'केवल यदि आप लोगों को यह यकीन दिलाते हैं कि एक सर्वशक्तिमान ईश्वर है, तभी लोग ईमानदारी से जिएँगे। उस भय को समाप्त नहीं किया जाना चाहिए।'

अब जरा इस पर चिन्तन करते हैं। ईश्वर के बारे में किए जाने वाले विचार, उसके गुण, उसके निर्णयात्मक कार्य, बेहद खतरनाक प्रतिकार; मसलन—नर्क, अगले जन्म में होने वाले कष्ट जैसे दंड या फिर किसी तरह की आजादी की खुशी, उच्च वर्ण में जन्म या पिछले जन्म में किए गए अच्छे कामों की बदौलत नए जन्म में असंख्य सुविधाएँ—ईश्वर इन तमाम लाभों की गारंटी भी देता है। निहायत बुद्धिमत्ता के साथ रचे गए वेद, शास्त्र और पुराण आदि का काल्पनिक और रचनात्मक लेखन आदि इन सभी को हजारों साल पहले हमारे मस्तिष्क में भर दिया गया। आज भी बहुत बड़ी संख्या में लोग, बल्कि लगभग सभी लोग ईमानदारी से नहीं जीते हैं। वे बिना दूसरों का शोषण किए या बिना उन पर नियंत्रण किए नहीं रहते। एक सामान्य मनुष्य से बेहतर जीवनानन्द नहीं ले पाते। अगर इन बातों का विश्लेषण किया जाए कि ऐसा क्यों होता है या फिर भगवान के भय की भावना के कारण लोगों को कोई लाभ नहीं होता है, तो यह तर्क भी अपनी वैधता और प्रभाव खो देता है कि एक मनुष्य के समुचित आचरण के लिए ईश्वर की अवधारणा का होना आवश्यक है।

चूँकि हम पाते हैं कि गरीब, अशिक्षित, कम बुद्धिमत्तापूर्ण व्यवहार करने वाले लोग बिना समुचित आचरण, ईमानदारी और सच्चाई के व्यवहार करते हैं। लेकिन, बहुत शिक्षित, अमीर और उच्च पदों पर आसीन लोग, बड़े श्रद्धालु, धार्मिक नेता भी बिना किसी अपवाद के ऐसा ही आचरण करते हैं। ऐसे में कहा जा सकता है कि ईश्वर में आस्था और उच्च आचरण तथा सदाचार का कोई सम्बन्ध नहीं है। अगर हम यह पूछते हैं कि ईश्वर को एक रूप देना क्यों आवश्यक है? तो हमसे कहा जाता है—'अज्ञानी, मूर्ख आम लोग ईश्वर के स्वरूप की अवधारणा को नहीं समझ सकते। इसी प्रकार ईश्वर को विभिन्न रूपों में दिखाया जाता है; ताकि लोगों के मन में भय और दासता की भावना बरकरार रहे। ईश्वर में कई खतरनाक गुण डाले

जाते हैं और ईश्वर हमेशा उच्च वर्ण का होता है। चतुर लोग ईश्वर को ऐसे स्वरूप प्रदान करते हैं। अगर हम इस व्याख्या के बारे में विचार करें, तो इसकी गैर-उपयोगिता, अज्ञानता और इससे जुड़े षड्यंत्र एकदम आराम से स्पष्ट हो जाएँगे। आमतौर पर ईश्वर को एक रूप देने की अवधि 2,000 से 3,000 वर्ष पूर्व मानी जाती है। यही वह दौर था, जब हमारे देश में ईश्वर की उपासना का क्रम शुरू हुआ।

यानी हम कह सकते हैं कि हमारे पास ईश्वर की शक्ल तबसे है, जबसे आर्य देश में आए। उन्होंने लोगों पर अपनी आर्यआस्था थोपी और इस क्रम में काल्पनिक ईश्वरों की रचना की और उनको नए रूप प्रदान किए। इसकी वजह यह है कि आप चाहे जिस ईश्वर को चुनें, उसका आर्यों की कथाओं से कोई-न-कोई सम्बन्ध अवश्य होगा। लेकिन, तीन-चार हजार साल से ईश्वर को तमाम रूप दिए गए और इसके बावजूद लोग अब भी इस विचार में आस्था रखते हैं। न केवल अनभिज्ञ सामान्य लोग, बल्कि पढ़े-लिखे विद्वान और संतों के बीच भी ईश्वर को लेकर सच्ची श्रद्धा गैर-मौजूद नजर आती है। उनके कामों और उनके तर्क में ईश्वरीय झलक नजर नहीं आती। यह बात साफतौर पर उस मिथक को समाप्त कर देती है कि ईश्वर के नाना रूपों का निर्माण उसमें आस्था पैदा करने के लिए की गई थी व इसके तमाम लाभ हैं।

यदि सर्वज्ञ सर्वशक्तिमान ईश्वर कहीं है भी, तो लोगों को इस बात पर विचार ही क्यों करना चाहिए कि ईश्वर है भी या नहीं? कुछ लोगों को ऐसा क्यों लगता है कि कोई ईश्वर नहीं है? वे उसकी मौजूदगी पर सन्देह क्यों करते हैं? अगर यह मान भी लिया जाए कि कुछ अज्ञानी लोगों के मन में इस तरह के विचार आते हैं, तो समझदार लोगों को ईश्वर को बचाने और आस्तिकता का प्रचार करने की आवश्यकता क्यों महसूस होती है? उनको अपने बच्चों और स्कूलों में विद्यार्थियों को यह क्यों सिखाना पड़ता है कि ईश्वर है?

इसके अलावा आखिर भगवान के अवतार के विचार की क्या आवश्यकता पड़ी? कुछ लोगों के बारे में कहा जाता है कि उनमें ईश्वरीय

गुण विद्यमान हैं। ईश्वर को सूअर, मनुष्य और यहाँ तक कि कई भद्दे रूपों में चित्रित किया गया है; आखिर क्यों? ईश्वर को बच्चों, सन्देशवाहकों आदि की क्या जरूरत? उसे वाणी के जरिए सन्देश जारी करने की क्या आवश्यकता? वह लोगों के जरिए बात क्यों करता है? (शरीर को हिलाने और लोगों को अमुक-तमुक काम करने के निर्देश)।

ये काम सही हैं या गलत? इसकी पुष्टि नहीं होती; न ही ईश्वर के अस्तित्व की। इस बारे में गम्भीरतापूर्वक विचार किया जाना चाहिए कि क्या लोगों के लिए ईश्वर के अस्तित्व की कोई उपयोगिता है या फिर क्या समाज कल्याण अथवा लोक व्यवहार की बेहतरी में उसकी कोई भूमिका है।

अब तक चाहे जो भी हुआ हो, परन्तु अब यह आवश्यक है कि मनुष्य एक ऐसा जीवन जिए, जिसमें भय और चिन्ता के लिए कोई जगह नहीं हो। उसे एक शान्तिपूर्ण और बेहतर जीवन जीने का अधिकार है। सामाजिक मानकों और नियमों को बनाते वक्त भी इस बात का ध्यान रखा जाए, वरना भविष्य खतरों से भरा होगा।

ऐसा इसलिए, क्योंकि अब लोग जल्दी नहीं मरेंगे। अब तक अगर हमारे लोगों की औसत उम्र 25 साल थी, तो अब यह 50 साल हो जाएगी। स्वास्थ्य और चिकित्सा सुविधाएँ बढ़ी हैं। अब तक लोग बीमारियों और समस्याओं को ईश्वर की मर्जी मानते थे और युवावस्था में ही मर जाते थे। लेकिन, अब लोगों को खुद पर भरोसा है। वे इन बाधाओं से निकलने की राह तलाश कर रहे हैं। जीवन के अनेक क्षेत्रों में लोगों ने तरक्की की है और जीवन सम्भाव्यता बढ़ गई है।

इसी प्रकार आबादी भी बढ़ रही है। गर्भपात, बच्चों की कम उम्र में मौत, प्रसव के दौरान मौत आदि में अब कमी आ रही है। क्योंकि, न केवल स्वास्थ्य सुविधाएँ सुधरी हैं, बल्कि सुरक्षित चिकित्सा भी उपलब्ध हो रही है। सन्तानहीनता की समस्या हल करने में भी मदद मिली है। अब विधवाओं को यूँ ही जीवन गुजारने की मजबूरी नहीं है। क्योंकि, विधवा पुनर्विवाह हो रहे हैं। प्रेम-विवाह की स्वतंत्रता है। इन तमाम बातों की वजह से जन्म दर में बढ़ोतरी हो रही है।

आमतौर पर चिकित्सा और स्वास्थ्य सुविधाओं में सुधार की वजह से लोगों के अब 2, 3 या चार बच्चों की जगह अब 6, 8, 10 और 12 तक बच्चे हो रहे हैं। वे लम्बे समय तक जीवन जी रहे हैं। उन सबको भोजन, आराम, बढ़िया जीवन चाहिए। यह बात खाने की कमी और अकाल की वजह बनेगी। लोगों में नफरत, धोखाधड़ी, लूट, हत्या आदि की घटनाएँ बढ़ेंगी। अच्छे और ईमानदार लोगों को कठिनाई होगी। बेईमान लोग और ठग सहज जीवन जिएँगे। सरकार भी ऐसे ही गुणों वाली बनेगी।

(निबन्ध—रिपब्लिक, कुदी आरसु, 7 मई 1949)

(अंग्रेजी से अनुवाद : पूजा सिंह)

ईश्वर और धर्म

धर्म एक नियामकीय अनुशासन है। एक धार्मिक व्यक्ति चाहे जितना बुद्धिमान हो, उसे उस अनुशासन का पालन करना ही पड़ता है। लेकिन, उसके पास इसका और कोई उपयोग नहीं होता। धार्मिक नजरिये से देखें, तो धर्म के नाम पर हासिल क्या होता है? ईश्वर की अवधारणा, स्वर्ग, नर्क, वेद, धार्मिक व्यवस्था, धार्मिक व्यवस्था में उसके प्रवेश के पश्चात एक धार्मिक प्रभुत्व; शेष कुछ नहीं। ये सारी बातें सही नहीं हैं। न तो इनके पीछे सही तर्क हैं; न दर्शन। ये पूरी तरह कृत्रिम और प्राकृतिक मूल्यों के विरुद्ध हैं।

एक धार्मिक व्यक्ति चाहे वह किसी भी धर्म का क्यों न हो, उसका ईश्वर चाहे कितना भी बड़ा क्यों न हो; वह हमेशा एक कृत्रिम ईश्वर होता है। यहाँ प्राकृतिक, कृत्रिम आदि शब्दों का अर्थ समझा जाना चाहिए। भोजन करना, पेट की हलचल, देखना, सुनना, साँस लेना, बात करना, दर्द महसूस करना, भूख महसूस करना, सोना, जगना, यौन-सुख, खुशी, दर्द, सूरज, चाँद, प्रकाश, अँधेरा, पाँचों तत्त्व प्रकृति के अंग हैं। ये सभी मनुष्य के लिए आम हैं और इनको कोई नकार नहीं सकता। ईश्वर, धर्म, स्वर्ग, नर्क, उपहार, दंड, सम्पत्ति, गौरव, शोषण, समर्पण, प्रार्थना, वेद आदि; ये सभी प्राकृतिक नहीं, बल्कि पूरी तरह कृत्रिम हैं।

प्राकृतिक और कृत्रिम चरित्र को समझने की क्षमता का सम्बन्ध सीधी धारणा और बुद्धि से है; बजाय कि आस्था के—जो इसके एकदम विपरीत है।

धार्मिक आस्था वाले किसी व्यक्ति की बात करें, तो उसका धर्म चाहे जो भी हो; लेकिन वह केवल आस्थावान ही होगा, तार्किक नहीं। उदाहरण के लिए अगर कोई व्यक्ति ईसा मसीह या बाइबिल का जिक्र करता है, तो यह केवल वही व्यक्ति करेगा, जिसने ईसा को स्वीकार किया हो और जो बाइबिल में आस्था रखता हो। इससे उन लोगों का कोई लेना-देना नहीं, जो उसमें यकीन नहीं करते। बाद वाली श्रेणी के लिए यह अतार्किक और असत्य के सिवा कुछ नहीं।

इसी प्रकार अगर कोई व्यक्ति पैगम्बर मोहम्मद और कुरान का जिक्र करता है, तो यह विचार केवल उन लोगों के लिए है, जो इन दोनों में आस्था रखते हैं। जिनकी इनमें आस्था नहीं है, वे पैगम्बर या कुरान पर यकीन क्यों करेंगे? यही बात तमाम धर्मों और धर्मशास्त्रों पर लागू होती है। जो भरोसा नहीं करता या स्वीकार नहीं करता उसके लिए ईश्वर और उसमें आस्था दोनों कृत्रिम हैं। ठीक जिस प्रकार कोई व्यक्ति दूसरे व्यक्ति से कहता है कि आपको ईसा में और बाइबिल में भरोसा करना ही चाहिए वरना आप नर्क में जाएँगे। या फिर जिस तरह कोई अन्य व्यक्ति किसी दूसरे से कहता है कि आपको पैगम्बर में विश्वास करना ही चाहिए; वरना आप नर्क की आग में जलेंगे। ये बातें वैसे ही बेतुकी और मूर्खतापूर्ण हैं, जैसा कि यह कहने वाला व्यक्ति—'आपको ईश्वर में यकीन करना ही चाहिए, आपको स्वर्ग और नर्क में भी भरोसा करना चाहिए; वरना आप नर्क में जाओगे।' धार्मिक लोग इस बात को समझेंगे। ईश्वर और धर्म केवल मूर्खों पर शासन कर सकते हैं। वे एक आस्तिक व्यक्ति को उन्मादी और पागल बना देते हैं। लेकिन, एक धर्म या देवता तार्किक व्यक्ति पर कोई प्रभाव नहीं छोड़ सकता।

मैं अक्सर ईश्वर और उससे जुड़े मसलों की तुलना प्याज से करता हूँ। प्याज में बीज नहीं होता। केवल छिलका ही छिलका निकलता है उसमें। यहाँ प्याज से तात्पर्य है निर्जीव, बीजरहित शरीर; जिसमें केवल छिलका रूपी त्वचा ही हो। पूरा छिलका उतारते जाइए और आखिर में आपको कुछ नहीं

मिलता। क्योंकि, उसमें बीज तो होता ही नहीं। ईश्वर और धर्म भी बहुत हद तक ऐसे ही हैं। इन शब्दों का कोई प्राकृतिक अर्थ है ही नहीं। इनको अर्थ उन लोगों ने प्रदान किया है, जिन्होंने वास्तव में ये शब्द गढ़े हैं।

परन्तु, क्या कोई व्यक्ति कह सकता है कि सूर्य और चन्द्र आदि भी ईश्वर या धर्म की तरह हैं? नहीं! क्योंकि, वे वास्तविक हैं। यहाँ तक कि मूर्ख से मूर्ख और महान तर्कवादी तक कोई इस तथ्य से इनकार नहीं करेगा। वे कभी ऐसा नहीं कहेंगे कि चूँकि वे मुझे नजर नहीं आते हैं; इसलिए मैं उनको स्वीकार नहीं करूँगा। वे कभी ऐसा नहीं कहेंगे। प्रकृति और सच का यही उदाहरण है, जो उसे बनावटीपन, कल्पना और मिथक से अलग करता है। इसके अलावा धार्मिक व्यक्तियों को यह सोचना चाहिए कि आखिर क्यों कुछ लोग उनके धर्म से इनकार करते हैं? इसी तरह आस्तिकों को यह भी सोचना चाहिए कि आखिर क्यों कुछ लोग ईश्वर के अस्तित्व को नहीं मानते।

यह भी कि आखिर किस तरह ईश्वर में आस्था रखने वाले और धार्मिक लोग उन लोगों से श्रेष्ठ हैं, जो ईश्वर को या धर्म को स्वीकार करने से इनकार करते हैं? वे भला किस तरह समझदार या बुद्धिमान हैं? उनमें कौन-से अंग बेहतर हैं? इन बातों पर गम्भीरतापूर्वक विचार किया जाना चाहिए। इस बात पर भी समुचित चिन्तन होना चाहिए कि जब मनुष्य के पास बेहतर बौद्धिकता हो, वह तार्किक नजरिया रखता हो, उसमें गहन विचार शक्ति हो तथा वह अनुभवजनित जीवन जी सकता हो, तो भला ईश्वर की आवश्यकता ही क्या है?

ईश्वर की अवधारणा मनुष्य रचित है। उसने ही ईश्वर को सब कुछ रचने का श्रेय दिया है और यह कहा कि वही दुनिया का कारोबार चला रहा है। कहने का तात्पर्य यह कि आप अच्छा करें या बुरा आप मालिक नहीं हैं; आपको ऐसा करने को कहा गया है। आस्तिकों द्वारा लोगों को ईश्वर के काम के बारे में यही बताया जाता है। क्या यह विचार किसी के लिए किसी तरह भी मददगार है? बहुत सहज ढंग से इसका प्रयोग दूसरों को मशविरा देने में किया जा सकता है। लेकिन, क्या इस पर यकीन करते हुए कोई इसे अपने जीवन आचरण का निर्देशक बना सकता है?

जब तक लोग मूर्ख या अज्ञानी हैं; जब तक उनमें सोचने की क्षमता नहीं है; और वे बिना इसके ही रह लेते हैं, तब तक भगवान सर्वशक्तिमान और समस्त गतिविधियों पर नियंत्रण करने वाला बना रहेगा। लेकिन, आज एक विचार और बुद्धिमान व्यक्ति के लिए क्या इस बात को सही माना जा सकता है? क्या उसके लिए यह स्वीकार्य है?

इतना ही नहीं ईश्वर और धर्म के विचार हजारों साल पहले से अस्तित्व में हैं। क्या कोई इस बात से इनकार कर सकता है कि ऐसे विचार या ऐसी कल्पनाओं में वर्ष बीतने के साथ धीरे-धीरे बदलाव आया है। इस परिदृश्य में जब करीब 2000 साल पहले ईसाई धर्म और ईश्वर की स्थापना हुई या करीब 1500 साल पहले जब अल्लाह और पैगम्बर के विचार की स्थापना हुई, तबसे उनमें सुधार हुए हैं। ऐसे में अगर कोई कहे कि हजारों वर्ष पहले बने आर्य धर्म और आर्य देवताओं में सुधार नहीं होगा, तो इसे तार्किक रूप से कैसे स्वीकार किया जा सकता है?

इन सबका निर्माण मनुष्य ने किया है और अगर यह कहा जाए कि इनका निर्माण मनुष्यगत गुणों, लेकिन कहीं अधिक महान क्षमताओं और मनुष्य से परे शक्तियों के साथ किया गया है; तो मैं कहूँगा कि यह धोखाधड़ी के सिवाय कुछ नहीं है। यह सच नहीं हो सकता है और न ही इसका बुद्धिमत्ता से कोई लेना-देना है।

इन सभी का निर्माण मनुष्य ने किया। अगर कहा जाए कि इन सभी का निर्माण मानवीय गुणों के साथ, लेकिन मानव से परे क्षमताओं के साथ किया गया है, ऐसे में मैं यही कहूँगा कि ऐसी तमाम बातें धोखेबाजी के सिवाय कुछ नहीं हैं। ये सच नहीं हो सकती हैं। न ही इनमें कोई बुद्धिमत्ता झलकती है। इसमें किसी तरह की जिम्मेदारी भी नहीं नजर आती। ऐसा इसलिए हुआ, क्योंकि मानवजाति का मौजूदा स्वभाव, उसका वैज्ञानिक विकास और उसके पूर्वानुमान आदि 1500, 2000, 5000 और 10,000 साल पहले की तुलना में कई गुना बेहतर हैं।

ईश्वर, धर्म और अतीत में उनको बनाने वाले लोग तथा सामान्य मानव स्वभाव से ऊपर के लोगों का यही कहना था कि आप गरीबों की मदद

करें और आपको इसका लाभ स्वर्ग में मिलेगा। परन्तु, आधुनिक विज्ञान की सामान्य वैज्ञानिक क्षमता कहती है कि आखिर दुनिया में गरीब लोग हों ही क्यों? ऐसी गरीबी होनी ही नहीं चाहिए। तथापि, अतीत में गरीबों की मौजूदगी की चाहे जो वजह रही हो; जिसने भी ऐसे हालात पैदा किए हों; लेकिन मौजूदा समाज में किसी को गरीब नहीं होना चाहिए। इन बातों का कोई क्या जवाब देगा? कोई भी दैवीय पुरुष इसे लेकर क्या रुख अपनाएगा? ऐसे में ईश्वर, धर्म, दैवीय व्यक्तित्व आदि कोई भी हों, अपने को बचाए रखने के लिए उन्हें विनम्र बनना होगा। मिसाल के तौर पर अगर लोग गौरव बोध से सामने आने लगें और कहने लगें कि हम भगवान के भक्त हैं; हम उसके संरक्षक हैं; तो यह निश्चित माना जा सकता है कि ऐसे लोग धर्म और ईश्वर और उसकी महानता का खात्मा करने का ही काम करेंगे। ईश्वर, धर्म और दैवीय व्यक्तित्व—इन सबसे बुरा है भेदभाव करना, लोगों के बीच में अन्तर करना और इसकी वजह से लोगों को होने वाला कष्ट। दैवीय शक्ति के नाम पर धर्म लोगों में मूर्खता और अहंकार का संचार करता है। उनको बताया जाता है कि कोई उच्च शक्ति है, जो मनुष्य और उसकी शक्तियों से बेहतर है।

हालाँकि, ऐसी धार्मिक भावनाएँ 30 की उम्र से अधिक के वयस्क में भी नजर आती हैं। लेकिन, मेरा मानना है कि 24 या 30 से कम उम्र के लोगों में ऐसे मनोभाव नहीं होने चाहिए। केवल ईश्वर रहित भावना के साथ ही मनुष्य सबको समान समझ सकता है। केवल उसी स्थिति में उसमें यह ईमानदारी और साहस आता है कि वह अच्छी चीजों को सराह सके; जन-सेवा करने की क्षमता, हर किसी को समान समझने की क्षमता से पैदा होती है। मेरा विनम्र निष्कर्ष है कि अगर आज यहाँ ऐसी स्थिति नहीं है, तो ऐसा इसलिए, क्योंकि ईश्वर और धर्म की बातें, दैवीय गुण वाले मनुष्यों की बातें यहाँ मौजूद हैं।

(अंग्रेजी से अनुवाद : पूजा सिंह)

हिन्दू-धर्म

अध्यक्ष महोदय, बहनो और भाइयो!

आमतौर पर और खासतौर पर हिन्दुओं में हजारों में से कोई एक व्यक्ति ही ऐसा होगा, जिसे यह ज्ञान होगा—वह भी बहुत सीमित मात्रा में; कि ईश्वर क्या है? मूल्यों का उचित संरक्षण क्या है? धर्म क्या है और हमें किस नैतिक आचरण का पालन करना चाहिए? समाज में इससे बुरा कुछ भी नहीं हो सकता है। इनमें से अधिकांश लोग ईश्वर के बारे में क्या सोचते हैं? कई लोग सोचते हैं कि ईश्वर का एक मानवीय स्वरूप है। यह भी कि उसके भी पत्नी, बेटा, माँ-बाप, घर, सम्पत्ति, खुशियाँ आदि होती हैं। वे यह भी सोचते हैं कि ईश्वर विवाह करता है; उसका शयनकक्ष होता है, गभार्धान संस्कार और सन्तानोत्पत्ति आदि होते हैं। उनको लगता है कि हजारों नाम वाले हजारों ईश्वर मौजूद हैं। उनके लिए ईश्वरीय समर्पण और कुछ नहीं बल्कि ईश्वर का अभिषेक करना, उसे प्रसाद चढ़ाना, पूजा करना, दीया दिखाना और समारोह आदि आयोजित करना होता है।

इसी तरह जब वे धर्म के बारे में विचार करते हैं, तो वे सोचते हैं कि हिन्दुत्व माथे पर लगे तिलक, पवित्र भस्म अथवा चन्दन का लेप लगाना है। वे लोगों को बड़ी-छोटी जातियों में बाँटने को भी इसी नजरिये से देखते हैं।

उनको लगता है कि त्योहार आयोजित करना, ऐसे उत्सव में आने वालों के लिए आवास तैयार करना, उनको भोजन आदि उपलब्ध कराना ही धर्म है। इन कामों को करने के लिए वे प्रचार का सहारा लेते हैं। ऐसी गतिविधियों में जनता का धन खर्च करते हैं और तब वे सुरक्षित महसूस करते हैं।

हिन्दू समाज की मूलभूत कमी उसकी बुनियाद में निहित है। यह है ईश्वर और धर्म को लेकर हमारी अवधारणा। जब तक यह समझ या रवैया बरकरार रहेगा, तब तक समाज के सही रास्ते पर वापस आने की कोई सम्भावना नहीं है। हमें हर बात के लिए भगवान की इच्छा को जवाबदेह ठहराना छोड़ना होगा; साथ ही यह लालची और मूर्खतापूर्ण विचार भी त्यागना होगा कि हम बिना किसी मेहनत के केवल भगवान को मूर्ख बनाकर अपनी सारी जरूरतें पूरी कर लेंगे। भगवान भी हमारी तरह दो हाथ, पैर, आँख, कान और नाक वाला है। अगर हम उसके बारे में सोचते हैं, उसके सामने प्रदर्शन करते, नारियल तोड़ते या उसे फल की पेशकश करते हैं अथवा उसकी उपासना करते या पुजारी को पैसा देते हैं, तो हमें लगता है कि हमने बतौर मनुष्य अपने सभी कर्तव्यों की इतिश्री कर ली और हमारी सारी गलतियाँ ऐसा करने भर-से माफ हो जाएँगी। ऐसे विचारों और कार्यों से अधिक मूर्खतापूर्ण कुछ भी नहीं। लोगों द्वारा इतनी जघन्य चीजें करने की वजह यही है कि वे ईश्वर को नहीं समझते। जिन लोगों को लगता है कि वे ईश्वर को समझ चुके हैं, उनको लगता है कि अगर वे ईश्वर की पूजा करेंगे और उससे क्षमा माँगेगे, तो वह उनकी तमाम गलतियों को माफ कर देगा। जिन लोगों को लगता है कि ईश्वर है और उसे हर बात की जानकारी है, उनमें भी हजारों में कोई एक ही होगा, जो हर बात ईश्वर की मर्जी पर छोड़ देता हो। इन सबकी वजह है कानून को लेकर अनदेखी, जो सही नहीं है और ईश्वर की गलत अवधारणा पर यकीन।

हम यह भी पाते हैं कि ईश्वरीय आदेश के रूप में पेश की जाने वाली बातें अलग-अलग जगहों पर अलग-अलग और विभिन्न जातियों में भिन्न-भिन्न होती हैं। ऐसे में इन्हें ईश्वरीय आदेश के रूप में मान कैसे दिया जा सकता है? ठीक इसी तरह अलग-अलग देश, धर्म और जातियों में पाप और पुण्य

के मानक भी जुदा-जुदा हैं। यहाँ तक कि हमारे विवाहों में भी अलग-अलग धर्म और जाति में अलग नियम-कायदे लागू हैं।

कुछ लोग अपने पिता के बड़े या छोटे भाई की बेटी से विवाह कर लेते हैं। कुछ लोग अपने पिता की बहन की बेटी या माँ के भाई से विवाह कर लेते हैं। कुछ लोग बिना किसी भेद किसी से भी विवाह कर लेते हैं।

भोजन की बात करें, तो कुछ लोगों को गोमांस खाना पाप लगता है; तो कुछ अन्य को सूअर का मांस खाना पाप लगता है। कुछ लोग इसी तरह मुर्गे के सेवन को सही नहीं मानते। हिन्दुओं में से कुछ कहते हैं कि गाय को पीटने और उससे काम लेने में कोई हर्ज नहीं; लेकिन उनको साँप को पीटना या जान से मारना पाप लगता है। कुछ लोग कहते हैं कि किसी भी पशु को किसी भी प्रकार कष्ट नहीं पहुँचाना चाहिए। अन्य कहते हैं कि सभी पशु बने ही इसलिए हैं कि मनुष्य उनका भोग कर सके। इनमें सत्य क्या है? ईश्वर का आदेश क्या है? पाप क्या है, यह कौन निर्धारित करेगा? अगर कोई शोध से यह जानना चाहता है, तो उसे नास्तिक करार दे दिया जाता है और उससे पूछा जाता है कि आखिर वह इन चीजों को लेकर क्यों चिन्तित है? उसे कहा जाता है कि अपने पुरखों के तर्ज पर जिन्दगी जियो।

अगर आप यह जानना चाहेंगे कि वे पुरखे यानी समझदार व्यक्ति कौन थे? तो इस दिशा में भी कठिनाइयों की कोई कमी नहीं। अगर आप उनके कहने और रहन-सहन पर गम्भीर विमर्श करेंगे, तो कठिनाइयाँ और विरोधाभास बढ़ते जाएँगे।

उदाहरण के लिए कोई कहेगा कि हर किसी को वेद की बातों को मानना चाहिए। अगर हम पूछें कि वेदों में क्या लिखा है? क्या हम इसे देख सकते हैं? तो उत्तर में वह कहेगा—'इसमें ईश्वर की बातें लिखी हैं जिन्हें पढ़ना और सुनना आपके लिए पाप है। आप तो बस वह मानो, जो हम कहते हैं।' दुनिया में आखिर कितने देवता हो सकते हैं? वे कहते हैं कि ईश्वर केवल एक है। ऐसी स्थिति में क्या दुनिया भर के लोगों द्वारा यह स्वीकार नहीं कर लिया जाना चाहिए?

सवाल यह है कि ईश्वर ने इस बात को ईसाइयत और इस्लाम में स्वीकार्य क्यों नहीं बनाया? दुनिया के कई अन्य देशों में भी नहीं? ऐसे में यह कहना झूठ है कि यह बात ईश्वर ने कही है। अगर किसी ने इस ओर संकेत कर दिया, तो उसे वेद-भ्रष्ट करार दे दिया जाएगा। इस तरह हिन्दू-धर्म के नाम पर क्रमश: विरोधाभासी बातें, अनुभव, ईमानदारी और पारदर्शिता की कमी जैसी बातें हैं; जो समाज के ताने-बाने को ध्वस्त कर रही हैं। इसके संरक्षण और निगरानी के नाम पर कीमत, समय और पैसा खर्च होता है।

हर धर्म का एक अलग देवता? हर जाति का अलग देवता? हर धर्म के अलग सिद्धान्त? हर धर्म में पाप और पुण्य की अलग अवधारणा? क्या ईश्वर, स्वर्ग और नर्क के लिए अलग-अलग दुनिया है? ऐसा नहीं हो सकता है। जिस तरह एक बच्चा अपने बड़ों को मन्दिर में करबद्ध होकर पूजा करते देख, बिना कुछ सोचे-समझे उनका अनुसरण करने लगता है, ठीक उसी तरह ईश्वर और धर्म आदि ने हमारे दिमाग में घर बना लिया है। क्योंकि, हमें अक्सर दूसरों से उनके बारे में सुनने को मिलता रहता है। इसी तरह भक्ति, सेवा और अहिंसा आदि का बिना किसी अर्थ के प्रयोग किया जाता है।

अगर आप इस बारे में सोचेंगे, तो हम अपने साथियों के प्रति जो प्यार जताते हैं; वह ईश्वर के प्रति समर्पण कहा जा सकता है। उनकी सेवा करना ईश्वर की सेवा है। उनको बन्धनों से आजाद करना ही असली आजादी या स्वर्ग है। उनके प्रति दया भाव का प्रदर्शन और उनको दर्द से दूर रखना ही अहिंसा है। केवल मांस से परहेज ही अहिंसा नहीं है। बल्कि तार्किक लोगों को कष्ट न पहुँचाना, उनको नुकसान न पहुँचाना, उनकी कठिनाइयों और विपरीत परिस्थितियों को दूर करने के लिए काम करना आदि ही वास्तविक अहिंसा हैं। मांस न खाया जाए; लेकिन रोज बैलगाड़ी में भार लादकर बैल से खिंचवाया जाए, तो यह कैसी अहिंसा है? इसी तरह अन्य लोगों को कठिनाई पहुँचाना, उनके साथ क्रूरता का व्यवहार करना अहिंसा नहीं है।

किसी अन्य व्यक्ति को देखना तक पाप है! अगर कुछ लोग किन्हीं खास रास्तों पर चलते हैं, तो यह पाप है। ऐसी बातें कहना और माथे पर बड़ा-सा वैष्णव टीका लगाना, पारम्परिक धोती पहनना और राम-राम जैसे

शब्दों के उच्चार की वजह से ही यह स्वीकार्य और उचित धार्मिक श्रद्धा में नहीं बदल सकता।

जब हमारे आस-पास करोड़ों लोग बिना छत के रहते हैं, वे कई-कई दिनों तक अच्छा भोजन तक नहीं पा सकते और भीषण गरीबी में रहने पर मजबूर हों, तो क्या आलसियों और वेश्याओं के लिए मठ और सराय बनाना उचित है या फिर पवित्र भोज के नाम पर उन लोगों को दावत देना क्या उचित है? जो यह शिकायत करते हैं कि पाँच प्रकार के व्यंजन नहीं थे, और अधिक काजू डाला जाना चाहिए था...आदि-आदि? उचित दृष्टिकोण अपनाने के बजाय स्वार्थियों द्वारा अपने स्वार्थ की पूर्ति के लिए लिखी बातों पर यकीन करके हम अपना समय, पैसा और बुद्धि तीनों बर्बाद कर रहे हैं।

लोग मानते हैं कि हिन्दू या हिन्दू आचार्य चिन्ता से मुक्त हैं और वे इन्हीं विचारों पर आधारित जीवन जीते हैं। चूँकि, ऐसा व्यवहार कुछ जातियों और कुछ व्यक्तियों या समूहों के लिए उनकी क्षुद्रताओं, अश्लीलता और लापरवाहियों को छिपाने में मदद करता है।

अगर यह कहा जाए कि हमारी मद्रास प्रेसीडेंसी में हिन्दू धार्मिक कर्मकांड के नाम पर, हिन्दू-धर्म और भगवान के नाम पर 10 करोड़ रुपए से अधिक की राशि सालाना खर्च की जाती है; तो इसे अतिशयोक्ति न समझा जाए। अगर सभी तीर्थों, देव स्थानों, उत्सव केन्द्रों, त्योहारों आदि को गिना जाए, तो यह आँकड़ा कई गुना बढ़ जाएगा। इन सबसे आखिर क्या लाभ होता है?

तमाम कठिनाइयों से गुजर रहे हमारे लोग केवल अंध श्रद्धा के तहत सन्तुष्टि हासिल करने के लिए इस कदर खर्च कर देते हैं। वहीं जिन लोगों को इस खर्च से लाभ होता है, वे आराम की जिन्दगी बसर करते हैं। ध्यान दिया जाए, तो इन बातों की वजह से लोगों की दासता वाली मानसिकता बढ़ी है।

(बाल्या नगर संघम में एझायिराम पन्नाई के सालाना आयोजन—16, 17 मई 1926—को दिया गया भाषण। रिपब्लिक (कुदी आरसु) 30 मई1926)

(अंग्रेजी से अनुवाद : पूजा सिंह)

कर्मकांडों का समुच्चय है धर्म

धर्म एक ऐसा विषय है, जिसका विश्लेषण होना चाहिए और उस पर शोध किया ही जाना चाहिए। पहले मनुष्य जंगलों में जानवरों की भाँति रहता था। जब इस प्रक्रिया में बदलाव आया और मानवता ने प्रगति करनी शुरू की; मनुष्य ने झोंपड़ियों में रहना शुरू किया; तो उसे जीवन जीने के लिए कुछ नियमों की आवश्यकता महसूस हुई। अगर अलग-अलग रहने वाले लोगों को कोई काम साझा बेहतरी के लिए करना हो, तो उनको एक संघ बनाना होता है और जरूरी है कि ऐसे संघ के कुछ नियम-कायदे भी हों। इसी तरह जो लोग सामुदायिक जीवन जीना शुरू करते हैं, उनको भी कुछ सिद्धान्तों की आवश्यकता होती है; जो उस सामाजिक जीवन का निर्धारण करे। ऐसे लोगों को पालन के लिए साझा सिद्धान्त गठित करने होते हैं। ऐसे व्यवहार को धर्म नहीं कहा जाता। यह तय करने के लिए कि ऐसे व्यवहार का उल्लंघन नहीं हो, कुछ नियम भी तय किए गए। जब ऐसे नियमों का उल्लंघन करने वालों को दंडित करना सम्भव नहीं था, तब; या फिर जब लगा कि ऐसे लोगों को दंडित करना जरूरी नहीं है, तब या अन्य लोगों के निजी हित को ध्यान में रखते हुए और लोगों को मूर्ख बनाने की अवधारणा पर यह सोचते हुए कि अन्य लोगों को बेवकूफ बनाया जा सकता है, तब;

ईश्वर की अवधारणा का जन्म हुआ। तब यह कहा जाने लगा कि लोगों ने ईश्वर को बनाया है या नियम-उल्लंघन करने पर ईश्वर दंडित करेगा। यहीं पर मनुष्य ने सबसे बड़ी भूल की।

लेकिन, अगर हम देखें कि ये सिद्धान्त किस प्रकार निर्धारित किए जाते हैं और इनका आधार क्या होता है? तो हम कह सकते हैं कि ये उस वक्त, जलवायु, वहाँ के लोगों की बुद्धिमत्ता आदि तमाम परिस्थितियों पर निर्भर करता है। आम लोगों की अनदेखी और कुछ लोगों की धूर्तता और तात्कालिक परिस्थितियाँ इसकी निर्धारक होती हैं। यदि एक खास सिद्धान्त अनुपयुक्त हो जाता है या वह बाद के समय के लिए अप्रासंगिक हो जाता है, तब; या फिर जब एक चतुर सुजान अथवा धूर्त व्यक्ति इसे बदलना चाहता है, तब—अक्सर मूढ़ जनता अपनी जिद्दी प्रकृति के चलते इसे बदलने से इनकार कर देती है। ऐसे में उक्त लोग समाज से कटकर अपना एक अलग समाज स्थापित कर लेते हैं। वे पुराने सिद्धान्तों को बदलकर या उनका आधुनिकीकरण करके अपने नए सिद्धान्त स्थापित करते हैं। या फिर कुछ एकदम नए सिद्धान्त पेश करते हैं। इस प्रकार एक नए धर्म की स्थापना होती है। परिणामस्वरूप लापरवाह और जिद्दी लोग धर्म के आधार पर झगड़े करते हैं और अपने-अपने धर्म को महान बताते हैं या दूसरे के धर्म को कमतर बताने की कोशिश करते हैं।

कुछ सम्मानित, समझदार, बुजुर्ग इस बात पर आश्चर्य भी कर सकते हैं कि क्या लड़े-झगड़े बिना बदलाव आ सकता है? वे पुराने सिद्धान्तों की नई व्याख्या के जरिए हर किसी को सन्तुष्ट करने का प्रयास करते हैं और इस प्रकार बदलाव को दूर रखना चाहते हैं। लेकिन, ऐसी कोशिशों के चलते आखिर में असहमति के कारण नए पंथ निर्मित हो जाते हैं। इस प्रकार प्राथमिक सिद्धान्त में कभी-भी सुधार हो ही नहीं पाता।

इस तरह धर्मों में बदलाव का लम्बा इतिहास है। इन सब बातों से आगे चलकर ऐसी स्थिति बन गई कि धार्मिक सिद्धान्तों का वास्तविक उद्देश्य ही छिप गया और उन्हें समझने की भी कोई आवश्यकता नहीं रह गई। आखिर में धर्म कर्मकांडों का समुच्चय बनकर रह गया।

अगर आज आप किसी व्यक्ति से पूछेंगे कि आपका धर्म क्या है? उसके सिद्धान्त क्या हैं? तो वह केवल कुछ कर्मकांडों और प्रतीकों के बारे में ही बता पाएगा। वह धर्म की स्थापना के मूल उद्देश्य के बारे में कोई जानकारी नहीं दे पाएगा। उसे इसके बारे में कुछ पता भी नहीं होगा। इतना ही नहीं, मूल सिद्धान्तों के क्षय के अलावा लापरवाही और नैतिक चूक ने भी धर्म में घर कर लिया है और अब वह कुछ लोगों के स्वार्थी उद्देश्यों की पूर्ति की वजह बनकर रह गया है। खासतौर पर वे सभी धर्म, जिन्हें आज बड़े धर्मों में गिना जाता है। वे भोली और मूर्ख जनता को धोखा देने के काम में लगे हैं। ये धर्म केवल पुजारी वर्ग, सरकार और पैसे वालों को अमीर बनाने का जरिया हैं। आम जनता को इनसे कोई लाभ नहीं होता है। अगर हम धर्म के कारण आई बुराइयों पर नजर डालें, तो सबसे अधिक प्रभाव यह है कि धर्म किसी मनुष्य की बुद्धिमत्ता को पूरी तरह नष्ट कर देता है। एक धर्म के लोग ईश्वर में, अपने धार्मिक विश्वासों में आस्था रखते हैं और वे यह भी मानते हैं कि उनका धर्म ईश्वर द्वारा स्थापित है। परन्तु, यही बात अन्य धर्मों के अनुयायियों पर भी लागू होती है।

कोई यह नहीं सोचता है कि आखिर ईश्वर कुछ लोगों के लिए धर्म और बाकियों के लिए अलग धर्म क्यों बनाएगा? लोग यह भी नहीं सोचते कि क्या ईश्वर ऐसा धर्म बनाएगा, जिसके मानने वाले किसी अन्य धर्म को नहीं मानते; बल्कि उसे मानने वालों पर प्रतिकूल टिप्पणियाँ भी करते हैं। लोग इन विरोधाभासों के बारे में नहीं सोच रहे हैं। इनमें धार्मिक व्याख्याकार और खास धर्म को चाहने वाले भी शामिल हैं।

अकेले यह वजह बताने के लिए काफी है कि आखिर धर्म ने लोगों की बुद्धिमत्ता को किस हद तक प्रभावित किया है। दूसरी बात, लोगों के बीच एकता को बढ़ावा देने के बजाय धर्म उनको बाँटता है। तीसरा, धर्म लोगों को बाहरी औपचारिकताओं और प्रस्तुतियों से सन्तुष्ट होना सिखाता है। वह उनके चरित्र निर्माण में कोई मदद नहीं करता। चौथी बात, किसी भी धर्म में तार्किक सोच के लिए कोई गुंजाइश नहीं है। धर्म चाहे जो भी हो, उसके सिद्धान्त चाहे जितने बेहतर हों; लेकिन सबसे पहले वह हमें

यही कहता है कि हम ऐसी कुछ बातों पर आँख मूँदकर भरोसा कर लें, जो हमारी पाँचों इंद्रियों की पकड़ से परे हों और हमारी बुद्धिमत्ता की सीमा से बाहर।

ऐसी स्थिति में हम एक मानक को तो स्वीकार कर लेते हैं, जबकि बिना किसी ठोस वजह के हम दूसरे मानक को खारिज कर देते हैं। पाँचवीं बात, धर्म ईश्वर और लोगों के बीच बिचौलिए खड़े कर देता है। वह इस बात पर जोर देता है कि इन बिचौलियों के शब्द और काम तमाम विसंगतियों और गड़बड़ियों के बाद भी हमारी निजी बौद्धिकता और अनुभव से बेहतर हैं। इसके अलावा धर्म यह भी बताता है कि कोई व्यक्ति जितना धन खर्च करेगा, उसके पाप उतने ही ज्यादा कटेंगे और वह उसी अनुपात में स्वर्ग का हकदार होगा। यह भी कि किसी व्यक्ति द्वारा किए गए तमाम पाप, प्रसाद चढ़ाने से खत्म हो जाते हैं और पूजा-अर्चना करके वह अपने पापों से मुक्ति पा सकता है। ऐसी बातों के चलते अत्याचार बढ़े और धन देकर पापमुक्ति हासिल की जाने लगी।

धर्म आलसी व्यक्ति को अपना जीवन चलाने के लिए तमाम अवसर प्रदान करता है।

धर्म लोगों को भीरु बनाता है। धर्म चाहे जितना अन्याय करे, लोगों को उसी धर्म का भय दिखाकर ऐसी घटनाओं से जुड़ा सच नहीं जानने दिया जाता है। सबसे बढ़कर यह एक व्यक्ति को दूसरे के श्रम से जुटाए गए पैसों पर जीवन बिताने के लिए प्रोत्साहित करता है। एक सच्चा शैव कहता है कि उसके तमाम प्रकट छल के बावजूद अगर पवित्र भस्म या भभूत का एक कतरा भी उस पर छिड़क दिया जाए, तो वह सारे पापों से मुक्त हो जाता है और वह सीधे भगवान शिव के निवास कैलाश पर्वत पर जा सकता है।

एक अधिवक्ता और पेशेवर व्यक्ति बहस में झूठे पौराणिक और मिथकीय उल्लेख देते हुए सोचता है कि वह सच्चा शैव है; क्योंकि वह अपने माथे पर भभूत लगाता है। उनको लगता है कि अन्य लोगों को भी उनका सम्मान करना चाहिए। क्या बेईमानी और मूर्खता का कोई और उदाहरण

चाहिए? इसी तरह एक सच्चा वैष्णव कहता है कि एक बार वह 'राम' शब्द का उच्चारण कर ले, तो उसके सारे पाप कट जाते हैं। वह कहता है कि राम के अलावा दुनिया में कोई देवता नहीं है। एक सच्चा ईसाई कहता है कि जब कोई व्यक्ति पूरी तरह आत्मसमर्पण करके ईसा मसीह तक पहुँचता है, तो उसके सारे पाप धुल जाते हैं? ईसा के समक्ष आत्मसमर्पण करने के सिवा कोई राह नहीं है। एक मुस्लिम कहता है कि कुरान में जो भी कुछ लिखा है, वह ईश्वर की वाणी है। यह सभी देशों और प्रदेशों पर लागू होती है। अगर उसमें एक अक्षर भी बदला गया, तो इस्लाम की नींव हिल जाएगी। इस प्रकार प्रत्येक धर्म अपनी महानता का दावा करता है और कहता है कि वही एकमात्र सच्चा धर्म है। उसका ईश्वर ही एकमात्र सच्चा देवता है या ईश्वर की सन्तान है। उसका पैगम्बर ही ईश्वर का असली सन्देशवाहक है; आदि।

(रिपब्लिक 'कुदी आरसु' निबन्ध- 23 अप्रैल 1949)

(अंग्रेजी से अनुवाद : पूजा सिंह)

ईश्वर का उन्मूलन

किसी भी देशभक्त अथवा मानवतावादी सरकार, लोकसेवा संस्थान अथवा सामाजिक चेतना सम्पन्न व्यक्ति का सबसे अहम दायित्व है—देश के लोगों को बुद्धिमान बनाना और उनमें तार्किक विचार को जन्म देना। निश्चित रूप से ऐसे प्रयास किए जाने चाहिए; ताकि लोगों का जीवन स्तर सुधर सके। उनको चिन्ताओं और दिक्कतों से मुक्ति मिल सके और आर्थिक और सामाजिक समता कायम हो सके। इन गुणों से युक्त राज्य को ही सही मायनों में एक मुक्त राज्य कहा जा सकता है। अगर ये बातें उसमें मौजूद नहीं हैं, तो राज्य बस एक जेल बनकर रह जाएगा। ऐसा समाज दासों का समाज होगा।

आमतौर पर राजाओं द्वारा शासित राज्य और समाज अपनी अलग तरह की दिशा तय करते हैं। ऐसे शासक धर्म और धार्मिक सिद्धान्तों को शासन का आधार बनाते हैं। बहरहाल, एक लोकतांत्रिक राज्य का आधार बुद्धिमत्ता और स्वतंत्रता को होना चाहिए। धर्म और धर्म-शास्त्र के निर्माण का एकमात्र उद्देश्य बौद्धिकता और आजादी को नष्ट करना और लोगों को मूर्ख और दास बनाना है। यह उस समय चलन में आया, जब मनुष्य आदिम अवस्था में रहा करता था; कमोबेश जानवरों की तरह। जिस प्रकार

लोग भूत-प्रेत और आत्माओं से भयभीत रहते थे, ठीक वही डर धर्म और धार्मिक शास्त्र भी पैदा करते थे।

हालाँकि, धर्म और धर्म-सिद्धान्तों में ईश्वर ही प्राथमिक शक्ति था; लेकिन हमें यह कहना होगा कि ईश्वर और धार्मिक लेखन और शास्त्र की अवधारणा प्राय: विपरीत थी। ऐसा इसलिए, क्योंकि ईश्वर की अवधारणा की शुरुआत अज्ञानता से हुई। धर्म और धर्म लेखों का उद्‌भव बेईमानी से हुआ। यानी लोगों को बेवकूफ बनाने और उनको दास बनाने के इरादे से इनकी शुरुआत हुई। दुनिया भर के बुद्धिमान लोगों ने इसका समर्थन किया; खासतौर पर पश्चिम के जाने-माने विद्वानों ने।

उन्होंने कहा—'आप ईश्वर की अवधारणा रचने वाले व्यक्ति को माफ कर सकते हैं; वह मूर्ख था। वह अपनी बौद्धिक अक्षमता की वजह से ऐसा विचार तैयार करने पर मजबूर हुआ। लेकिन, धर्म और धर्म शास्त्र (आत्मा, स्वर्ग, नर्क) आदि का निर्माण करने वाला व्यक्ति ईमानदार नहीं रहा होगा। उसने ऐसा केवल लोगों को भयभीत करने के लिए किया।' ईश्वर का निर्माण करने वाले व्यक्ति का इस बात पर जोर था कि कोई-न-कोई ऐसी शक्ति है, जिसने यह विश्व और इसकी व्यवस्था निर्मित की होगी। उसने ईश्वर के अस्तित्व को सन्देह का लाभ दिया।

लेकिन, धर्म और धर्म-शास्त्र के साथ यह बात नहीं है। यह एक पूर्ण झूठ है; जिसका निर्माण लोगों को धोखा देने और उनका शोषण करने के लिए, उनके बीच भेद उत्पन्न करने के लिए किया गया। धर्म और धर्म-सिद्धान्तों की रचना इसी उद्‌देश्य से की गई। इसका सबसे बड़ा सबूत यही है कि दुनिया में अलग-अलग तरह के धर्म और धर्म-शास्त्र हैं और वे सभी एक-दूसरे से विरोधाभासी हैं। दूसरा सबूत यह है कि इसके रचयिता मानवीय प्रकृति से ऊपर प्रतीत होते हैं और हिन्दू-धर्म के शास्त्र प्राकृतिक कानूनों से विरोधाभासी हैं।

ये न केवल हमारी बौद्धिकता को नष्ट करते हैं, बल्कि हमारे चरित्र को भी क्षति पहुँचाते हैं। इनकी वजह से हमारी ईमानदारी, प्रेम, एकता, समता आदि सभी प्रभावित होते हैं। हमारे विकास पर असर पड़ता है; विज्ञान को

नुकसान पहुँचता है और अज्ञानता को बढ़ावा मिलता है। हम इन सब बातों के खिलाफ हैं। आपको ये सारी बातें समझने के लिए बहुत दूर जाने की आवश्यकता नहीं है। इनका उत्तर तो अपने धर्म और उसके सिद्धान्तों का विश्लेषण करके ही मिल जाएगा।

यह विचार दीगर है कि हम तमिलों (द्रविड़ों) का कोई देवता है भी या नहीं। लेकिन, हम हिन्दू-धर्म को अपना धर्म मानते रहे हैं। यह अपने आप में एक बहुत बड़ी चूक है। ऐसा क्यों?

आखिर हिन्दू-धर्म है क्या? इसका अर्थ क्या है? धर्म शब्द की बात करें, तो इस्लाम अथवा ईसाइयत के गुणों के आधार पर पहचान करें, तो क्या इसका कोई आदर्श, कोई प्राधिकार या कोई इतिहास है? क्या हिन्दुत्व का कोई उल्लिखित सिद्धान्त है या इसे लेकर कोई लेखन-कर्म किया गया है? ब्राह्मण कहते हैं कि हिन्दू-धर्म वैदिक-धर्म है। ब्राह्मण खुद को आर्य बताते हैं। ऐसे में वे अपने धर्म को भी आर्य धर्म बताते हैं। अंग्रेजी के शब्दकोशों में हिदू-धर्म को ब्राह्मणों का धर्म बताया गया है। यह एक गैर-ईसाई, गैर-मुस्लिम धर्म है।

इसकी और अधिक व्याख्या करने की आवश्यकता है। लेकिन, मैं इसे संक्षेप में कहूँगा। हिन्दू-धर्म का पूरा ब्यौरा वेदों, शास्त्रों और पुराणों में मिलता है। उसके इतिहास में अतीत के कुछ ऐतिहासिक और कुछ मिथकीय किस्से जुड़े हैं। इस धर्म के मुताबिक, हम चौथी और पाँचवीं जाति में आते हैं। इस हिसाब से हमें उपरोक्त ग्रंथों को पढ़ने तक की इजाजत नहीं है।

वेद, शास्त्र, पुराण, इतिहास आदि सभी ने हमारे लोगों को नीचा दिखाया है। हमें बेईमान के रूप में चित्रित किया गया और कई तरह से हमें अपमानित किया गया। इसीलिए हम कहते हैं कि ईश्वर, धर्म, धर्म-सिद्धान्त, पुराणों और इतिहास आदि में भरोसा समाप्त करना होगा।

(विदुथलई, सम्पादकीय-17.12.1969)

(अंग्रेजी से अनुवाद : पूजा सिंह)

दर्शन साहित्य और विश्वदृष्टि

दर्शन क्या है?

आज मुझे दर्शनशास्त्र पर अपनी बात कहने के लिए बुलाया गया है।

सलेम कॉलेज के इस प्रांगण में विद्यार्थियों, उनके अध्यापकों के अलावा और भी बहुत-से लोग उपस्थित हुए हैं। मैं नहीं मानता कि यहाँ इतने गौरवशाली श्रोताओं को सम्बोधित करना मेरे लिए आसान बात होगी। मैं नहीं जानता कि मैं अपनी बातें कहाँ तक आप सबको समझा पाऊँगा, और आप मेरी बातों से सन्तुष्ट होंगे। इसके अतिरिक्त यह कहीं ज्यादा आवश्यक है कि कुछ सबसे महत्त्वपूर्ण और अग्रणी दर्शन-सिद्धान्तों पर आपसे चर्चा की जाए। मैं अनुभव करता हूँ कि दर्शनों और स्थापित दार्शनिक मान्यताओं पर चर्चा करना मेरे लिए आसान नहीं होगा।

दार्शनिक बोध तथा दार्शनिक अभिव्यक्तियाँ सत्य होती हैं। उसकी पुनर्व्याख्या में उसे आगे तक पहुँचाने के लिए अपेक्षा की जाती है कि चीजों को उसी रूप में देखा जाए, जैसी कि वे हैं। और ठीक वैसा ही समझा जाए जैसा उनसे प्रत्याशित है। मोटे तौर पर कह सकते हैं कि ज्ञान प्रकृति से, हमारे सहजानुभवों से प्राप्त होता है।

हमारी मानस-रचना को प्रकृति और दर्शन को अलग-अलग सन्दर्भ में देखने के लिए ढाला गया है। हमारे लिए यह बड़ा ही मुश्किल है कि हम

सत्य को उसी रूप में देखें जैसा वह है। और अत्यन्त कठिन है वस्तुजगत के पीछे अन्तर्निहित उसकी वास्तविकता को समझना। इसे स्पष्ट करने के लिए मैं एक उदाहरण देना चाहूँगा। जब भी हम किसी व्यक्ति को देखते हैं, हम उस पर नजर डालते हैं तथा छवि के आधार पर उसका आकलन करते हैं, उस समय वह हमको वास्तविक मनुष्य, जैसा उसे प्रकृति ने गढ़ा है; दिखाई नहीं पड़ता। मनुष्य को उस रूप में देखना जैसा प्रकृति ने उसे 'गढ़ा' है, बिना कुछ बदले-छिपाए; नंगे मनुष्य के रूप में देखना है। उस तरह देखने को, हालाँकि वही वास्तविकता है; आधुनिक जगत में अच्छा नहीं माना जाएगा। इसके अतिरिक्त वह जुगुप्सा और प्रतिकर्षण का स्रोत होगा, जो जीवन में ढेर सारी असुविधाओं का कारण बनेगा।

इसी प्रकार यदि आप कुछ दूसरी चीजों को यथारूप, उनके सच्चे तथा वास्तविक रूप में देखने का प्रयत्न करो, तो वह घृणित, असुविधापूर्ण, असहज और अप्रिय प्रतीत होगा। इसलिए कुछ लोग कहते हैं कि दर्शनशास्त्र को समझने के लिए जीवन में एक स्तर तक परिपक्व होना पड़ता है।

यही कारण है, जिससे मैंने बताया है कि दर्शनशास्त्र को लेकर मेरी विवेचनाएँ अनेक लोगों के लिए अरुचिकर होंगी। एक प्रसिद्ध कहावत है कि जो व्यक्ति मिलावट रहित खरी बात कहता है, वह अनेक लोगों के लिए कट्टर शत्रु बन जाता है। इसका आशय यह नहीं है कि सभी लोगों को झूठ बोलना चाहिए। इससे बस यही जाहिर होता है कि वास्तविक सत्य और दर्शनशास्त्र समाज में अपनी प्रकृति और नाम से इतर रूप में प्रचलित हैं। हमें वे उस रूप में नजर नहीं आते, जैसे कि वे वास्तव में हैं। यही कारण है कि अनेक सत्य हमें उलझे हुए और अव्यक्त दिखाई पड़ते हैं।

स्वाभाविक रूप से, लोगों के आगे किसी भी दर्शन की विवेचना करना, कमोबेश बेहद नाजुक और कठिन कार्य है। ऊपर से इस सम्मेलन के अध्यक्ष मेरा परिचय देते समय पहले ही बता चुके हैं कि मैं एक नास्तिक, धर्मविरोधी यहाँ तक कि धर्म से घृणा करने वाला और राजनेताओं का प्रतिद्वन्द्वी हूँ। जबकि वस्तुत: मैं साधारण इंसान हूँ। कुल मिलाकर मेरे

जैसे आदमी के लिए दार्शनिक विचारधाराओं और सिद्धान्तों में अन्तर्निहित सत्य की विवेचना करना, अपेक्षाकृत कहीं जटिल कार्य है।

फिर भी, अपने आलोचकों के समक्ष विनम्र व्याख्या के रूप में, मैं अपनी ओर से दार्शनिक सत्यों की विवेचना का भरसक प्रयास करूँगा। जैसे कि मैं गम्भीरतापूर्वक विचार कर रहा था कि इतने संभ्रान्त और गरिमामय लोगों की उपस्थिति में मुझे क्या कहना चाहिए। अध्यक्ष महोदय ने मेरे बारे में कुछ विशेष विचार आपके समक्ष रखे हैं, और मैं यह मानता हूँ कि अपने वक्तव्य को उनके विवेचन तक सीमित रखना ही पर्याप्त होगा।

साथियो! किसी भी वस्तु या विचार को नगण्य अथवा अत्यन्त महत्त्वपूर्ण समझा जा सकता है। मैं आपको बताऊँगा कि कैसे जनसाधारण के लिए ईश्वर, धर्म या राजनीति बहुत महत्त्वपूर्ण नहीं हैं। वे उनके पीछे अन्तर्निहित दार्शनिक सिद्धान्तों के महत्त्व को जरूरी होने के बावजूद नजरअंदाज कर जाते हैं, जबकि विद्वान लोगों के लिए वे अत्यन्त महत्त्वपूर्ण होते हैं। इसलिए वे उन्हें समझने के लिए जरूरी कष्ट उठाते हैं, उनका सविस्तार ग्रंथीकरण के साथ प्रचार-प्रसार करते हैं।

हम देखते हैं कि महान संगीतकारों के गायन-वादन में सभी मनोवृत्तियों के दर्शक-श्रोता हिस्सा लेते हैं। जनसाधारण गीतों तथा उनके पीछे निहित विचारों को सुनता है, तथा उन्हें संगीत से अलग करके कहता है कि, 'उसने ईश्वर की स्तुति में गाया था, अथवा उसने महिलाओं के बारे में गाया था।' कार्यक्रम में संगीतकार की प्रस्तुति से जुड़कर वे आत्मतुष्टि का अनुभव करते हैं। परन्तु, जिन्हें संगीत-विज्ञान की समझ है, वे संगीत प्रस्तुति के प्रति अपेक्षाकृत अधिक उत्सुक होते हैं। वे उस सीमा तक गीत-संगीत की प्रस्तुति को समझना चाहते हैं, जिस सीमा तक उस गवैये/कलाकार ने अपनी संगीत कला में महारत हासिल की है। उनकी उपस्थिति के कारण गायक/प्रस्तोता अपनी गायन प्रस्तुति के समय अतिरिक्त रूप से सावधान रहता है। यही वह कारण है, जिसे मैंने आरम्भ में ही कह दिया था कि मैं जो भी कहूँगा, वह कुछ लोगों को बहुत-ही तुच्छ और महत्त्वहीन लग सकता है; जबकि कुछ को बहुत उपयोगी और जोरदार।

ईश्वर

साथियो! अध्यक्ष महोदय ने ईश्वर के सन्दर्भ में बताया था कि वह सब कुछ करने में समर्थ है। कुछ भी उसकी सीमा से परे नहीं है। धर्म के सन्दर्भ में उन्होंने कहा था कि धर्म मनुष्य और ईश्वर को जोड़ने वाले पुल की तरह है। यह कोई धार्मिक सम्मेलन नहीं है। यह बैठक दर्शनशास्त्र पर सामान्य चर्चा के लिए आयोजित की गई है। हमें धर्म और ईश्वर के दर्शन पर विस्तारपूर्वक विचार करना होगा; और मैं इसका बहुत सूक्ष्म विश्लेषण करना चाहता हूँ। मैं इन सभी विषयों को साफ-सुथरी तस्वीर के रूप में प्रस्तुत करना चाहता हूँ।

कई लोगों की राय है कि मैं नास्तिक हूँ, धर्म में विश्वास नहीं करता। कई लोगों ने इस पर खुलकर लिखा-बोला है। मैं सचमुच बहुत प्रसन्न होता, यदि नास्तिकों ने भी इतना ही खुलकर लिखा-बोला होता। यदि आस्तिक ऐसा महसूस करते हैं, तो मैं उन पर केवल तरस खा सकता हूँ। बात यहीं तक सीमित नहीं है। ऐसे लोगों के बीच रहने पर मुझे सचमुच बहुत खेद होगा। इस सेमिनार में, जिसे यहाँ दर्शनशास्त्र पर वस्तुनिष्ठ चिन्तन के लिए आयोजित किया गया है, यदि मैं अपने विचारों को खुलकर व्यक्त करने में सकुचाता हूँ, तो वह मुझसे वस्तुनिष्ठ चिन्तन की उम्मीद लगाए बैठे लोगों के साथ विश्वासघात करने जैसा होगा।

इसलिए मैं सीधे तौर पर बताना चाहूँगा कि आस्तिक अपनी अज्ञानता के कारण मुझे नास्तिक बताते हैं। बल्कि मैं तो कहना चाहूँगा कि इसके पीछे उनकी गैर-जिम्मेदारी अधिक है।

इसे और अधिक स्पष्ट करने हेतु मैं एक उदाहरण की मदद लूँगा—

एक ब्राह्मण, जो कठिनाईपूर्वक जीवन व्यतीत करता था; अपने घर से चला और उस स्थान पर पहुँचा, जहाँ एक शुभ कार्यक्रम चल रहा था। वहाँ उसने भिक्षा माँगी। गृहस्वामी ने चार आना (25 पैसे) दिए। उतने ही जितने उसने दूसरे भिखारियों को दिए थे। इस पर ब्राह्मण ने उससे कहा—'मैं उनमें से हूँ, जो दूसरों को दोष नहीं देता। मुझे धन का लालच नहीं है। मुझे

किसी प्रकार का अभिमान भी नहीं है। मैं इन सबको कभी का त्याग चुका हूँ। क्या तुम जानते हो कि मैंने चार वेद, छह शास्त्र और अठारह पुराणों का अध्ययन किया है? तुमने उन अशिक्षित गधों को भी चार आना दिए हैं। क्या यह न्यायसंगत है? क्या यही तुम्हारा धर्म है?'

इसी प्रकार ये आस्तिक लोग दूसरों पर नास्तिक होने का आरोप लगाते हैं। अब हम इस पर विचार करते हैं कि आस्तिक होने का दावा करने वाले लोग ईश्वर में कैसा विश्वास रखते हैं?

आस्थावादी कहते हैं कि ईश्वर सर्वशक्तिमान है। वे कहते हैं कि वह सर्वव्यापी है। वे बताते हैं कि वह अनुपम, अद्वितीय है। वे यह भी कहते हैं कि सब कुछ उसकी इच्छा से संचालित होता है। यह मान लिया गया है कि मैं ऐसे ईश्वर के अस्तित्व को नकारता हूँ; तो मैं कहता हूँ कि यह ठीक वैसा ही है, जैसा ब्राह्मण कहते आए हैं। ब्राह्मण दावा करते हैं कि वे स्वार्थी नहीं हैं। दूसरी ओर वे दाता भी कहे जाते हैं। पुनश्च: वे अपनी विद्वता, वेद-शास्त्रों पर पकड़ का दावा भी करते हैं। इससे उनकी आत्ममुग्धता का पता चलता है।

पुनश्च:, यह कहना (उचित नहीं है) कि वे दूसरों को गाली नहीं देते; न किसी से नफरत करते हैं। वे दूसरों को अशिक्षित और मूर्ख बताते हैं। उन्हें दूसरों को उनके बराबर चार आना भीख में देने से ईर्ष्या होती है।

इसके अलावा उनका यह दावा है कि वे सब कुछ त्याग चुके हैं; उन्हें धन के प्रति किसी प्रकार का लोभ-लालच नहीं है; फिर वे कहते हैं—'तुमने मुझे केवल चार आना दिए!'

ये बातें साफतौर पर इशारा करती हैं कि ब्राह्मण अपने विचारों पर दृढ़ नहीं हैं। जिन गुणों के आधार पर ब्राह्मणों की श्रेष्ठता के दावे किए जाते हैं, उन्हें वे अपने ही कर्मों से झुठला रहे हैं। हमारी निगाह में वे सच्चे ब्राह्मण नहीं हो सकते। उनकी कथनी और करनी के बीच भारी अन्तर है।

इसी तरह यदि मान लिया जाए कि ईश्वर सर्वशक्तिमान, सर्वज्ञ और सर्वव्यापी है, तो कोई अकेला व्यक्ति उसे कैसे नकार सकता है। जब कोई साधारण व्यक्ति ईश्वर को नकार देता है, तो यह स्वयंसिद्ध है कि सर्वज्ञ

और सर्वशक्तिमान ईश्वर जैसा कुछ भी नहीं है। दूसरे, सिद्ध हो चुका है कि ब्राह्मणों ने ईश्वर की जिन विशेषताओं का दावा किया है, वह बेतुकी और निराधार हैं। वे महज काल्पनिक और मनगढ़ंत कहानियाँ हैं, यही सत्य है।

यह कहना कि जो ईश्वर के अस्तित्व को नकारते हैं, वे नास्तिक हैं; अज्ञानता पर आधारित है। किसी व्यक्ति को नास्तिक कहना सरासर मूर्खता है।

यदि ईश्वर सचमुच अस्तित्ववान है, तो नास्तिक को उसे नकारने से भला क्या मिलेगा? यदि ईश्वर वास्तव में ही सर्वेसर्वा और सर्वशक्तिमान है, तो साधारण व्यक्ति द्वारा उसकी सत्ता को झुठलाए जाने से उसका क्या बनेगा-बिगड़ेगा? इन स्थिति में यह प्रमाणित हो चुका है कि कोई भी व्यक्ति मूर्खता से ईश्वर की सत्ता को अस्वीकार नहीं करेगा। इसी तरह कोई भी ईश्वर किसी मनुष्य को नास्तिक के रूप में रचने का मूर्खतापूर्ण कृत्य नहीं करेगा।

आपको इन सब बातों पर विचार करना होगा। यदि आप इन बातों पर गम्भीरतापूर्वक सोचेंगे तो ईश्वर में अनास्था, अविश्वास या नास्तिकता के लिए किसी व्यक्ति को जिम्मेदार ठहराना उचित नहीं है।

ये वे लोग हैं, जो परमात्मा को नहीं जानते। ऐसे ही लोग दूसरों को नास्तिक और अनास्थावादी कहते हैं। वह स्वयंसिद्ध नास्तिकता है। ईश्वरवादियों ने ही अनीश्वरवादियों को बनाया है। उनके अज्ञान से ही नास्तिकता पनप रही है। जरा सोचो, यदि ईश्वर सचमुच मौजूद है; तो क्या यह सम्भव है कि एक तुच्छ और साधारण इंसान उसे नकार सके?

इससे हम इस स्वाभाविक निष्कर्ष पर पहुँचते हैं कि नास्तिकता और नास्तिक शब्द ब्राह्मण के अज्ञान की देन थे; या ऐसा होना चाहिए कि ब्राह्मणों ने ही उन्हें ईश्वर के नाम पर लाभ कमाने, अपने धंधे को आगे बढ़ाने के लिए रचा है। इसलिए ईश्वर नहीं के लिए अस्तित्ववान है, जो उसके नाम का धंधा करते हैं। बाकी को ईश्वर के बारे में चिन्ता करने की कतई आवश्यकता नहीं है।

ईश्वर सम्बन्धी दर्शन के विश्लेषण का वास्तविक अर्थ है, तत्सम्बन्धी सभी मामलों का सविस्तार और सम्पूर्णता में विश्लेषण करना। ईश्वर से सम्बन्धित सत्य को अनावृत करने के लिए हमें अनुसंधान करने होंगे। किसी

वस्तु के बारे में शोध का मूलभूत सिद्धान्त उस वस्तु के यथार्थ को पहचानना है। यह जानना है कि वह क्या है? उसके बाद में यह पता लगाना कि वह क्यों है? फिर यह जानना कि कैसे है? तदनंतर यह समझना कि वह कहाँ है और अन्त में यह जानना कि वह अस्तित्व में कब से है? हमें इन जिज्ञासाओं को आगे रखकर उनके स्पष्ट उत्तर खोजने होंगे। हमें प्रश्नों से घबराने की आवश्यकता नहीं है।

हमें बिना किसी अवरोध और बाधा के, निष्पक्ष तरीके से अध्ययन करना होगा। दार्शनिक रूप से सत्य होने का अभिप्राय है, मुद्दों को लेकर तार्किक होना। हमारे उद्देश्य को देखते हुए दोनों परस्पर सम्बद्ध हैं। इसलिए, यह प्रमाणित करना कि ईश्वर निस्सन्देह है। वह वास्तव में सर्वव्यापी, सर्वज्ञ और सर्वशक्तिमान है। असम्भव होगा; यदि इन (नीचे दिए) छह या सात प्रश्नों का उत्तर न खोजा जाए। इस प्रमाणन के लिए जितने भी तरीके जरूरी हों, उनका परीक्षण किया जाना आवश्यक है।

ईश्वर में अन्धविश्वासी व्यक्ति इस तथ्य की उपेक्षा कर सकता है। वह सोच सकता है कि यह अनावश्यक और अयाचित है। लेकिन, दार्शनिक अन्वेषक के लिए यह अत्यावश्यक है। ईश्वर अंध-आस्था से परे नहीं हो सकता। उसे केवल अज्ञानता या लापरवाही द्वारा नहीं पहचाना जाना चाहिए। इसके अतिरिक्त, विशेषरूप से सुधी शोधकर्ता ईश्वर को न तो महज पाखंड समझकर नकार सकता है, न ही अज्ञानता या अंध-आस्था के आधार पर उसे स्वीकार कर सकता है।

ईश्वर क्या है?

ईश्वर क्यों है?

ईश्वर कैसा है?

ऐसे अध्येता के लिए जो दर्शनशास्त्र और ईश्वर का अन्वेषण करना चाहता है, उसके पास इन प्रश्नों का उत्तर, जिज्ञासाओं का सम्पूर्ण समाधान होना चाहिए। ऐसे ढंग से जो पर्याप्त आश्वस्तिकारक हो।

प्रत्येक मनुष्य तर्क करना जानता है। गहन चिन्तन-मनन हेतु मनुष्य तर्कशक्ति से सम्पन्न होता है। तर्कशक्ति उचित परिप्रेक्ष्य के साथ उसे

सत्य तक पहुँचाती है। कुल मिलाकर तर्क और तर्क-सामर्थ्य से बचकर मनुष्य को जानवर के स्तर तक नीचे नहीं गिराना चाहिए। अंध-आस्था और छद्म-विश्वास से उसे बचना चाहिए। अपने तर्क और विवेक का दुरुपयोग करके मनुष्य ने अपने लिए अनेक कठिनाइयाँ पैदा कर ली हैं। अपनी विकट समस्याओं से बचने के लिए उसने अनेकानेक परमात्माओं की सर्जना की है।

शासक और शासित आखिर क्या हैं?

लोग अमीर और गरीब क्यों हैं?

ऊँची और नीची जातियाँ क्यों बनी हैं?

मजदूर मेहनतकश, उनके मालिक आलसी क्यों हैं?

दुनिया गुलामों और बादशाहों में क्यों बँटी है?

भिखारी और अन्नदाता का विभाजन किसलिए?

आप इन सभी प्रश्नों पर विचार कीजिए। ईश्वर किसके लिए है? क्या आप नहीं सोचते कि ईश्वर की रचना इन सबकी सुरक्षा, इस असमानता को बनाए रखने के लिए हुई है? इसके अतिरिक्त ईश्वर ने मनुष्य के लिए किया ही क्या है? क्या ईश्वर ने मनुष्यता के कल्याण के लिए अभी तक कोई अच्छा कार्य किया है? क्या हमें ऐसे ईश्वर की आवश्यकता है, जो केवल उन्हीं का भला चाहता हो, जो बुराइयों को संरक्षण देते हैं?

समाज में प्रेम, सुख, सन्तुष्टि और शान्ति के अभाव के लिए कौन जिम्मेदार है? अगर तर्क और विवेक-बुद्धि से सम्पन्न व्यक्ति घृणा का पात्र बनते हैं, मृत्यु तक उन्हें चिन्ताएँ घेरे रहती हैं; तो कौन उनके लिए जिम्मेदार है? कहीं इसका कारण ईश्वर में घोर आस्था तो नहीं है?

यदि हम इसे मूर्खता कहकर टाल देते हैं; मानवीय अज्ञानता को इसका मूल कारण मान लेते हैं, तो प्रकृति ने मनुष्य को बुद्धि की सौगात क्यों दी है? क्या यह कहा जाए कि मनुष्य को उसकी बुद्धि मूर्खतापूर्ण कार्यों के लिए दी गई है? क्या यह कहा जा सकता है कि मानवीय विवेक का काम मूर्खतापूर्ण विश्वासों के साथ जीना और मूर्खतापूर्ण कृत्यों पर अमल करना है?

मनुष्य को विवेकशील प्राणी माना गया है, बावजूद इसके सभी दुर्गुण उसके भीतर हैं। उसका चेहरा चिन्ताओं से ढका रहता है, उसमें समस्त दोष और दुर्बलताएँ हैं। उसके भीतर दूसरों के प्रति घृणा भरी रहती है। गद्दारी केवल मनुष्यों का लक्षण है, बाकी प्राणियों में वह नहीं पाई जाती, जिन्हें आमतौर पर बुद्धि-विवेक से रहित माना जाता है।

विवेकवान मनुष्य में आखिर वे दुर्गुण क्यों दिखाई पड़ते हैं, जो जंगली जानवरों तक में नहीं पाए जाते? क्या इसके पीछे ईश्वर की रचना और विश्वास है? क्या ऐसा इसलिए कि परमेश्वर की महान विशेषताओं सम्बन्धी उसकी कल्पना अनुचित और पाखंड है। यदि हम यह समझने और पता लगाने में असमर्थ रहते हैं कि इस दुरावस्था के वास्तविक कारण क्या हैं, यदि हम उसके समाधान के लिए उपयुक्त सुझाव नहीं दे पाते; फिर हमारे विवेक की उपयोगिता ही क्या है?

इस भगवान के लिए क्या करें? क्या मनुष्य ने ईश्वर की खोज किसी प्राकृतिक विधि-विधान से की है? क्या दूसरे प्राणियों ने मनुष्य को ईश्वर को पहचानना तथा उसमें विश्वास करना सिखाया? यदि ईश्वर का निर्माण दूसरे प्राणियों ने नहीं किया था, तो यह कैसे सम्भव हुआ कि वह केवल मनुष्य को दिखेगा; महसूस होगा। वह दूसरों को क्यों दिखाई नहीं देता? यहाँ तक कि वे लोग, जो ईश्वर को पहचानने का दावा करते हैं; उन्हें वह अलग-अलग रूपाकारों में क्यों दिखाई पड़ता है? ईश्वर के कार्य, उसकी शक्तियाँ और व्यवहारों में इतने ज्यादा विरोधाभास क्यों हैं?

यदि ईश्वर एक निर्मिति था, तो उस निर्मिति का उद्देश्य क्या था? उसे बनाने के कारण क्या थे? क्या ईश्वर के निर्माता अपने प्रयासों में सफल हुए थे? क्या ईश्वर ने इस समस्या का समाधान दिया और अपने सृजन के उद्देश्य पर खरा उतरा था? क्या ईश्वर अपनी निर्मिति आप था? अथवा दूसरों के द्वारा उसे गढ़ा गया था? यह कैसे सम्भव होता है कि लोग उसकी इच्छाओं एवं निर्देशों से विरुद्ध जाने में सफल हो जाते हैं?

ईश्वर को सर्वशक्तिमान बताया जाता है। दावा किया जाता है कि वह सर्वव्यापी और सर्वज्ञ है; और दुनिया में कुछ भी और सब कुछ

नियंत्रित करने में सक्षम है। यदि यह सब सत्य है, तो मुझे ऐसा कुछ भी बताइए जो ईश्वर ने अब तक किया है? यह मनुष्य ही है, जिसने ईश्वर के नाम पर सब कुछ किया है। इतना ही नहीं, मनुष्य ईश्वर का अनादर और उपेक्षा करने में सक्षम है। बावजूद इसके उसने कई काम किए हैं। जो चीजें मनुष्य के हितों के लिए हानिकारक हैं, वे घटित हो रही हैं। जो चीजें समाज के लिए उपयोगी और सहायक नहीं हैं, वे भी सामने आ रही हैं। हम यह देखने में सक्षम नहीं कि प्रत्येक वस्तु को उसकी सम्पूर्णता और समग्रता में बनाया गया है। वह एक व्यक्ति से लेकर सम्पूर्ण समाज को सन्तुष्ट कर सकती है।

ऐसा कुछ भी नहीं है, जो मानवीय प्रयासों के बिना सम्भव हुआ हो। जीवन में ऐसा भी कुछ नहीं है, जिससे हम ईश्वर पर गर्व कर सकें। सब कुछ मनुष्य के कठिन परिश्रम की देन है; वही सराहनीय वस्तुओं का निर्माण करने में सक्षम है। अगर दुनिया सुरक्षित है और मानवता की गूँज चारों ओर है, तो उसका श्रेय भी मनुष्य के प्रयासों को जाता है। सब कुछ केवल मनुष्य के प्रयासों द्वारा संरक्षित और सुरक्षित है। बल्कि हम तो यहाँ तक कह सकते हैं कि स्वयं देवतागण भी मनुष्य के प्रयासों के कारण सुरक्षित हैं।

धर्म

अब हमें धर्म पर विचार करना चाहिए। इन दिनों लोगों की राय है कि सभी धर्मों की रचना मनुष्यों द्वारा की गई है। समाज में आपको अच्छे मनुष्य मिलेंगे, तो बुरे आदमी भी साथ-साथ मिल जाएँगे। इसी तरह तुम समाज को दो श्रेणियों में बाँट सकते हो। पहले वे, जो समाज की सेवा करते हैं; और दूसरे वे, जो स्वार्थी हैं। समाज को दैवी शक्तियों और दैवी-शक्ति विहीन लोगों की श्रेणी में बाँट पाना सम्भव नहीं है। उस तरह का विभाजन इसलिए सम्भव नहीं है, क्योंकि लोगों को ज्ञान, अनुभव आदि के आधार पर वर्गीकृत करने का कोई ठोस आधार नहीं है। अतएव आप कोई भी धर्म चुनें, मगर यह दावा नहीं करते कि वह धर्म दैवीय शक्ति के

कारण अस्तित्व में आया है। आप केवल इस निष्कर्ष पर पहुँच सकते हैं कि धर्म कुछ पढ़े-लिखे लोगों द्वारा गढ़ा गया था। उनके सरोकार बेहतर समाज की रचना से जुड़े थे। धर्म के रचनाकार को लेकर यही वह सत्य है, जिसे दर्शनशास्त्र का अध्येता प्राप्त कर सकता है। दार्शनिक अनुसंधान का वास्तविक अभिप्राय क्या है?

एक विद्वान जिन्होंने तमिल ग्रंथ 'कुरल'(पूरा नाम 'तिरुक्कुरल') लिखा है। यह तमिल साहित्य की महानतम रचनाओं में से है। उसके रचनाकार तिरुवल्लुवर हैं, जिन्हें जैन रचनाकार माना जाता है। ग्रंथ का रचनाकाल 300 ईसवी पूर्व से 600 ईसवी तक फैला हुआ है।

नीतिशास्त्र विषयक इस ग्रंथ के 1330 मुक्तक, जो जीवन के सभी पक्षों का संस्पर्श करते हैं; की टीका-पुस्तक की प्रस्तावना में लिखा है कि 'मिथ्या' मिथ्या हो चुका है। जबकि असत्य से रहित सत्य आज भी सच्चाइयों के रूप में शेष है। आशय है कि कोई भी चीज जो मिथ्या है, वह एक न एक दिन अवश्य ही गायब हो जानी है। जबकि सत्य की पहचान सत्य के रूप में ही रहेगी। अन्यथा यह वैज्ञानिक शोध एवं अनुसंधान के लिए अपमानजनक होगा।

शोध का एकमात्र उद्‌देश्य है, सत्य तक पहुँचना। यदि आप इससे भटक जाते हैं और दार्शनिक अनुसंधान के नाम पर असत्य को सत्य घोषित करने का प्रयास करते हैं, तो आपका शोध केवल और केवल झूठ की छवि ही प्रस्तुत कर पाएगा। यदि दर्शनशास्त्र का कोई भी शोध किसी झूठ को स्थापित करता है, तो वह मनुष्य की तर्कशक्ति और विवेक-बुद्धि; यानी सीधे मनुष्यत्व की अवमानना होगी।

जब भी आप धर्म पर विचार करते हैं और यह जानना चाहते हैं कि मनुष्य के लिए धर्म की सर्जना के उद्‌देश्य क्या हैं? तो धार्मिक प्रवृत्ति के लोगों का उत्तर होता है कि धर्म की आवश्यकता मनुष्य को ईश्वर से जोड़ने तथा अन्ततः उसे देवलोक तक पहुँचाने के लिए पड़ती है।

उनके अनुसार धर्म की रचना दिव्य मनुष्यों द्वारा की गई थी। यही बात इस सम्मेलन के अध्यक्ष ने अपने वक्तव्य में भी कही थी। क्या यह

धारणा दार्शनिक शोध और वैज्ञानिक अनुसंधान की दृष्टि से स्वीकार्य है? यदि यह मान लिया जाए कि धर्म की रचना दिव्य शक्तियों ने मनुष्य और धर्म (ईश्वर) के बीच सम्बन्ध बनाने के लिए की थी, तो यह केवल और केवल ईश्वर की दुर्बलता को दर्शाता है। यह उस ईश्वर की दुर्बलता है, जिसे सर्वशक्तिमान माना गया है। मनुष्य को ईश्वर से सम्पर्क साधने के लिए किसी दूसरे मनुष्य अथवा दिव्य मनुष्य की आवश्यकता पड़ती है। ऐसे सम्बन्ध का आखिर मतलब ही क्या है?

यदि यह सत्य है कि ईश्वर सर्वत्र है और वह अतिमानवीय शक्तियों से सम्पन्न है; और यदि यह सत्य है कि केवल वही संसार की समस्त गतिविधियों का संचालक, नियंत्रक और कर्ताधर्ता है, तो उसके तथा मनुष्य के बीच सम्बन्ध स्थापित करने के लिए किसी मध्यस्थ का औचित्य ही क्या है? वह क्यों होना चाहिए? ऐसे रिश्ते की जरूरत भी क्या है? इसके अलावा मैं यह भी जानना चाहूँगा कि वह कौन है, जो पेड़-पौधों, कीड़े-मकोड़ों, पक्षियों और जीवाणुओं के अस्तित्व को ईश्वर के साथ जोड़ता है? साथ ही किसी को, जिसके पीछे किसी प्रकार का तर्क भी नहीं है; उन सभी जीवधारियों और ईश्वर से सम्बद्ध करने की आवश्यकता ही क्यों पड़ती है? जबकि, उन्हें किसी प्रकार के ईश्वर की आवश्यकता ही नहीं है।

वे (मनुष्येतर प्राणी) ईश्वर के बारे में सर्वथा अनभिज्ञ हैं। उन्हें न तो किसी मध्यस्थ की जरूरत है; न ही धर्म की। जबकि मनुष्य, जो विवेकवान और तर्कशक्ति से सम्पन्न है; को दिव्यात्माओं और धर्म की, ईश्वर से सम्बन्ध स्थापित करने हेतु आवश्यकता अनिवार्य रूप से पड़ती है। अपने ईश्वरीय सम्बन्धों के लिए मनुष्य को उन पर निर्भर रहना ही पड़ता है। आप इस बारे में क्या सोचते हैं? क्या ऐसा करना तर्कशक्ति सम्पन्न प्रतिभाओं और दर्शनशास्त्र के गम्भीर शोधकर्ता को स्वीकार्य होना चाहिए?

जैसा कि मैंने पहले भी कहा है, आप समाज को अच्छे लोगों, विद्वान लोगों और जनसाधारण में बाँट सकते हैं। लेकिन, कुछ लोगों को दैवीय मान लेना; यह कहना कि केवल वही ईश्वर की रचना हैं; अन्यायपूर्ण और अविश्वसनीय होगा। यदि यह कहा जाए कि केवल दिव्य मनुष्यों

की रचना ईश्वर ने की है, तो मैं पूछना चाहूँगा कि बाकी लोगों की रचना किसने की है। यदि ईश्वर सम्पूर्ण मनुष्यता का रचयिता है; वह करोड़ों लोगों को साधारण इंसान के रूप में तथा मुट्ठीभर को दैवी मनुष्य के रूप में, ताकि उनसे सम्बन्ध बनाए रख सके; क्यों रचेगा? क्या उसके लिए ऐसा करना आवश्यक है? मनुष्यता की रचना के लिए वह बार-बार इतना कठिन परिश्रम क्यों करेगा? क्या वह एक सरल और एक समान तरीके से इस काम को अंजाम नहीं दे सकता?

कहा जा सकता है कि इसी में ईश्वर की खुशी और उसका आनन्द है। कुछ लोग इसे आँख मूँदकर स्वीकार भी कर सकते हैं। लेकिन, आज हम यहाँ दर्शन पर चर्चा करने के लिए जमा हुए हैं। हम किसी भी शक्ति या वस्तु को शोध और सन्देह से मुक्त नहीं कर सकते। हमें प्रत्येक विषय की गहनतम पड़ताल करनी चाहिए। इसके अतिरिक्त हम यहाँ दर्शन पर चर्चा कर रहे हैं, इसलिए हमें न केवल प्रत्येक वस्तु, अपितु हर विषय-वस्तु पर सवाल खड़े करने का अधिकार है। हमारा कर्तव्य है कि हम ईश्वर, धर्म तथा उनसे जुड़े प्रत्येक दर्शन की जाँच-पड़ताल करें। धर्म और ईश्वर दार्शनिक विवेचनाओं का विषय रहे हैं।

हम उन्हें बिना सवाल उठाए नहीं छोड़ सकते। बाकी विषयों के बारे में हमें अधिक पूछताछ करने की आवश्यकता नहीं है। उनमें से अधिकांश अपने आप में स्पष्ट हैं। हमें सोना, चाँदी, ताँबा तथा अन्य धातुओं पर शोध के लिए ज्यादा परेशान होने की आवश्यकता नहीं है। क्योंकि, हम धातुओं को बिना स्पर्श या परीक्षण के प्रयोग में नहीं लाते।

चूँकि, आज हमने ईश्वर और धर्म के दर्शन को विमर्श के लिए चुना है; ये अनुसंधान की दृष्टि से कठिन विषय हैं। इसलिए हमें इन पर बहुत अधिक सोच-विचार और तर्क-सामर्थ्य की जरूरत है। हमें उनसे जुड़े सत्य की खोज करनी होगी। इस मामले में यदि मनुष्य के सोचने-समझने और तर्क करने के गुण को वर्जित मान लिया गया, तो हम ईश्वर और धर्म की वास्तविकता को कभी महसूस नहीं कर पाएँगे। इसका परिणाम मिथ्या धर्मों के लिए अनंत जीवन बलिदान करने जैसा होगा। ईश्वर और

धर्म हमेशा मनुष्य की अंध-आस्था के उपकरण-मात्र बने रहेंगे। इसीलिए मैं आपसे इन विषयों पर विचार करने की अपील करता हूँ। आप सोचें कि ईश्वर का साक्षात करने के लिए किसी मध्यस्थ की क्या सचमुच आवश्यकता है।

पुनश्च:, यदि यह सत्य है कि ईश्वर का साक्षात्कार तथा उसकी प्राप्ति केवल धर्म के माध्यम से सम्भव है, तो उसके लिए इतने सारे धर्म क्यों होने चाहिए? क्या धार्मिक और दिव्यात्मा मनुष्यों की कोई सीमा नहीं होनी चाहिए? मनुष्यों और तथाकथित दिव्यात्माओं द्वारा निर्मित धर्मों के बीच इतने विवाद, अनियमितताएँ और विरोधाभास क्यों हैं? धार्मिक युद्धों का औचित्य क्या है? धर्म के नाम पर इतने नरसंहार क्यों होते हैं? धर्म के नाम पर मनुष्यता को इतने सारे कष्ट और पीड़ाएँ क्यों झेलनी पड़ती हैं? यह कहा जा सकता है कि ये किसी दैवी शक्ति की देन न होकर मनुष्य की अज्ञानता के कारण उत्पन्न हुई हैं। लेकिन, यह तर्क दमदार नहीं है।

यदि कोई बुद्धिमान और तर्कशक्ति से सम्पन्न इसका रहस्य समझने में असमर्थ है, तो बाकी मनुष्य इसे समझ ही नहीं पाएँगे। यदि कोई विवेकशील, भला मनुष्य दंगों और झगड़ों में दुर्भावनाओं और घृणा का शिकार हो सकता है, तो किसी भले इंसान के लिए कैसे सम्भव है कि वह ऐसे ईश्वर की मदद माँगने जाए, जिसका वह साक्षात नहीं कर सकता। यही नहीं, कहा जाता है कि ईश्वर साधारण मनुष्य की दृष्टि और समझ से परे है। तब मनुष्य के लिए उसे पहचान पाना कैसे सम्भव है? कृपया इन सब बातों पर विचार कीजिए। विभिन्न धर्मों के रचयिताओं को हम दिव्यात्मा कैसे मान सकते हैं, जब समाज में इतने सारे झगड़े, असमानताएँ, मारपीट, दंगे और तोड़-फोड़ उनके द्वारा रचित धर्म के नाम पर होते हैं। आपको इन सब प्रश्नों पर गम्भीरता से सोचना होगा।

संसार में बढ़ते भेदभाव, मनमुटाव तथा एकता के अभाव के लिए क्या धर्म जिम्मेदार नहीं है? क्या धर्म को समाज में नफरत फैलाने के लिए जिम्मेदार नहीं कहा जाना चाहिए? क्या धर्म मनुष्य द्वारा मनुष्य के शोषण, उत्पीड़न तथा अभावों के लिए जिम्मेदार नहीं है?

हम यह कैसे मान सकते हैं कि सभी धर्म दिव्य शक्तियों से युक्त महापुरुषों द्वारा बनाए गए हैं। हमें इन सब मुद्दों पर गहन चिन्तन करना होगा। इसलिए कि धर्म-प्रवर्तकों को दिव्यात्मा होने का श्रेय दिया जाता है। उनमें से अनेक आगे चलकर दिव्य महापुरुष के रूप में पूजनीय माने गए हैं। ऐसे पूजनीय दिव्यात्मा, धर्म-प्रवर्तकों की संख्या दिनों-दिन बढ़ती जा रही है। किसी को इस पर सोच-विचार करने की परवाह ही नहीं है। बुद्ध, ईसा, मोहम्मद, नयानारों, अलवारों, स्वामीजियों, महात्माओं और अनगिनत लोग समय-समय पर स्वयं को दिव्य पुरुष घोषित करते आए हैं; उनके बारे में अनगिनत वाद-विवाद, लड़ाई-झगड़े, मत-मतांतर तथा विरोधाभासी किस्से हैं।

बुद्धिवाद के प्रचार-प्रसार के फलस्वरूप समाज में जागृति आती है। आज, समाज का बड़ा हिस्सा अपने सोचने-समझने की क्षमताओं का निष्पक्ष तरीके से प्रयोग करने में सक्षम है। यही कारण है कि आज तथाकथित दिव्यात्माओं की संख्या घटने लगी है। शताब्दियों पहले अलवारों, नयनारों और दासारों का जन्म तक नहीं हुआ था। जनसाधारण की मुक्ति के लिए इन दिव्य जनों ने क्या योग्यता हासिल की है? उनमें से कितनों ने ईश्वर का पता लगाया, उसके बारे में जाँच-पड़ताल की और अपनी प्रार्थनाओं के बल पर उस तक पहुँचने में सक्षम हुए?

आज जो स्थिति है, उसमें लोग सभी अध्येताओं को दिव्यात्मा स्वीकारने के लिए तैयार नहीं हैं। यहाँ-वहाँ इक्का-दुक्का मनुष्यों को ही दिव्य-विभूति के रूप में घोषित करने की कोशिश करते हुए पाते हैं। यही नहीं, इस तरह की दिव्यात्माएँ, देशी जमीन में विदेशी पौधे की भाँति बहुत जल्दी मुरझाने लगती हैं। जैसे-जैसे तुम ईश्वर और धर्म के बारे में सत्य के करीब जाओगे, उसे महसूस करने लगोगे; ये छलावे की तरह तुमसे दूर भाग जाएँगे।

ईश्वर और धर्म के बारे में मेरी विचारधारा कदाचित आपको चौंका सकती है। मेरे कुछ विचार आपके विचारों से भिन्न हो सकते हैं।

धर्म और ईश्वर को लेकर इतने सारे संभ्रम और भ्रान्तियाँ भला क्यों होनी चाहिए कि वे हमें मनुष्यता के लिए महत्त्वपूर्ण और अपरिहार्य होने के

लिए बाध्य करने लगें। अनेक लोग ऐसे हैं, जिन्होंने इन संभ्रमों को सत्य और मानव-मात्र के लिए परमावश्यक माना है। सच तो यह है कि उनमें से अनेक लोग इन भ्रान्तियों और संभ्रमों में इसलिए उलझे हुए हैं; क्योंकि इन्हें उन्होंने मानव जीवन में धर्म और ईश्वर की महत्ता और गहन प्रभावशीलता के परिणामस्वरूप ग्रहण किया है। आज भी, आखिर क्यों इन दिव्यात्माओं द्वारा ईश्वर और धर्म को लोगों के दिलो-दिमाग में बैठाने के लिए सुनियोजित प्रचार-प्रसार किया जा रहा है? इसकी एकाएक जरूरत कैसे पैदा हो जाती है? उसका प्राप्तव्य क्या है? कौन उसका लाभ उठा रहा है?

सबसे बड़ी और महत्त्वपूर्ण बात, क्या हम यह सोचते हैं कि यीशु और मोहम्मद, जो पूरी तरह निःस्वार्थ थे; जिन्होंने मनुष्यता के लिए बड़े-बड़े त्याग किए थे; वे भी ईश्वर और धर्म में अन्तर्निहित वास्तविक दर्शन को, जैसे उनके बारे में आज उपदेशों में बताया जाता है; उसी तरह से समझ ही नहीं पाए थे?

दोस्तो! मनुष्य ईश्वर को प्रत्यक्ष और स्वतंत्र रूप से देखने या महसूस करने में अक्षम है। भले ही ईश्वर को दुनिया में सर्वशक्तिमान, सर्वव्यापी और सर्वनियंता कहा जाता हो। इसके लिए वह आज भी दूसरों पर निर्भर हैं; जिन्हें दिव्यात्माएँ कहा जाता है। ईश्वर को ईश्वर दूसरों ने घोषित किया है। इसी तरह धर्म स्वयं अपनी मर्जी से नहीं उपजे हैं, उन्हें मनुष्यों द्वारा गढ़ा गया है। मनुष्य को धर्म तथा उसके नियमों के अनुसार आचरण करने के लिए विवश किया जाता है।

इसका तर्कसम्मत समाधान क्या है?

धर्म और ईश्वर समाज को भरमा रहे हैं। उन्हें मनुष्यता पर किसी और के द्वारा थोपा गया है। वे अपने अस्तित्व को स्वयं-प्रमाणित करने में असमर्थ हैं। इस काम के लिए भी उन्हें दूसरों की आवश्यकता है। उन्हें आज भी मजबूत प्रचारतंत्र की आवश्यकता है। इस तथ्य को हम भली-भाँति समझ चुके हैं।

जो भी हो, हम तथाकथित सभी दिव्यात्माओं की पूरी तरह निन्दा नहीं कर सकते। न ही हम उनके सभी कार्यों पर सन्देह कर सकते हैं। जीसस

और मोहम्मद इसी श्रेणी में आते हैं। इस बात से इनकार नहीं किया जा सकता कि उनके द्वारा कहा गया प्रत्येक शब्द, हर विचार बुद्धिमत्तापूर्ण नहीं है। परन्तु, हम दावा भी नहीं कर सकते कि वे सभी स्वार्थी थे।

चूँकि, ईश्वर और धर्म विशेषरूप से बुद्धिमान और तार्किक मनुष्यों के लिए रचे गए हैं। इसलिए, बाकी प्राणियों के लिए न तो कोई धर्म रचा गया है; न ही ईश्वर। इससे हम इस विश्वास तक पहुँचते हैं कि उन्हें केवल मनुष्यता के कल्याण हेतु गढ़ा गया है।

ऐसी आवश्यकता केवल इस तथ्य के कारण उत्पन्न होती है कि समस्त जीवधारियों में केवल मनुष्य ही है, जो साथ-साथ रहने के लिए समाज का गठन करता है।

आमतौर पर सभी मनुष्येतर प्राणी अपनी देखभाल स्वयं करते हैं। वे अपनी इच्छाओं को पूरा करने के लिए उत्सुक रहते हैं। वे दूसरे के सुख-साधनों की चिन्ता नहीं करते। यह उनकी स्वाभाविक वृत्ति है।

अन्य जीवधारियों की तुलना में मनुष्य अपेक्षाकृत ज्यादा बुद्धिमान है। यदि वह असीमित स्वार्थ की तरफ बढ़ा, तो उससे दूसरों के हित खतरे में पड़ सकते हैं। परिणामस्वरूप समाज को खतरा उत्पन्न हो सकता है। यही अवधारणा ईश्वर और धर्म की रचना को औचित्यपूर्ण ठहराती है। लेकिन, ऐसे मनुष्य के लिए, जो समाज से पूरी तरह अलग-थलग, निरपेक्ष है; उसे ईश्वर या धर्म की कोई आवश्यकता नहीं है। परन्तु, ऐसे व्यक्ति पर, जो दूसरों के साथ रहता है और बड़े समाज का हिस्सा है; उस पर कुछ प्रतिबन्ध जीवन के विभिन्न क्षेत्रों में लगाए गए हैं। इससे उसका जीवन अप्राकृतिक रास्ते पर बढ़ने लगता है। समाज की आवश्यकता उसके अस्तित्व की शर्त भी यही है। अन्यथा आप समाज में मनुष्यों को जानवरों जैसा व्यवहार करते हुए पाएँगे। व्यक्ति में प्रकृति-विरुद्ध जीवन जीने का सामर्थ्य पैदा करने के लिए ही हमारे विद्वान पूर्वजों को ईश्वर और धर्म की रचना कर उसके उपदेश के लिए प्रेरित किया था।

इसे पूरी तरह समझने के लिए कृपया विचार कीजिए कि राज्य, सरकार, कानून और दंड जैसी संस्थाएँ किसलिए बनीं? यदि राज्य की

कृपा, न्याय, कानून और दंड नहीं होगा तो शान्ति नहीं होगी। पर्याप्त सुरक्षा का अभाव रहेगा। किसी प्रकार की व्यवस्था नहीं होगी। राज्य, कानून एवं दंड के रूप में व्यवस्था के कारण ही हम जीवन को चलाने में सक्षम हैं। ये व्यवस्थाएँ लोगों के एक साथ रहने, शान्तिपूर्ण ढंग से जीवनयापन करने के लिए निस्सन्देह उपयोगी हैं। बावजूद इसके हम यह नहीं कह सकते कि इतना पर्याप्त है।

हमें कुछ और नहीं चाहिए। समाज को पूरी तरह से शान्तिमय बनाने के लिए अब भी बहुत कुछ करने की आवश्यकता है। कोई मनुष्य अपने सहवासी मनुष्यों को किसी प्रकार का नुकसान न पहुँचाए, इसके लिए अभी और प्रयास करने होंगे। केवल कानून की मदद, उसके प्रवर्तन द्वारा जीवन के सभी लक्ष्यों को प्राप्त नहीं किया जा सकता। जरूरत के समय दूसरों की मदद हासिल करने के लिए समाज में आपसी प्रेम और भाईचारा आवश्यक है। इसके लिए आवश्यकता है—सभी लोगों के बीच अनुशासन की, प्रेम की, सहानुभूति की, ईमानदारी की और एक-दूसरे के प्रति आभार प्रदर्शन की। समाज में रहते हुए मनुष्य को अच्छी चीजों को ग्रहण करना चाहिए, जो खराब है, उसका विरोध करना चाहिए। किसी को भी दूसरे की वस्तुओं की चाहत या लालच में नहीं पड़ना चाहिए।

ये और इस तरह की दूसरी चीजों को केवल कानून के बल पर प्राप्त नहीं किया जा सकता। संक्षेप में यदि मनुष्य को अपनी प्राकृतिक स्वतंत्रता के साथ जीने की अनुमति दी जाए, तो उसे अनुशासित नहीं किया जा सकता। उसे दूसरों को हानि पहुँचाने से रोकना असम्भव होगा। इसलिए कायदे-कानून और सामाजिक मर्यादाएँ अपरिहार्य मानी जाती हैं। सामाजिक मर्यादाओं को केवल कानून के सहारे मनुष्यता पर नहीं थोपा जा सकता।

ईश्वर को इसलिए रचा गया है, ताकि सामाजिक कायदे-कानूनों को लोगों पर बलपूर्वक लागू किया जा सके। इस तरह ईश्वर और धर्म की अभिरचना का उद्देश्य लोगों को विशिष्ट तरीके से सोचने और कार्य करने के लिए प्रवृत्त करना है। क्या ऐसी रचनाओं का कोई और भी उद्देश्य है? ईश्वर और धर्म लोगों को यह बताने के लिए भी थोपे गए हैं, कि स्वर्ग

जाने का अधिकार और अवसर केवल उनके निर्देशों के अनुपालन से ही सम्भव है। ईश्वर के नाम पर इस तरह के दुष्प्रचार में फँसकर भोले-भाले जन उसके आशीर्वाद हेतु निरन्तर प्रार्थनारत रहते हैं। मनुष्य का लालच और उसका डर, ये दो बातें हैं, जिनका उपयोग शासकीय कानूनों एवं दंड विधान से अधिक शक्तिशाली हथियार के रूप में किया जाता है। इस रूप में ईश्वर और धर्म समाज के सहायक की भूमिका निभाते हैं।

यहाँ एक और महत्त्वपूर्ण मुद्दे पर मैं चर्चा करना चाहता हूँ। उन्नत वैज्ञानिक प्रबोधन और प्रौद्योगिकीय विकास के इस युग में, बढ़ते धार्मिक प्रचार-प्रसार को देखकर, आप पूछ सकते हैं कि ऐसा क्यों है? संक्षेप में अधिक धार्मिक प्रचार-प्रसार की आवश्यकता को तेजी से महसूस किया जाने लगा है। इसके कई कारण हैं। व्यक्तिगत सम्पत्ति रखने का अप्राकृतिक अधिकार बढ़ता ही जा रहा है। पूरा समाज साम्प्रदायिकता के चंगुल में है।

ऊँच-नीच और भेदभाव बढ़ने के चिह्न बढ़ते ही जा रहे हैं। दूसरी ओर शोषण और वर्चस्ववाद के विरोध का भी प्राबल्य है। न्याय और समानता की माँग उत्तरोत्तर बढ़ रही है। केवल कानून के भरोसे इनमें कटौती सम्भव नहीं है। एक गम्भीर स्थिति तेजी से विकसित हो रही है। भले ही सारे कानून उच्च जातियों के मुखियाओं द्वारा बनाए गए हों, आसन्न खतरे को देखते हुए वर्तमान कानूनी प्रावधानों के साथ कोई शासक वर्ग आराम नहीं कर सकता।

जो लोग कानून की अवहेलना करते हैं, उनसे कानून की मदद से सख्ती के साथ निपटा जा सकता है। लेकिन, यदि गरीब और निम्नतर श्रेणी के लोगों का विद्रोह बढ़ता है, तो कोई शासक उनके आगे टिक नहीं पाएगा। भारी उथल-पुथल और अव्यवस्था में कानून काम नहीं कर सकते। उस समय किसी को सजा का भय नहीं रहता। यदि ऐसी अप्राकृतिक स्थितियाँ बनती हैं, तो उसके लिए पर्याप्त सुरक्षा प्रबन्ध भी आवश्यक होंगे। ऐसी स्थिति से निपटने के लिए ही ईश्वर और धर्म को आवश्यक माना गया है। मगर, जहाँ ईश्वर नहीं है, वहाँ अमीर और गरीब नहीं हो सकते। इसी तरह यदि कहीं धर्म नहीं है, तो वहाँ जाति आधारित ऊँच-नीच और भेदभावों के लिए भी कोई जगह न होगी।

इससे हम इस निष्कर्ष पर पहुँचे हैं कि अमीर लोगों, शोषकों, उच्च जाति के लोगों, तथाकथित महापुरुषों के निहित स्वार्थों और हितों की रक्षा के लिए ही ईश्वर और धर्म की रचना की गई है। शासक वर्ग उसके कानून तथा अन्य दंडविधान, ईश्वर और धर्म के कारण ही सुरक्षित होते आए हैं। क्या इसकी वजह यह है कि समाज को ईश्वर और धर्म के नाम पर ज्यादा बेहतर तरीके से नियंत्रित किया जा सकता था? जिसे कानून के द्वारा निषिद्ध नहीं किया जा सकता, उसे धर्म के सहारे आसानी से निषिद्ध ठहराया जा सकता है।

और भी मुखर होते हुए मैं कहना चाहूँगा कि ईश्वर और धर्म, उन समस्याओं का समाधान करने के लिए आवश्यक हैं, जो प्रकृति के विरुद्ध हैं। दैवी शक्तियाँ चाहती हैं कि मनुष्य अप्राकृतिक परिवेश और परिस्थितियों में रहे। यही कारण है कि वे अधिकाधिक ईश्वरों और धर्मों की रचना के प्रति सतत आग्रहशील रहती हैं।

यदि हम शासक-वर्ग, जाति और विषमताओं को मिटाने में सफल हो जाएँ, तो ये सभी ईश्वर और धर्म गुमनामी में जाकर नगण्य बन जाएँगे; दर्शनशास्त्र में ईश्वर और धर्म—बस इतना ही महत्त्व है; यही हमारे अभी तक के विमर्श का निचोड़ है।

मनुष्य की प्रकृति

आइए, अब हम देखते हैं कि ईश्वर और धर्म की रचना का उद्देश्य क्या था? वे किसके लाभ के लिए बनाए गए थे। कथित दिव्यात्माओं का उनकी रचना के पीछे मूल उद्देश्य क्या था? यह सब इसलिए हुआ कि समस्त प्राणियों में केवल मनुष्य ही विवेक-बुद्धि से सम्पन्न था।

यही नहीं, जनसाधारण के लिए तो ईश्वर और धर्म का दर्शन ही अस्पष्ट और अलभ्य है। इसके अतिरिक्त उन देव-पुरुषों की एक और रचना भी है; जिसे आप न तो छू सकते हैं, न महसूस कर सकते हैं। वे उसे आत्मा कहते हैं। अब हम उसकी दार्शनिक अवधारणा पर विचार करेंगे।

मनुष्य क्या है और आत्मा क्या है? इस दुनिया में पाए जाने वाले अनेक प्राणियों में मनुष्य भी एक है। दुनिया में पाई जाने वाली बहुत-सी वस्तुओं में से कुछ चेतन हैं, कुछ अचेतन। दूसरे शब्दों में वे क्रमशः जीवित प्राणी और निर्जीव प्राणी कहे जाते हैं। ये सब विभिन्न चीजों के सम्मिलन का परिणाम हैं। उन्हें उनकी विशिष्ट आकृति और रूपरेखा के अनुसार नाम दिए गए हैं। यदि आप उनमें से किसी एक अंश को अलग करते हो, तो वह वस्तु वह नहीं रहती, जो वह है। इसलिए वह अपना नाम खो देती है। उससे अलग हुआ हिस्सा भिन्न नाम से पुकारा जाता है। अन्ततः उसकी मूल संरचना और आकृति नष्ट हो जाती है। मनुष्य को भी उन्हीं में से एक माना जाता है।

अब मनुष्य पर आते हैं। उसकी देहयष्टि किसी आदमी से ही मिलती-जुलती है। आप उसकी देह के किसी अंग का स्पर्श करते हैं। प्रत्येक अंग का अलग और विशिष्ट नाम है; जैसे—सिर, हाथ, टाँग, छाती वगैरह। लेकिन मान लीजिए, आपसे अपने सिर को छूने के लिए कहा जाता है; तब आप अपने बाल या चेहरे या गर्दन को भी स्पर्श कर सकते हैं।

यही बात दूसरी वस्तुओं जैसे कि नली, लैंप, पानी, कुर्सी, जूते, झाड़ू, बर्तन, गाड़ी, जहाज आदि पर भी लागू होती है। इससे हमें पता चलता है कि कोई भी वस्तु या सामान दूसरी कई वस्तुओं का समुच्च्य मात्र है। इसका आशय है कि विभिन्न वस्तुओं का उन सबके अलग-अलग गुणों के साथ समायोजन। परस्पर सम्मिलित विभिन्न वस्तुएँ अलग रूपाकार में ढलती हैं और इस प्रकार वे नया नाम ग्रहण कर लेती हैं।

बढ़ई लकड़ी की अनेक वस्तुएँ बनाता है। अपने कार्य हेतु जरूरत पड़ने पर वह लोहे की भी मदद लेता है। बढ़ई द्वारा बनाई गई वस्तुएँ विभिन्न नामों से जानी जाती हैं; जैसे कि कुर्सी, बैंच, बॉक्स, चारपाई, अलमारी, गाड़ी, जहाज, ट्रेन आदि-आदि। केवल लकड़ी और लोहे जैसे कच्चेमाल के सहारे वह हजारों प्रकार की वस्तुएँ, जिनका अलग-अलग प्रयोग हो सकता है; बना देता है।

अब आदमी पर आते हैं। दूसरी वस्तुओं की भाँति विविध प्रकार के कच्चे माल से बनी मानव-देह भी एक वस्तु है। मनुष्य चल-फिर सकता है।

जोर भी लगा सकता है। पशु; जैसे कि गाय, सांड, सूअर, गधा, घोड़ा, हाथी, शेर, चीता, लोमड़ी, साँप, बिच्छू, पक्षी, कीड़े-मकोड़े तथा अन्य जीव-जंतु भी अनेक प्रकार के कच्चेमाल के संयोजन से बने हैं। दूसरे प्राणियों की भाँति मनुष्य भी जीव है। क्यों? यह इसलिए कि मनुष्य बातचीत कर सकता है और अपनी भावनाओं को स्पष्ट तौर पर अभिव्यक्त कर सकता है। यही मनुष्य की महानता का आधार है। लेकिन आप देखते हैं कि पक्षी आसमान में बहुत ऊँचा उड़ जाते हैं और दिखाते हैं कि इस मामले में वे दूसरे जीव-जंतुओं से श्रेष्ठतर हैं।

सरसरी तौर पर यदि हम देखते तो मनुष्य में कुछ भी खास या दूसरों से बढ़कर नजर नहीं आता। हम बस इतना ही कह सकते हैं कि चिन्तन, अभिव्यक्ति और अकेले काम करने की योग्यता के बल पर वह दूसरे जीवधारियों से तेजी से आगे निकलने में सक्षम होता है।

हमें बिना झिझक यह बात स्वीकार कर लेनी चाहिए कि बुद्धि-विवेक और चिन्तन-सामर्थ्य अधिक मात्रा में केवल मनुष्य में पाए जाते हैं। मनुष्य का यह गुण सर्वस्वीकार्य और निर्णायक है। हालाँकि, हम कुछ प्राणियों को मनुष्य की अपेक्षा अधिक शक्तिशाली पाते हैं। मनुष्य में उनकी शक्ति नहीं होती। लेकिन, हमें विचार करना होगा कि कुछ विशिष्ट शक्तिशाली जानवरों की ताकत किसी अन्य तरीके से दूसरे जीवधारियों या मनुष्य के लिए मददगार है? ऐसा इसलिए है; क्योंकि मनुष्य तर्कसंगत ढंग से सोच सकता है। जीवन को विनियमित करने के लिए उसने ईश्वर और धर्म की सृष्टि की है। ऐसे मनुष्य के बारे में ईश्वर और धर्म के प्रवर्तक कहते हैं कि वह उनकी मदद के बिना आगे नहीं बढ़ पाएगा।

मैं इस तथ्य की ओर संकेत करना चाहूँगा कि मनुष्य की विवेकशीलता ने उसे अधिक चिन्ताकुल बनाया है। उसकी इच्छाओं का कोई अन्त नहीं है। वह दूसरों के प्रति ईर्ष्या और शत्रुभाव पाले रहता है।

मनुष्य के चिन्तन-सामर्थ्य ने उसे दूसरों का शोषण, अवमानना, घृणा करना और धोखा देना सिखाया है।

आप यह नहीं कह सकते कि तर्कशक्ति और चिन्तन-सामर्थ्य से सम्पन्न व्यक्ति, दूसरे जीव-जंतुओं की भाँति कोई भी बुरा काम नहीं करता।

हिंसक पशु दूसरे जीव-जंतुओं को नुकसान पहुँचाते हैं, उनकी पीड़ा का कारण बनते हैं। लेकिन, आदमी क्या करता है? क्या आप कह सकते हो कि मनुष्य दूसरों को हानि नहीं पहुँचाता, या उनके कष्ट का कारण नहीं बनता। नहीं! क्या फिर भी हम कह सकते हैं कि मनुष्य विवेक-बुद्धि और चिन्तन-सामर्थ्य से सम्पन्न है।

कुछ व्यक्ति स्वयं को दूसरों से महान समझते हैं। इस आधार पर कि वे चित्र बना सकते हैं, अथवा कविता की रचना कर सकते हैं, या सोना जमा कर सकते हैं, अथवा एक ही दिन में लंदन से लौट-फेर कर सकते हैं। क्या वे सचमुच महान हैं? कृपया इस पर विचार कीजिए। ठीक ऐसे ही जैसे दूसरे प्राणियों में कुछ खास गुण होते हैं; मनुष्य में भी विशेषताएँ होती हैं। क्या हम किसी व्यक्ति को केवल इसलिए महान कह सकते हैं कि वह जीवित है, अभी तक उसने मृत्यु का सामना नहीं किया है? क्या हम किसी व्यक्ति को इसलिए महान कह सकते हैं कि वह दूसरों को धोखा देने में माहिर है?

हम देखते हैं कि सभी जीव-जंतुओं का लगभग एक जैसा चरित्र होता है। उनका सोचने और कार्य करने का ढंग भी एक समान होता है। प्राकृतिक रूप से वे लगभग एक जैसे हैं। यहाँ तक कि जन्म, उत्तरजीविता तथा मृत्यु को लेकर भी जैविक प्राणियों में अद्‌भुत साम्य होता है। लेकिन, समाज में रहते मनुष्य स्वयं को स्वतंत्र इकाई मानता है।

हम अलग-अलग व्यक्तियों में अलग-अलग गुण-धर्म महसूस करते हैं। कुछ को अच्छा व्यक्ति कहते हैं, कुछ को हम बुरे आदमियों के रूप में नापसन्द करते हैं। कुछ को हम स्वभाव से असभ्य और जंगली मानते हैं। जबकि कुछ को साधु, करुणामय, कंजूस, ईमानदार, निरंकुश, कृतज्ञ, विश्वासघाती, बुद्धिमान, मूर्ख और जिज्ञासु के रूप में पाते हैं। क्या कारण है, जो हम विभिन्न व्यक्तियों पर विभिन्न विशेषताएँ लाद देते हैं? ऐसे मतभेदों का कारण क्या है? क्या अपने चरित्र, वह चाहे जैसा भी हो; के लिए वे स्वयं जिम्मेदार हैं? अथवा उनका रूपाकार, शारीरिक अंगों का समुच्चय उनकी प्रकृति तथा कर्मों के लिए जिम्मेदार है? इस विषय पर गहराई से विचार करना चाहिए।

आप एक कुत्ते में क्या देखना चाहते हैं? उसे कृतज्ञ होना चाहिए, उसे घर की पहरेदारी करनी चाहिए। उसे अपने स्वामी का विश्वसनीय होना चाहिए।

आप लोमड़ी को देखते हैं, जो दिखने में लगभग कुत्ते जैसी ही है। लेकिन, उसका व्यवहार? आपको उसमें एकदम विपरीत लक्षण दिखाई देंगे। इसके पीछे कारण क्या है?

यहाँ तक कि कुत्तों में भी, कुछ कुत्ते कटखने होते हैं। कुछ कुत्ते बिलकुल नहीं काटते। कुछ भोजन चुरा लेते हैं। कुछ अपने स्वामी के हमेशा निकट रहते हैं। कुछ उस समय तक अपने मालिक के पास नहीं आते, जब तक बुलाया न जाए। कुछ कुत्ते बहुत बुद्धिमान होते हैं। कुछ कुत्ते पूरी तरह नासमझ होते हैं। स्वभाव के इस अन्तर के लिए कौन जिम्मेदार है? क्या यह प्राकृतिक है? क्या हमें यह मान लेना चाहिए कि यह जन्म से ही शरीर में भिन्न प्रकार की तत्त्व सामग्री के कारण है?

कुछ सांड आदमी को देखते ही उसे अपने सींगों से घायल कर देते हैं। कुछ कोई प्रतिक्रिया नहीं करते, भले ही आप उनकी पिटाई करते रहें।

एक हाथी महावत को ले जाने से मना कर, उसे मार देता है। दूसरा अपने महावत के आदेशानुसार शान्तिपूर्वक काम करता रहता है। नरमी से पेश आता है।

अपने व्यवहार के लिए क्या जानवर स्वयं जिम्मेदार हैं? क्या वे प्रकृति से ही ऐसे हैं। क्या उन्होंने अपनी विशेषताएँ जन्म से आत्मसात की हैं? क्या हम कह सकते हैं कि उनके व्यवहार के अन्तर के लिए उनकी शरीर रचना में काम आए पदार्थ जिम्मेदार हैं? इन प्रश्नों पर विचार कीजिए।

अब हम मनुष्य पर आते हैं। उसके आचरण को देखिए। कुछ लोग आखिर चोर क्यों हैं? क्यों कुछ लोग सदैव अकृतज्ञ, निष्ठुर, घमंडी और स्वार्थी होते हैं? क्यों कुछ लोग रात-दिन झूठ बोलते रहते हैं? क्यों कुछ लोग विश्वासघाती और ईर्ष्यालु होते हैं? मनुष्य का व्यवहार, उसकी प्रकृति तथा उसके कार्यों का सम्बन्ध उसके शरीर में मौजूद तत्त्वों से होता है।

आप एक वाद्ययंत्र को जानते हैं, जिसे बाँसुरी कहा जाता है। वह सिर्फ एक वस्तु है। संगीतकार भी एकल व्यक्ति है। बाँसुरी के जिस छिद्र पर वह

मुँह रखता है, वह भी एक ही है। फिर वह अनेक ध्वनियाँ कैसे पैदा कर लेता है? वह इसलिए कि बाँसुरी में अनेक छिद्र होते हैं, जिन पर संगीतकार की उँगलियाँ नर्तन करती रहती हैं। इसी प्रकार जीवित प्राणियों, विशेषकर मनुष्यों में मनुष्य का व्यवहार तथा उसकी गतिविधियाँ उसकी देह के विभिन्न अंगों-उपांगों से, जैसे—दिमाग, स्नायुतंत्र, शरीर आदि से सम्बन्धित होती हैं। कुल मिलाकर मनुष्य बहुव्यापी अन्तर के लिए जिम्मेदार नहीं है। उसके शरीर में कुछ तत्त्व हैं, वही जिम्मेदार हैं।

तर्क सामर्थ्य से सम्पन्न व्यक्ति इस सम्बन्ध को समझने तथा उसके अनुसार आचरण करने में असफल हो चुका था। वह केवल आदमी को दोष देता है, जो न तो वांछित और प्रशंसा योग्य है, न ही विधि-सम्मत। मनुष्य को मानव प्रकृति को पूरी तरह से समझने की सम्भावनाओं को ही नकार दिया गया था।

यहाँ तक कि जैसे देखना महज दृष्टि-प्रभाव है; सुनने की अनुभूति कर्ण-संवेदना है; उसी प्रकार आप पाएँगे कि ज्ञान, मैत्री, आविष्कार और शोध-सामर्थ्य तथा अन्य गुणों; जैसे कि क्रोध, हँसी, प्यार और प्रतिशोध-कोशिकाओं, नसों, रक्त-कणिकाओं आदि, जो मानव-शरीर में समाए हुए हैं; के सम्मिलित प्रभाव हैं।

मैं इस बारे में विस्तार से चर्चा करूँगा; इस तथ्य पर जोर देने के लिए कि मनुष्य सीधे-सीधे और पूरी तौर पर इन सब अभिक्रियाओं और गतिविधियों के लिए जिम्मेदार नहीं है।

आप देखते हैं कि कुत्ता मालिक का भरोसेमंद होता है, बिल्ली चोरी-चकारी करती है। उल्लू रात्रि में देख सकता है। बाज अपने लक्ष्य को बहुत दूर से पहचान सकता है। ये सब सम्भव हैं और ये प्राणी-विशेष की कोशिकाओं तथा शरीर के दूसरे अंगों के तालमेल की प्रवृत्ति पर निर्भर होते हैं। किसी भी प्राणी की गतिविधि उसके शारीरिक अंगों की व्यवस्था तथा उसके अवयवों की प्रकृति, जिनसे उनका शरीर बना है—पर आधारित होती है। इसलिए मुझे एक चोर को ईश्वर, धर्म अथवा शास्त्र या कानून के आधार पर दंडित करने का औचित्य प्रतीत नहीं होता।

आप किसी मुर्गी को कीड़े-मकोड़े खाने के लिए कैसे दंडित कर सकते हैं? चूहे खाने पर बिल्ली को कैसे सजा सुनवा सकते हैं? ईश्वर किसी बाज को, कौओं और मुर्गियों पर झपट्टा मारकर ले जाने के लिए दंडित कैसे कर सकता है? यदि ईश्वर इन सभी को दंडित करने में सक्षम है, तो वह दीमक को भी सजा सुनाने का सामर्थ्य रखता होगा, जो लकड़ी से बने साज-सामान को खाकर नष्ट कर देती है। ईश्वर में उस कीचड़ को दंड देने का सामर्थ्य भी होना चाहिए, जो लोहे से बनी वस्तुओं के जंग का कारण बनता है।

अब मुझे विश्वास है कि मैं मानव शरीर की संरचना तथा उसके विभिन्न अंगों-उपांगों के कार्यों के बारे में स्पष्ट चर्चा कर चुका हूँ। आगे मैं आत्मा पर बातचीत करूँगा।

आत्मा

मनुष्य के शरीर तथा उसके अंगों के बारे में चर्चा करते समय, आपने देखा कि उसमें आत्मा के उल्लेख की कतई आवश्यकता नहीं है। मानव शरीर में जो भी पाया गया था, उसके बारे में बताया जा चुका है। शरीर के अंगों को देखा और अनुभव किया जा सकता है। शरीर के बारे में भली-भाँति जानने-समझने में हमारे अनुभव ने हमारी मदद की थी। प्राप्त निष्कर्ष हमारे विवेक-बुद्धि को भी स्वीकार्य थे।

परन्तु जब हम आत्मा पर विचार करने बैठते हैं, तो उसे हम न देख पाते हैं, न ही छू सकते हैं। हमें उसका कोई अनुभव नहीं है। इसलिए जहाँ तक ज्ञान का सम्बन्ध है, हम आत्मा के बारे में कुछ भी जुटाने में नाकाम सिद्ध होते हैं।

सीधे तौर पर 'आत्मा' का अस्तित्व अंध-आस्था और जड़-विचारशीलता पर निर्भर है। मानवीय विवेक अथवा उसके अनुभव का आत्मा के बारे में कोई योगदान नहीं है। फिर आत्मा क्या है? वह उतनी ही काल्पनिक रचना है, जितना कि ईश्वर। ईश्वर की न तो कोई आकृति है, न ही छवि। आत्मा

भी ऐसी ही है। ईश्वर न तो दृश्यमान है, न उसे स्पर्श किया जा सकता है। आत्मा के बारे में भी यही सच है। ईश्वर की कोई निश्चित देहयष्टि या अंग अथवा अवयव जैसे कि आँखें, नाक, कान, मुँह, हाथ आदि नहीं हैं। आत्मा की भी यही स्थिति है। व्यक्ति न तो ईश्वर तक पहुँच सकता हैं, न ही उसे जान सकता है।

आप न तो उसकी शक्तियों का आकलन कर सकते हैं, न उसके कार्यों का अवलोकन। कोई भी व्यक्ति ईश्वरीय सत्ता को तर्कशक्ति और भरोसेमंद तरीके से प्रमाणित करने में सक्षम नहीं है। ईश्वर की भाँति आत्मा का अस्तित्व भी अप्रमाणित है। फिर हमें आत्मा की आवश्यकता क्यों पड़ती है? उसकी रचना किसलिए हुई है। किसने इन्हें रचा है। इसका लाभ कौन उठा रहा है? आप किसी भी स्रोत से इन प्रश्नों का उत्तर नहीं जान सकते। आपको सीधे तौर पर यह विश्वास करना होगा कि ऐसा कुछ नहीं है, जिसे 'आत्मा' की संज्ञा दी जा सके। 'आत्मा' कुछ ऐसी चीज है, जिसका न तो परीक्षण किया जा सकता है, न ही जाँचा-परखा जा सकता है।

लेकिन, 'आत्मा' के अस्तित्व को स्वीकारा गया है। ठीक ऐसे ही, जैसे अधिकांश लोग ईश्वर और धर्म के अस्तित्व को विशेष परिस्थितियों के कारण स्वीकार कर लेते हैं। बाकी लोग, जिनका न तो ईश्वर में विश्वास है, न ही धर्म में; जो विवेकवान हैं और जिन्हें तर्क करने का प्रशिक्षण मिला है, उन्हें न तो आत्मा से कोई मतलब है; न ही उसे मानने की जरूरत है। आत्मा के दर्शन के बारे में विचार करना आवश्यक है।

शरीर (स्पर्श), मुँह, नाक, कान तथा आँखों को पंच-इंद्रियाँ कहा जाता है। सोचना, बोलना तथा अन्य क्रियाएँ 'मुकारनम' कही जाती हैं। यदि कोई वस्तु मानवीय संचेतना की इन कसौटियों पर खरी नहीं उतरती है, उसके वास्तविक अस्तित्व को नहीं स्वीकारा जा सकता। कुछ ऐसे लोग भी हैं, जो कहते हैं कि ईश्वर किसी भी प्रकार की जाँच अथवा साक्ष्य से परे है। लेकिन, यह कहना कि सत्य तक पहुँचने के लिए कुछ भी और सभी कुछ परीक्षण से परे है—'सत्य' शब्द को शब्दकोश से मिटाने की कोशिश करने जैसा है।

'आत्मा' शब्द तमिल भाषा का शब्द नहीं है। इससे स्पष्ट है कि द्रविड़ प्रजाति के तमिलवासी, पुख्ता तौर पर आत्मा के दर्शन से अनभिज्ञ थे। आप 'आत्मा' का वर्णन केवल उत्तर की भारतीय भाषा संस्कृत में पा सकते हैं। अंग्रेजी शब्द सोल का अर्थ तथा उसकी व्याख्याएँ ब्राह्मणों द्वारा की गई 'आत्मा' की परिभाषा और व्याख्या से मेल नहीं खातीं।

आप मानव-शरीर में ऐसा कोई स्थान नहीं खोज सकते, जो आत्मा के लिए निश्चित या निर्धारित हो। 'आत्मा' ऐसा कोई कार्य नहीं करती, जिसका मनुष्य अथवा उसके शरीर से सम्बन्ध हो। मनुष्य के सभी अंग अपना-अपना काम करते हैं। जबकि आत्मा का शरीर में कोई कार्य नहीं है। हमारी इंद्रियाँ हमें अपने परिवेश को पहचानने का सामर्थ्य देती हैं। वह सब कुछ प्राकृतिक लगता है। परन्तु 'आत्मा' के बारे में? वह क्या है? कहाँ रहती है? उसका कार्य क्या है?

'आत्मा' मानव शरीर के लिए अप्राकृतिक, अनैच्छिक और असम्बद्ध वस्तु है।

कोई मशीन कैसे काम करती है? क्योंकि उसके सभी पुर्जे एक-साथ भली-भाँति समायोजित किए गए हैं। घड़ी पर नजर डालिए। वह समय बताती है। अलार्म बजाकर जगा देती है। इसके लिए घड़ी के भीतर तरह-तरह के पुर्जे लगे हैं। उन्हीं के अनुसार वह अनेक प्रकार के कार्य करती है।

यदि हम उसकी आगे जाँच करने लगें, तो हमें यह तथ्य स्वीकारना पड़ेगा कि वह घड़ी है, जिसमें अनेक पुर्जे यत्नपूर्वक और विशेषक्रम में जोड़े गए हैं; ताकि वह विशेष रूप से निर्धारित कार्यों को कर सके। इसके अलावा भला और क्या कहा जा सकता है? इस बात पर कौन विश्वास करेगा कि घड़ी के भीतर एक चमत्कारी भूत या वस्तु निवास करती है; वही घड़ी को उसके अलग-अलग कार्य करने के योग्य बनाती है। क्या इस पर कोई आँख मूँदकर विश्वास कर लेगा?

एक बार, आज से करीब पचास वर्ष पहले एक ग्रामीण हमारी दुकान पर आया। उसने दीवार पर टँगी बड़े आकार की घड़ी की ओर देखा। उसने देखा कि घड़ी का पेंडुलम आगे-पीछे डोल रहा है। उसने घंटी की आवाज

को सुना। वह आश्चर्य में पड़ गया। उसने पूछा वह आदमी कहाँ है, जो घड़ी के पेंडुलम को हिला रहा है? वह जानना चाहता था कि वह आदमी कहाँ है, जो घंटी बजाकर आवाज निकाल रहा है? मैंने मजाक में कहा कि दीवार के पीछे मौजूद एक आदमी ही सब कुछ कर रहा है। मेरी बात पर विश्वास कर वह मेरी प्रशंसा करने लगा—'आप भगवान हैं! बड़े महाराज! आप अनेक लोगों को नौकरी पर रख सकते हैं।'

उस ग्रामीण को मैं भला क्या जवाब देता? यह स्पष्ट करना आवश्यक है कि केवल वही लोग, जिनकी मनोरचना उस ग्रामीण जैसी है; ईश्वर, धर्म और आत्मा पर भरोसा कर सकते हैं। इसके अलावा उन पर विश्वास करने का कोई और ठोस कारण नहीं है। आप ऐसी अनेक मशीनों को देखते हैं, जो आश्चर्यजनक कार्य कर रही हैं, जिन्हें करना मनुष्य के सामर्थ्य से परे है। उन मशीनों में ऐसी आत्मा जैसी कोई वस्तु नहीं है, जिसे मनुष्य की गौरवशाली सम्पदा माना जाता है।

इस्लाम और ईसाई धर्म किसी आत्मा को नहीं मानते। बौद्ध धर्मावलम्बी उसके अस्तित्व को नकारते हैं। मूल द्रविड़ों का भी 'आत्मा' के दर्शन पर विश्वास नहीं था। यह कैसे हुआ कि आज यह हम पर पूरी तरह से छाया हुआ है। इस तरह की काल्पनिक और अविश्वसीय वस्तु की रचना के पीछे क्या कोई वास्तविक तर्क है? आत्मा के बारे में जो बताया जाता है, क्या उस पर विश्वास किया जा सकता है? आत्मा का दर्शन केवल धर्म-विशेष पर लागू होता है। दूसरे शब्दों में आत्मा के बिना हिन्दू-दर्शन शून्य है।

'आत्मा' सत्य नहीं है। इसकी रचना केवल धर्म-विशेष की रक्षा हेतु की गई है। एक झूठ को ढकने के लिए, अनेक झूठों की आवश्यकता पड़ती है। इसी तरह एक मिथ्या धर्म और ईश्वर की रक्षा हेतु मिथ्या आत्मा की रचना की गई है। आधारहीन हिन्दू दर्शन को स्थापित करने के लिए, ब्राह्मणों द्वारा अनेक आधारहीन दार्शनिक प्रत्ययों यथा आत्मा, स्वर्ग, नर्क, भाग्य, कर्म की रचना की गई है।

हम मनुष्य के बारे में क्या पाते हैं? वह जन्म लेता है। बड़ा होता है। अपने शारीरिक एवं बौद्धिक सामर्थ्य के अनुसार काम करता है। तदनंतर

मर जाता है। मृत्यु के पश्चात उसे या तो जला दिया जाता है अथवा दफना दिया जाता है। उसके बाद दुनिया से उसका सम्बन्ध टूट जाता है। यही सत्य है, जिसे हम मानव जीवन में घटते हुए देखते हैं। इसके अतिरिक्त अनावश्यक रूप से अंधे होकर किसी दूसरे दर्शन पर भरोसा करने की क्या आवश्यकता है?

आत्मा की अवधारणा के सर्जक ने इतनी जहमत क्यों उठाई? आत्मा को एक परमाणु से भी छोटा बताया जाता है। बताया जाता है कि वह बहुत महीन, संवेदनशील मगर अदृश्य वस्तु है; जिसे अनुभव नहीं किया जा सकता। आत्मा का कार्य मनुष्य के विचारों और कार्यों का चयन करते हुए, उसमें से अच्छे कार्यों को अलग करते हुए मनुष्य को अच्छे पदार्थों तथा कार्यों की ओर प्रवृत्त करना है। इसके मायने क्या हैं? क्या आप कुछ भी समझ पा रहे हैं?

हम कुछ ऐसा कहने जा रहे हैं कि एक आदमी, जो न तो जन्मा है, न कि किसी स्थान पर पाया गया है; को दुष्कर्मों के लिए अविश्वसनीय दंड से गुजरना होता है। उन दुष्कर्मों के लिए, जो वास्तव में उसने किए ही नहीं हैं। आप इस तुलना से क्या समझते हैं।

मान लीजिए घड़ी सही समय नहीं बताती है; इसमें दोष किसका है? उस आदमी का हो सकता है, जिसने घड़ी को बनाया है। इसके पीछे उस आदमी की लापरवाही भी हो सकती है, जिसे उस घड़ी की देखभाल के लिए नियुक्त किया गया है। यह उस आदमी की चूक हो सकती है, जिसने समय देखा था। इन सब आदमियों को छोड़कर, जिनका घड़ी से कोई-न-कोई सम्बन्ध है; यदि कोई घड़ी की 'आत्मा' पर सारा आरोप मढ़ देता है और बाद में यह भी नहीं बताता कि आत्मा क्या है? आत्मा कहाँ है? ऐसे में किसी भी गड़बड़ी के लिए आत्मा को सीधे-सीधे दोषी ठहराना और दंड निर्धारित कर देना कहाँ तक उचित होगा? क्या आप नहीं सोचते कि यह बड़ी धोखाधड़ी है? इसी प्रकार, किसी आदमी द्वारा किए गए कृत्य को आत्मा से जोड़ देना और आत्मा के ऊपर दंड थोप देना, इससे भी बड़ी धोखाधड़ी है।

किसी व्यक्ति के लिए आत्मा का महत्त्व कितना है? एक जीवित प्राणी की जिम्मेदारियाँ और कर्तव्य क्या हैं? हरे-भरे वृक्षों, यहाँ तक कि पौधों और झाड़ियों को भी इनमें शामिल कर लीजिए। कोई भी वस्तु या जीव जो जन्म लेता है, अन्ततः नष्ट हो जाता है। किसी भी चीज को जन्मते हुए देखिए। वह कुछ समय तक रहेगा, अन्ततः मर जाएगा। किसी भी जीवित प्राणी का जीवन तथा उसके द्वारा किए गए कार्य उसके शरीर की संरचना तथा प्रकृति पर निर्भर होते हैं। जीवित प्राणी, वह चाहे जो भी हो, अपने जीवन में अपने कार्यों तथा जीवन जीने के तरीकों के लिए सीधे-सीधें जिम्मेदार नहीं हैं।

हम मानते हैं कि मनुष्य के आचरण में कुछ अच्छाइयाँ होती हैं, तो कुछ बुराइयाँ भी होती हैं। ऐसे में आत्मा को अच्छी राह बताने और भटकाने के लिए क्यों रचा जाना चाहिए? हम केवल कुछ कार्यों को अच्छा कैसे ठहरा सकते हैं? अच्छे या बुरे कार्यों को निर्धारित करने का क्या कोई सार्वभौमिक मानक या सर्वस्वीकार्य पैमाना है? फिर हम कैसे कहें कि हमारी आत्माओं को मृत्योपरान्त अच्छे कार्यों के लिए अच्छी चीजें प्राप्त होती हैं। हम इस पर कैसे विश्वास कर सकते हैं कि मृत्यु के बाद आत्मा को बुरे कार्यों के लिए दंड से गुजरना पड़ता है? ये सब कितनी मजेदार बातें हैं। कृपया इन पर विचार कीजिए। इन सबका प्रमाण कहाँ है?

हम 'आत्मा' और उसके कार्यों पर भला कैसे विश्वास कर सकते हैं। हम यह कैसे मान सकते हैं कि 'आत्मा' केवल अपने अच्छे कार्यों के कारण 'मोक्ष' प्राप्त करती है? क्या इसे कोई भी, किसी भी तरीके से प्रमाणित कर सकता है? इसलिए मैं सोचता हूँ कि अब आप यह समझ चुके हैं कि आत्मा का दर्शन झूठा और ऊटपटाँग है। आप किसी भी रास्ते से सोचिए, आत्मा की रचना का कोई औचित्य नहीं है।

संक्षेप में आत्मा हवा में खड़ा किया गया महल है। व्यक्ति अपनी वस्तुओं की पहचान के लिए सीधे-सरल तरीके से यह—'मेरी', 'मेरी अपनी' और 'मुझसे सम्बन्धित है; कहता है। यदि वह बिना यह जाने कि आत्मा क्या है? कहे कि मेरी आत्मा; जो खुद को पहचानने की सुविधा प्रदान करती है। वास्तव में 'मेरी आत्मा' यह कहना ही अर्थहीन है।

जीवन आखिर क्या है? यह स्वयं एक विचारमात्र है। असल में ऐसा कुछ भी नहीं है, जिसे जीवन कहा जाए। कुछ कहते हैं, जीवन आत्मा है। दूसरे कहते हैं आत्मा ही जीवन है। कुछ विद्वान कहते हैं जीवन कुछ भी नहीं है। कुछ मानते हैं कि जीवन कुछ ऐसा है, जो आत्मनिर्भर होकर कार्य करता है।

जीवन

जीवन कोई वस्तु नहीं है। यदि यह वस्तु होता, तो इसमें गति हो सकती थी। हम इसकी तुलना उस मशीन से कर सकते हैं, जो काम करती है। उसके चलने से बाकी हिस्से भी काम करते हैं। इसी तरह जीवन का कार्य है—शरीर के दूसरे सभी हिस्सों को सम्बन्धित कार्यों की ओर प्रवृत्त करना; यदि जीवन ऊर्जा है, जो लोगों को काम करने के लिए चाहिए। यह (शरीर) भोजन के समान है, जो शरीर को क्रियाशील बनाए रखने के लिए अत्यावश्यक है। शरीर तथा उसके अंगों के निर्माण का चाहे जो उद्देश्य हो! यदि भोजन न मिले, तो उनमें से कोई अंग काम नहीं कर पाएगा। इसलिए, हम कह सकते हैं कि जीवन उस भोजन की देन है, जिसे हम ग्रहण करते हैं।

यदि शरीर के अंगों को किसी प्रकार की क्षति पहुँचे, तो जीवन ठहर जाता है। यदि भोजन न मिले, तब भी जीवन ठहर जाएगा। शरीर की सारी गतिविधियाँ शान्त हो जाएँगी। इसलिए जहाँ चेतना है, उसे हम मनुष्य कहते हैं। कह सकते हैं कि वही जीवन है। जब मनुष्य की गतिविधि थम जाएगी, वह लाश बनकर रह जाएगा। उस समय वह मनुष्य नहीं रहता। मृत्यु से क्या अभिप्राय है? यदि शरीर में साँस लेने और साँस छोड़ने की ताकत न रहे, तो कहा जाता है कि फेफड़े कमजोर पड़ चुके हैं। जब फेफड़े काम करने के लायक नहीं रहते, मनुष्य साँस लेने के काबिल नहीं रहता।

चूँकि मनुष्य का जीवन ही ऐसा है, वह व्यक्तिगत रूप से अपने सामान के बारे में बताने तथा उसकी ओर इंगित करने के योग्य होता है। दूसरे प्राणी भी अपने बारे में समझने की योग्यता रखते हैं।

यदि आपके पास कुत्ता है, जिसका नाम 'गुलाब' है; तो जब भी आप उसके नाम से पुकारेंगे, वह आपकी ओर चला आएगा। अनेक कुत्ते वैसी ही हरकतें करते हैं, जैसी हमें पसन्द हैं। वे हमारे आदेश को समझते तथा उस पर अमल करते हैं। दूसरे प्राणी भी अपनी चीजों की समझ रखते हैं। वे अपने घोंसलों, बाड़ों और अपने बच्चों की जानकारी रखते हैं।

यदि आप किसी आदमी से पूछें कि उसके लिए जीवन या आत्मा के क्या मायने हैं? वह वर्णन नहीं कर पाएगा। क्यों? इसलिए कि वे उससे सम्बन्धित वस्तु विशेष; अथवा उसके शरीर का कोई हिस्सा नहीं हैं। वह उन रासायनिक अभिक्रियाओं से अनजान है, जो उसके भीतर बदलाव का कारण बनती हैं तथा उसे वस्तु-जगत का अनुभव कराती हैं। यदि केसर और चूना को मिला दिया जाए, तो लाल रंग बन जाता है। नीला और पीला रंग मिलने पर हरा रंग बनता है। ऑक्सीजन और हाइड्रोजन का यौगिक जल कहलाता है। इसी तरह जहर भी विशिष्ट तत्त्वों से मिलकर बनता है। कुछ रसायनों में उबाल आता है। उबलने के बाद कुछ चीजें कठोर हो जाती हैं। गर्म किए जाने पर कुछ पदार्थों का वाष्पीकरण होने लगता है।

इसलिए, जब हम कुछ पदार्थों को मिलते हुए देखते हैं, उस समय उनमें अनेक परिवर्तन होते हैं। यही परिवर्तन का प्राकृतिक नियम है, जिसे लोग भिन्न-भिन्न नामों से पुकारते हैं। उदाहरण के लिए आप किसी संगीत-बॉक्स (रेडियो, ट्रांजिस्टर) को देखिए। नोब को घुमाने भर से उससे विभिन्न प्रकार के राग और गीत फूटने लगते हैं। जब हम उसकी आवाज सुनते हैं, तभी हम उसकी धुनों, रागों आदि को पहचानने में सक्षम होते हैं। आपने गीतों के पल्लवी, अनुपल्लवी और चरणम को सुना होगा। वे कैसे लगते हैं? संगीत-बॉक्स को जरूरी उपकरणों के साथ इन सब कार्यों के लिए सक्षम बनाया जाता है। हालाँकि, वह गीत-संगीत आदि को स्वयं अनुभव नहीं कर पाता।

इसी प्रकार शरीर में विभिन्न अंगों के माध्यम से मनुष्य बोलने, सोचने, देखने, सुनने, निर्देश देने, हँसने, चीखने, कूदने, झगड़ने, मारने-पीटने और खोजबीन के कार्य के योग्य होता है। मानव-शरीर में पाए जाने

वाले ऐसे प्रबन्ध मनुष्य को विभिन्न कार्यों को मिलकर करने का सामर्थ्य प्रदान करते हैं। यदि हम इसे समझ लें हम जीवन या आत्मा को इतर वस्तु मानने से इनकार कर देंगे। वह महज अनुचित अवधारणा और अंध-आस्था का परिणाम है।

यदि हम आत्मा की उत्पत्ति की खोज के लिए आगे बढ़ें, तो आप पाएँगे कि वह धर्म तथा ईश्वर में विश्वास द्वारा गढ़ी गई है।

सामान्यत: आत्मा का सम्बन्ध केवल मनुष्यता से बताया जाता है, किसी अन्य प्राणी से नहीं। वेदांती, जो वेदों के अध्येता विद्वान हैं, वे भी मानते हैं कि ईश्वर, आत्मा, जीवन तथा अन्य जीवित प्राणी मात्र एक अनुभूति हैं। यही कारण है कि दर्शनशास्त्र को वेदांत के समान बताया जाता है। सामान्य तौर पर वेदांती मानते हैं कि जो पहले स्वयं को जान लेता है, वह ईश्वर को समझने की योग्यता प्राप्त कर लेता है। उनके इस कथन का अभिप्राय क्या है? यदि मनुष्य यह जान ले कि खुद को समझने का अर्थ क्या है? उसकी अहमन्यता ईश्वर को समझने की योग्यता प्राप्त कर लेता है?

मनुष्य अपनी इच्छाओं के साथ जीता है। वह अपने लालच का दास है। समाज में वह दूसरों के लिए अच्छा करता है या बुरा। कर्म की महत्ता पर जोर देने के लिए ही जीवन और आत्मा जैसी काल्पनिक चीजों की रचना की गई है। मनुष्य को अच्छे कृत्यों की ओर प्रवृत्त करने हेतु, उसे यह विश्वास करना सिखाया गया है कि यदि वह बुरे कर्म करेगा, तो मृत्यु के बाद उसकी आत्मा को भयावह दंडों से गुजरना पड़ेगा। यह भी एक मिथ मात्र ही है। तर्कसम्मत ढंग से बातचीत करने वाले निस्पृह व्यक्ति के लिए, जो न अच्छा करता है, न ही बुरा; ईश्वर का भय नहीं रहता। उसे स्वर्ग या नर्क की चिन्ता करने की आवश्यकता नहीं है।

मनुष्य अच्छे और बुरे दोनों कर्मों से बँधा हुआ है। जब तक वह जीवित है, तब तक उसके कर्म शरीर के विभिन्न अंगों के काम करने के ढंग पर आधारित होते हैं। इस तरह उसके कर्म अच्छे हो सकते हैं, या फिर बुरे। इसके अलावा कोई कार्य, जो किसी के लिए बुरा लगता है; वह दूसरों के लिए अच्छा हो सकता है।

ईश्वर, धर्म और आत्मा की खोज मानव जीवन को नियमित करने के लिए हुई है; इसके पीछे मनुष्य की सदेच्छा छिपी है।

उनके अस्तित्व को वास्तविक मानने वाले लोग स्वार्थी और शोषक लोग हैं।

अपने वक्तव्य के समापन से पूर्व मैं मनुष्य द्वारा निःस्वार्थ जीवन जीने की महत्ता पर जोर देना चाहूँगा।

मैंने जो भी कहा, वो मेरे निजी विचार हैं। मैं नहीं कहता कि मैंने जो भी कहा, आप उस पर विश्वास करें।

बुद्धिमत्तापूर्ण निर्णय तक पहुँचना अब आपके ऊपर है।

कृपया इन सब बातों पर विचार कीजिए।

आप सभी का धन्यवाद।

(स्रोत : कलेक्टेड वर्क्स ऑफ पेरियार ई.वी.आर., संयोजन : डॉ. के. वीरामणि, प्रकाशक : दि पेरियार सेल्फ-रेसपेक्ट प्रोपेगंडा इंस्टीट्यूशन, पेरियार थाइडल, 50, ई.वी.के. सम्पथ सलाय, वेपरी, चेन्नई-600007 के प्रथम संस्करण, 1981)

(अंग्रेजी से अनुवाद : ओमप्रकाश कश्यप)

अज्ञानता का साहित्य

मेरी एक बात, जिसने लोगों का ध्यान आकर्षित किया है; वह है अवांछित साहित्य को जलाने का मुद्दा। मुझे इसका जिम्मेदार ठहराया गया है। खुद का सम्मान करने वाले आखिर ऐसा क्यों कर रहे हैं? ऐसा सिर्फ तमिलों को इस तरह की पुस्तकों का बहिष्कार करने के लिए प्रेरित करने के लिए किया जा रहा है, जिसे हम मनु संहिता कहते हैं और जो धर्म और ईश्वर में विश्वास पैदा करने के लिए जिम्मेदार है।

रामायण को एक ईश्वर की कहानी के रूप में रचा गया है। पेरिया पुराणम को भी इसी तरह रचा गया है। इन्हें तमिलों के साहित्य के रूप में बहुप्रचारित किया जाता है। यही कारण है कि हम तमिलों से इस तरह के साहित्य का बहिष्कार करने को कह रहे हैं। इन साहित्यों को जलाना एक औपचारिक सांकेतिक विरोध है। बहुत लोगों ने मुझे पत्र लिखा है और सुझाया है कि हम हिन्दू कानून को भी जलाएँ; क्योंकि यह भी मनु की संहिता पर आधारित है। हम लोग वर्षों से यह कह रहे हैं। आज हमें मनु की संहिता के आधार पर ही चलाया जा रहा है। हम एक के बाद एक कार्य को अंजाम देंगे। पहले हम तीन पुस्तकों, मनु की संहिता, रामायण और पेरिया पुराणम को जलाएँ। लेकिन, तमिल पंडित और हमारे बीच

के शैव मतावलम्बी हमारे (स्वाभिमान आन्दोलन के लोगों के) खिलाफ हंगामा कर रहे हैं।

चलिए, पहले यह देखने की कोशिश करें कि कैसे ये पुस्तकें हमसे जुड़ी हुई हैं। इसके बाद हम यह जानने की कोशिश करेंगे कि इसमें है क्या? और फिर हम यह देखेंगे कि क्या ये किसी भी तरह से हमारे लिए उपयोगी हैं? हमें यह जानना चाहिए कि इन पुस्तकों में जिन अज्ञानतापूर्ण विचारों की बातें कही गई हैं, क्या उनको मानने से हमें कोई लाभ है? इन बातों पर बहुत गहराई से गौर करने के बाद ही हम इनके बारे में बात कर सकते हैं।

ये तीनों ही पुस्तकें द्रविड़ तमिलों से कतई सम्बन्धित नहीं हैं। ये किसी भी तरह से हमारी मदद नहीं करती हैं। अगर किसी तमिल का यह विचार है कि मनु की संहिता को नहीं जलाया जाना चाहिए, तो हमें उसके जन्म के बारे में ही सन्देह उत्पन्न हो जाता है। रामायण भी मनु की संहिता की तरह ही है। कुछ पंडितों ने कम्ब रामायण को बहुमूल्य साहित्य कहकर उसकी प्रशंसा की है। वे इसको जलाए जाने के खिलाफ हैं। लेकिन, रामायण के लेखक भी इसको साहित्य नहीं कहते। कम्बर खुद ही कहते हैं—"दुनिया मेरे बारे में भले ही भला-बुरा कहे और मेरी प्रतिष्ठा धूमिल हो जाए; इस खतरे के बावजूद मेरी यह कृति उपरोक्त बात बताना चाहती है।"

उन्होंने दृढ़तापूर्वक कहा है कि रामायण साहित्यिक कृति नहीं है।

रामायण उनके लिए सिर्फ अपनी प्रतिभा स्थापित करने वाली महान कृति है। कुछ अन्य लोग हैं, जिनका कहना है कि पेरिया पुराणम इतिहास है और यह खगोलशास्त्र और भूगोल के बारे में काफी सूचनाएँ देता है। उनका कहना है कि इसे जलाना नहीं चाहिए।

रामायण और कंड पुराणम की रचना प्रतिस्पर्धी भावना से हुई थी। पेरिया पुराणम की रचना भक्तविजयम और भक्त लीलामृतम का मुक़ाबला करने के लिए की गई थी। अगर आप इन सभी पुस्तकों को पढ़ेंगे, तो यह स्पष्ट हो जाएगा।

रामायण और कंड पुराणम की विचारधारा एक ही है। राम की पैदाइश 'अरक्करों' (राक्षसों) को मारने के लिए हुई। ऐसा माना जाता है कि महाविष्णु ने राम के रूप में अवतार लिया। इसी तरह देवों ने परमशिवम से 'असुरों' (गैर-ब्राह्मण द्रविड़ों) को मारने की प्रार्थना की। इस उद्देश्य के लिए कंडन परमशिवम का बेटा बनकर पैदा हुआ। राम की पत्नी सीता कहाँ पैदा हुई और उसके माँ-बाप कौन थे? इस बारे में उसमें कोई जानकारी नहीं है। इसी तरह, कंडन की पत्नी वल्ली के जन्म और उसके माँ-बाप के बारे में कुछ पता नहीं है।

राम की पैदाइश एक बेहूदी बात है। वह ब्राह्मणों के घर पैदा हुआ था; जो यज्ञ करते थे। कंडन के जन्म का हाल तो उससे भी बुरा है। जब परमशिवम का वीर्य धरती पर पड़ा, तो वह उसको बर्दाश्त नहीं कर सकी। इसलिए उसे समुद्र की ओर मोड़ दिया गया। कंडन वहीं पैदा हुआ। यह मैं नहीं कह रहा हूँ। विश्वामित्र ने यह सब कहा है। रामायण में कहा गया है कि जब ज्यादा-से-ज्यादा संख्या में राक्षस मारे जा रहे थे, ऐसा कहा जाता है कि उतनी ही संख्या में नए राक्षस पैदा भी हो रहे थे। इसी तरह, कंड पुराण में कहा गया है कि असुरों की गर्दनें काटी जा रही थीं। ऐसा कहा जाता है कि मृत असुर दोबारा जीवित हो रहे थे। आपको रामायण और कंड पुराण में इसी तरह की कई सारी समानताएँ मिलेंगी। शैव व वैष्णव भक्तों के व्यवहारों की अगर हम बात करें, तो हम उन्हें एक ही जैसा पाते हैं; ये एक-दूसरे की नकल करते हुए पाए जाते हैं।

शैववाद में, तिरुनीलकंदर नामक एक अनुयायी का नाम आता है, जो कि कुम्हार है। इसी तरह, वैष्णववाद में हमें गोरकुम्मबर नामक एक अनुयायी के बारे में बताया जाता है। वह भी कुम्हार है। दोनों ही भक्तों की कहानी एक जैसी है। दोनों की ही अपनी पत्नी से नहीं बन रही थी। वे अपनी पत्नी से बात तक नहीं करते थे। विष्णु ने गोरकुम्मबर और उसकी पत्नी के बीच मेलजोल कराया। परमशिवम ने तिरुनीलकंदर और उसकी पत्नी के बीच सुलह कराई।

इसके बावजूद कि रामायण को वैष्णव लोग एक महाकाव्य मानते हैं। हिन्दू शैव पेरिया पुराणम को अपना महाकाव्य मानते हैं। इन लोगों

से कुछ सीखने को मिलेगा; ऐसा आसानी से नहीं कहा जा सकता। इन महाकाव्यों में अनुशासनहीनता, वेश्यावृत्ति और आत्मसम्मान-रहित बातों की भरमार है।

अगर हम इन्हें दैवी साहित्य मानते हैं और इन महाकाव्यों और इनके भगवान और धर्म की शान में कसीदे गढ़ते हैं; तो हम अपने जीवन में उन्हीं असभ्य और बर्बर स्थिति का प्रदर्शन करेंगे।

एक भक्त अपनी पत्नी को स्वेच्छा से किसी ब्राह्मण को पेश कर देता है। एक अन्य भक्त अपनी केहुनी से चन्दन रगड़ता है। एक श्रद्धालु अपनी बेटी के बाल किसी मन्दिर में चढ़ाता है। इन बातों को पढ़ने का क्या मतलब है? यह सबसे ऊँची जाति के ब्राह्मणों को कुछ भी और सब कुछ समर्पित करने को ही सही ठहरा सकता है। इस तरह की कहानियाँ समाज में सामंजस्य को बिगाड़ती हैं। आपको शैववाद में एक अछूत नन्दनार की कहानी मिलती है। इसी तरह, आपको एक अन्य अछूत सोक्कमेला का जिक्र वैष्णववाद में मिलता है। इनकी कहानियाँ भी एक जैसी हैं। इन्हें मन्दिरों में प्रवेश दिया गया और उनको उनके भगवानों ने मुक्ति दी।

वैष्णववाद में तो भगवान के नाम पर चोरी करने और धोखेबाजी की भी अनुमति दी गई है। तिरुमंगई अलवार की कहानी में इसको महिमामंडित किया गया है। इसी तरह, शैववाद में मानिक्का वासगर की कहानी चोरी और धोखेबाजी का समर्थन करती है। इन दोनों ने अपनी चोरी और धोखेबाजी से अपने-अपने भगवानों की जो सेवा की, उससे प्रसन्न हो उनके भगवानों ने उन्हें मुक्ति दी।

वैष्णव और शैव भगवानों के बीच एक हास्यास्पद, मूर्खतापूर्ण और बर्बर प्रतिस्पर्धा है। वे अपने भक्तों की जाँच के तरीके सुझाते हैं; यह सोचते हुए कि वे खुद काफी बुद्धिमान हैं। तथाकथित पवित्र ब्राह्मणों को चढ़ावा चढ़ाने को लेकर घृणारहित भ्रान्ति रची जाती है। कोई मूर्ख ही इस बात में विश्वास करेगा कि हिन्दू समाज को इन पुस्तकों से किसी तरह की मदद मिलेगी। इसी तरह, अगर तमिल विद्वान और उत्साही लोग इन पुस्तकों का पक्ष लेते हैं और इसका प्रचार-प्रसार करने की इच्छा रखते हैं, तो हम सिर्फ

यह कहेंगे कि वे तमिल समाज का बहुत अहित कर रहे हैं। शुरू से अन्त तक, हमें रामायण में कुछ भी अच्छा और न्यायपूर्ण नहीं मिला है। राम का हर कृत्य उत्पीड़नकारी है। हम उसकी पूजा कैसे करें? क्या कोई यह कहने का साहस कर सकता है कि रामायण किस तरह से अधिकांश लोगों के हित में है?

अगर इसको महाकाव्य या साहित्य माना जाता है, तो क्या उसको इस तरह का स्टेटस देने के लिए कोई नियम नहीं होना चाहिए? क्या कल्पना की कोई सीमा नहीं है? क्या कोई अपनी पत्नी से सिर्फ इसलिए अलग हो सकता है, क्योंकि किसी कवि ने ऐसी कल्पना की है? कोई व्यक्ति अनुयायी द्वारा स्थापित उदाहरण का किस तरह से पालन कर सकता है? क्या इस तरह के लोगों की पिटाई नहीं की जानी चाहिए? तमिल विद्वान और पंडित इस साधारण बात को नहीं समझ रहे हैं। वे लोगों का आदर कैसे प्राप्त कर सकते हैं? शैववादी तमिल पंडित इस बात पर जोर डालते हैं कि पेरिया पुराणम की सुरक्षा की जाए। वे कहते हैं कि इसमें ऐतिहासिक और भौगोलिक सत्य मौजूद हैं और कई खगोलीय तथ्य भी इसमें हैं।

हम विशेषज्ञों की इन महत्त्वपूर्ण विषय पर लिखी पुस्तकें बड़ी आसानी से प्राप्त कर सकते हैं। शोधकर्ता विद्वानों की लिखी ये पुस्तकें काफी सस्ती हैं। इन तथ्यों को नजरअन्दाज कर दक्षिण अफ्रीका के सहारा मरुस्थल में चावल के दाने की खोज करना कौन-सी बुद्धिमानी है, जबकि किराने की दुकान पर कई किस्मों का चावल जितना चाहें उतना उपलब्ध है?

बाजार में कई सारी कहानियों की किताबें उपलब्ध हैं। हमारे लोग उसको नहीं पढ़ते हैं। क्यों? इसलिए, क्योंकि ये कहानियाँ धार्मिक नहीं हैं। वे कहानियाँ देवत्व की कहानियाँ नहीं हैं। ये धार्मिकता का पाठ नहीं पढ़ाती हैं। ये तमिल समुदायों को अपमानित नहीं करती हैं। ये पुस्तकें हमें एक दास की तरह गुलाम नहीं बनाती हैं। ये पुस्तकें बर्बर नहीं हैं। यही कारण है कि हम धार्मिक पुस्तकों के अलावा और किसी भी तरह की पुस्तकों की कोई परवाह नहीं करते।

धर्म और उनके भगवान और उनसे जुड़ी पुस्तकों को पूरी तरह नष्ट कर देना चाहिए। हमें इनका अस्तित्व मिटा देना चाहिए। हमें इन्हें किसी भी रूप में बचे रहने की इजाजत नहीं देनी चाहिए। तभी हम स्वाभिमान के साथ जिन्दा रह सकते हैं। इन्हीं महान उद्देश्यों को पूरा करने के लिए, हम इन धार्मिक पुस्तकों को नष्ट कर रहे हैं।

हमारी यह दृढ़ धारणा है कि तमिलों को इन पुस्तकों से निर्वाण नहीं मिल सकता। इसीलिए हम इन पुस्तकों को नष्ट करना चाहते हैं। हम ऐसा आँख मूँदकर नहीं कर रहे हैं। हमें पता है कि इसकी क्या कीमत हमें चुकानी पड़ेगी। लेकिन, इसके बावजूद, हम अपना सब कुछ खोकर भी इन पुस्तकों को नष्ट करना चाहते हैं।

हम किसी भी तरह का गम्भीर परिणाम भुगतने के लिए तैयार हैं। हम अपना बहुमूल्य जीवन भी इसके लिए न्योछावर करने को तैयार हैं। इसके लिए हम किसी भी तरह की मुश्किलें सहने के लिए तैयार हैं। हम दूसरों की तरह नहीं हैं, जो इतने मूर्ख हैं कि अपना धार्मिक प्रचार करते रहने के लिए मिलने वाले अंध-समर्थन से सन्तुष्ट हो जाते हैं। हम जानते हैं कि हम चिन्तारहित जिन्दगी जीते हुए आसानी से प्रसिद्धि पा सकते हैं। पिछले 18 साल से हमारे भाषण और हमारे कृत्य अमूमन वही रहे हैं। वो जो हमारे ऊपर नजर रख रहे हैं और हमारे क्रियाकलापों के बारे में जानकारी रख रहे हैं; उनको कुछ भी नया नहीं दिखेगा। हम हमेशा से एक ही तरह की नीति पर कायम रहे हैं। शायद एक-आध ऐसे लोग हैं, जो हमारे आदर्शों के प्रति गलत धारणा रखते हैं। वे विचलित हो सकते हैं और उन्हें गुस्सा तक आ सकता है।

कोई भी व्यक्ति, जो सार्वजनिक गतिविधियों में शामिल होता है; वह ऐसा कुछ करता ही है, जिसे वह सही और अच्छा समझता है। ऐसे व्यक्ति को, कम-से-कम हमारी महिलाओं को सही रास्ता दिखाना चाहिए। जहाँ तक हमारी बात है, एक सच्चे सुधारवादी की क्या गति होती है, इसका हमें पता है। ज्ञानियों को किस तरह की मुश्किलों का सामना करना पड़ता है, हम यह जानते हैं। हम यह भी जानते हैं कि अपनी वास्तविक सेवाओं को लोग कितना महत्त्व देते हैं।

मैं सामाजिक कार्यों में राजनीति को घसीटना नहीं चाहता। मैं यहाँ एक सुधारवादी के रूप में बात कर रहा हूँ; किसी नेता की तरह नहीं। मैं स्वराज (आजादी) के प्रति बहुत ज्यादा अनुरक्त नहीं हूँ। मैं इसे बहुत ज्यादा महत्त्व नहीं देता। मेरा लक्ष्य यह निर्णय करना है कि हमें स्वराज चाहिए या स्वाभिमान का राज। जो तमिलों की वर्तमान स्थिति के प्रति चिन्तित हैं, उनको ये किताबें अवश्य ही हमारे हितों के खिलाफ लगेंगी। सच्चा तमिल इन पुस्तकों को जहर समझेगा। अब आप लोग देखिए कि मि. मराईमलाई अडिगल ने क्या कहा है?

तमिल विद्वानों में उनका स्थान अद्वितीय है। कम्ब रामायण के बारे में उनके विचारों को नजरअन्दाज नहीं किया जा सकता। यह अलग बात है कि उनके साथ हमारे कई मुद्दों पर मतभेद हैं। अदिगलार की आज प्रशंसा होती है और तमिल विद्वान और पंडित उनको बहुत-ही इज्जत की दृष्टि से देखते हैं। अब यह देखिए कि उन्होंने क्या लिखा है—

> "कुछ तमिल कवि आर्यों के झूठे प्रचार पर काफी मोहित हो गए। इसलिए इन लोगों ने हर तरह की अविश्वसनीय बातों को लेकर भारतम (महाभारत) और रामायणम की रचना की। इन लोगों ने उन लोगों के बीच अपनी कृतियों को ज्यादा प्रसिद्ध बनाया, जो आर्यों की प्रशंसा करते थे।"
>
> "पेरूम देवनार ने तमिल में भारतम की रचना की और अब यह असंगत हो चुका है।"
>
> "भारतम अविश्वसनीय बातों का संग्रह है। तमिल के प्राचीन लेखक आर्यों की भाषा में लिखी रामायणम का अनुवाद नहीं कर पाए क्योंकि यह असंगत बातों से भरी हुई है।"

कवि कम्बर ने जो रामायण लिखी है, वह आर्यों की भाषा संस्कृत में लिखी रामायण की नक़ल है। चूँकि कम्बर ने जो रामायण लिखी, उसमें कई अविश्वसनीय बातें थीं और इसीलिए बाद के तमिल विद्वानों को यह पसन्द नहीं आई।

चूँकि कम्बर ने एक झूठी कहानी लिखी, और चूँकि कम्बर ऐसी भाषा और संस्कृति के आदी थे, इसलिए कम्बर ने अपनी संस्कृति के बाहर की इन

बातों को स्वीकार कर इसको मानने का दुस्साहस किया और अपनी कृतियों में झूठ भर दिया।

जैसा कि स्वाभाविक है, बाद के समय के कवियों ने भी लोगों को ठगने में कोई कोर-कसर नहीं छोड़ी। इसके लिए उन्होंने तमिल में इन कृतियों को अनूदित किया है और इसे दोबारा गढ़ा है। इस तरह, उन्होंने प्राचीन तमिल गौरव को नष्ट किया हैं।

यह सही है कि तर्जुमा में कई जगह पर साहित्यिक छटा दिखती है। ये शुरू से अन्त तक झूठ पर टिके हैं, और लोग भ्रमित हैं। वे सच और झूठ में फर्क कर पाने में विफल हैं।

विदेशी भाषाओं में बहुत-ही सुन्दर काल्पनिक कहानियाँ लिखी गई हैं। खाकसार अंग्रेजी भाषा में, जिसे सभ्य लोगों की भाषाओं में गिना जाता है; ऐसी बहुत सारी कहानियाँ हैं, जो पूर्णतः झूठ पर ही आधारित हैं। ये झूठी कहानियाँ काव्य रूप में भी मौजूद हैं। इस तरह की कहानियों की बाढ़ आई हुई है। पर उन भाषाओं के विद्वानों की इस बारे में क्या राय है? वे विशेष रूप से यह कहते हैं कि इस तरह की कहानियाँ पूरी तरह काल्पनिक हैं।

कहानियों की इन पुस्तकों के लेखक घोषणा करते हैं कि उन्होंने जो लिखा है, वे सच्ची कहानियाँ नहीं हैं। वे इस बात को खुलेआम स्वीकार करते हैं कि ये पुस्तकें सिर्फ मजे के लिए पढ़ने की हैं। इसलिए इन्हें पढ़ने में कोई नुक़सान नहीं है। आधुनिक तमिल विद्वान, जिन्होंने शोध किया है; इस बारे में निश्चित निष्कर्ष पर पहुँचे हैं। उनका कहना है कि प्राचीन साहित्यों में फालतू की बातें शामिल हैं। उन्होंने इसकी पूरी सूची बनाई है कि इनमें क्या असत्य है और क्या काल्पनिक। उनका कहना है कि इन्हें बिना किसी तार्कि[illegible] ज्ञान के लिखा गया है।

इन कहानियों को सच्ची कहानी के रूप में प्रस्तुत करना भयानक भूल है। अगर लोगों को इन पर विश्वास करने के लिए बाध्य किया गया, तो इससे उनके दिमाग का विकास बाधित होगा। सत्य हमेशा ही सत्य होता है। असत्य लम्बे समय तक सत्य के रूप में नहीं टिक सकता है।

ऐसे तमिल पंडित, जो काल्पनिक साहित्य को सत्य मानते हैं; उन्होंने अपनी बुद्धि और न्याय के अहसास और औचित्य को गिरवी रख दिया है।

लॉ कॉलेज, मद्रास में कम्ब रामायण पर हुई बहस में ज्ञानी तमिल विद्वान मि. आर.पी. सेतुपिल्लै ने कथित रूप से कहा कि लंका का राजा रावण आर्य था। मैं इस बारे में अख़बारों में पढ़ता हूँ। दुनिया जानती है कि रावण को इस ग्रंथ में हर जगह थेन्नईलंगई वेंदन (श्रीलंका का राजा) कहा गया है।

आर्य किस अवधि के दौरान भारत आए इस बारे में इतिहासकार और शोधकर्ताओं ने बहुत पहले ही पता लगा लिया था। उनका मत है कि द्रविड़ या तमिल इस देश के, विशेषकर दक्षिण भारत के मूल निवासी हैं। इस बात के कोई ऐतिहासिक प्रमाण नहीं हैं कि किसी आर्य ने तमिलों या श्रीलंका पर कभी राज किया हो।

सिर्फ इसलिए कि रावण ने वेदों को पढ़ा था और शिव की पूजा की थी, श्री आर. पी. सेतुपिल्लै यह निष्कर्ष निकालते हैं कि रावण आर्य था। इसके प्रमाण के रूप में वे वाल्मीकि को उद्धृत करते हैं। वह इस बात को बख़ूबी जानते हैं कि शोधकर्ताओं और इतिहासकारों ने इस तथ्य की काफी जाँच पड़ताल की है।

वाल्मीकि और कम्बर दोनों ने ही रावण के कई गुण गिनाए हैं।

ऐसा माना जाता है कि रावण साढ़े तीन करोड़ वर्ष पहले पैदा हुआ था। ऐसा माना जाता है कि वह 'पुलस्त्य' वर्ग का था। यह भी कहा जाता है कि वह इतना ताकतवर था कि पृथ्वी को अपने कंधे पर उठाकर चल सकता था। उसके बारे में ऐसी ही और कई बातें प्रसिद्ध हैं।

इसके बावजूद कि वाल्मीकि और कम्बर ने यह बातें कही हैं, यह भी कहा जाता है कि उसने वेदों को पढ़ा और उत्तरी क्षेत्र की भाषा संस्कृत में बात करता था। यह जानकर वास्तव में दु:ख होता है कि मि. आर.पी. सेतुपिल्लै सिर्फ पुराणों के आधार पर किसी बात को स्थापित करना चाहते हैं। वे इन बातों पर एक शोधकर्ता के दिमाग या तार्किक तरीक़े से नहीं सोचते

हैं। राम के आने से पहले ही दक्षिण में वेदों का प्रसार कैसे सम्भव है? उत्तरी क्षेत्र की भाषा का यहाँ प्रसार होना कैसे सम्भव है? इसके अलावा, अगर रावण आर्य थे; तो फिर उसको सीता के साथ इस तरह का व्यवहार करने की जरूरत क्या थी? राम को यह घोषणा करने की जरूरत क्या थी कि वह सिर्फ रावण को मारने के लिए यहाँ आया है?

अगर हम इन बातों पर ग़ौर करें, तो यह स्पष्ट होता है कि रावण आर्य नहीं था।

हमारे कुछ तमिल विद्वानों के भाषण और उनके व्यवहार हमारे हितों के खिलाफ हैं। वे इस तरह का बर्ताव करते हैं, जैसे लगता है कि वे तमिलों के दुश्मन हैं।

मुझे तमिल विद्वानों की आलोचना करने में आनन्द नहीं मिलता है। पर उन्होंने जो अज्ञानतापूर्ण काम किया है, उसके लिए अगर मैं उनकी आलोचना नहीं करूँ, तो फिर क्या करूँ? लोग यह निर्णय करें कि ये लोग प्रशंसा के योग्य हैं कि नहीं।

आर्यों ने लिखा है कि राम आर्य था। वे इस बात को मानते हैं कि यह आर्यों की कहानी है। उनका क़हना है कि ऐसा राम को भगवान बनाने के लिए लिखा गया। बाद में तमिल लेखकों ने इन सभी बातों को पूरी तरह उठाते हुए राम के और अनेक विलक्षण गुण गढ़ डाले। रामायण को बनाए रखने के लिए उन्होंने काफी प्रयास किए। उन्होंने इसमें बकवासों की भरमार कर दी और लोगों के सामने इसे यह कहकर परोस दिया कि इस सत्य में कोई घालमेल नहीं किया गया है।

इस तरह के लोगों को हम कैसे महान और ईमानदार या आदर के योग्य मानें? इन्हें देशभक्त कैसे माना जा सकता है?

क्या आपने किसी आर्य को हमारे किसी तमिल पुस्तक का अनुवाद करते हुए देखा है? क्या उन्होंने कभी किसी तमिल पुस्तक की प्रशंसा की है? कृपा करके इस बारे में सोचिए कि वे ऐसे क्यों हैं? हमें कैसा होना चाहिए? क्या हमारे अन्दर स्वाभिमान नहीं होना चाहिए? क्यों हमारे रावण को हमेशा ही नीच और खराब दिखाया जाए?

आर्य साहित्य से घृणा करें

ऐसा इसलिए, क्योंकि इन पुराणों (पौराणिक कथाओं) और इतिहासों (महाकाव्यों) के कारण हमें आर्यों का दास बनाया गया है। मुसलमान और ईसाई आज आर्यों के दास नहीं हैं। ऐसा क्यों? क्या इसलिए नहीं कि ये लोग इन पुस्तकों से घृणा करते हैं? यह ऐतिहासिक तथ्य है। हम देखते हैं कि लोग आर्यों और उनके आर्यवाद की निन्दा करते हैं। पर कितने लोग अपने जीवन में आर्यों के खिलाफ हैं? हम व्यावहारिक नहीं हैं और हम जो कहते हैं उस पर अमल नहीं करते। रामायण और पेरिया पुराणम के प्रति हम जिस तरह का आदर भाव रखते हैं, वह इस बात की तस्दीक करता है कि हमारे चरित्र में ही दासवृत्ति है। मैं सिर्फ इतना कहूँगा कि वास्तव में हम अपनी द्रविड़ संस्कृति और तमिल भाषा के प्रति ज्यादा जागरूक नहीं हैं।

कम-से-कम हम रामायण के बारे में साक्ष्य तो जुटा ही सकते हैं। इतिहासकार आर्य, उनकी सभ्यता और खानाबदोश के रूप में उनके भारत आने के बारे में बात करते हैं। इसी तरह, इतिहासकारों ने द्रविड़ों और उनकी सभ्यता के बारे में तथ्यों का संग्रह किया है। लेकिन, पेरिया पुराणम के बारे में और उसकी कहानियों को लेकर ऐसा नहीं किया गया है।

पेरिया पुराणम

किसी ने गाथा गाई!
यह ईश्वर के ही मुख से निकला!
एक रश्मि पुंज था!
और दर्पण का वह प्रतिबिम्ब!
सद्यः मानुष बन सामने आ खड़ा हुआ!
तीन वर्ष का वह अबोध लगा गाने !
पाषाण हुआ प्लावित जल में!

सिर्फ भभूत से ठीक हुआ ज्वर!
खुद ही खुल गए द्वार!
लोमड़ियाँ बन गईं अश्व!
और सिर्फ एक हड्डी से ही, बन गई बाला!
एक बालक को मगरमच्छ ने लिया निगल,
पर वह बाहर जीवित निकला!

पेरिया पुराणम में इस तरह की बेवकूफियाँ भरी पड़ी हैं। कंडपुराणम में ऐसी क्या महानता छिपी है?

शुरुआत की पंक्तियों में ही थिलाई (चिदम्बरम) के मन्दिर में ब्राह्मण पुजारियों का जिक्र आता है। शैव पंडित अन्य पुराणों की निन्दा करते हैं। वे इसे बेहूदा बताते हैं। पर उनका खुद का पेरिया पुराणम क्या है? ये तो वैसे ही हुआ कि एक शराबी दूसरे की शराब पीने की आदत की निन्दा करे और खुद पीने के लिए शराब की फरमाइश करे। ये शैव पंडित इस तरह से व्यवहार करते हैं, जैसे इनके साहित्य में बेहूदगी भरी बातें हैं ही नहीं। क्या ये लोग आर्यों वाले गुणों से भरे नहीं लगते?

ईसाई धर्म में आपको बहुत ज्यादा बेहूदगी की बातें नहीं मिलेंगी। इसमें दो या तीन बातें ऐसी हैं, जिन पर आप विश्वास नहीं कर सकते। एक कुँवारी लड़की बच्चे को जन्म देती है! रोटी का एक छोटा टुकड़ा इतना ज्यादा बन जाता है कि इससे हजारों लोग अपना पेट भर लेते हैं! मरे हुए लोग जिन्दा हो जाते हैं। पर पश्चिम के देशों में इन कुछ अविश्वसनीय बातों को भी बर्दाश्त नहीं किया जाता।

बाइबिल का भी विरोध होता है। कई तरह के विवाद चल रहे हैं। धर्म को नहीं मानने वालों की संख्या निरन्तर बढ़ रही है। पर यहाँ इस तरह की बेहूदा बातों की कमी नहीं है। हम कोई भी चीज उठाएँ, उस पर विश्वास नहीं किया जा सकता है। कई बातें असंगत हैं, विवेकहीन हैं, और तर्क के परे हैं। अब अगर स्थिति ऐसी है, तो कब तक हमारे ईश्वर, हमारा धर्म और हमारे पुराण इस रूप में जीवित रह पाएँगे? अगर साधारण और अज्ञानी लोग

ही इन पर विश्वास करते, तो हम समझ सकते थे। पर हम देखते हैं कि पढ़े-लिखे लोग भी पुराणों में श्रद्धा रखते हैं और इसका आदर करते हैं। इस दुःख को हम कैसे बर्दाश्त करें?

इसलिए मैं तमिल युवाओं से अपील करता हूँ। अपनी पतवार को तब तक सुस्त मत पड़ने दो, जब तक कि इन पुस्तकों से जुड़ी मिथ्या अभिमान को समाप्त नहीं कर दिया जाता है। इसके लिए भले ही तुम्हें जो भी कष्ट सहना पड़े; साहसपूर्वक इनको नकारो। ये पुस्तकें तुम्हारे दिमाग के लिए दीमक की तरह हैं। अगर आप युवा लोग इस तरह की मूर्खतापूर्ण, घातक और अवांछित बातों को नहीं मानने का प्रण करोगे, तो आप तमिलनाडु और तमिलों की महान सेवा करोगे।

सिनेमा

कुछ शास्त्रों, पुराणों और इतिहासों को जलाने के अलावा भी कुछ महत्त्वपूर्ण काम हमारे पास है। और यह है सिनेमा के क्षेत्र में अत्याचार से मुक़ाबला करना। जिन कारणों से हम कुछ पुस्तकों को जलाना चाहते हैं, वही कारण सिनेमा पर भी लागू होते हैं। पुस्तकों में जो भी पढ़ाया जाता है; उसे सिनेमा में व्यावहारिक रूप से लागू किया जाता है।

हम देख सकते हैं कि पुरानी बातें बदल रही हैं और कई क्षेत्रों में नई व्यवस्था उसकी जगह ले रही है। दुनिया में हमें यही देखने को मिल रहा है। पर यहाँ हमें नई बातें देखने को मिल रही हैं और बदलाव को बहुत-ही चालाकी से दबाया जा रहा है। फिल्म उद्योग में पुराने को बहुत-ही बहुमूल्य सोना माना जाता है। हमारा सिनेमा अधिकांशतः अंधविश्वास, मूर्खता और बर्बरता पर आधारित है। न तो कलाकार और न ही निर्माता फिल्म देखने वालों की चिन्ता करते हैं।

एक वेश्या या एक चोर आम लोगों के हितों की चिन्ता नहीं करते। अभिनेता और निर्माता भी वैसे ही हैं। उनके कार्य समाजविरोधी होते हैं। ये लोग किसी भी तरह अपने निजी हितों की रक्षा करना चाहते हैं। वे

किसी भी तरह सुख से जीना चाहते हैं। इस तरह के असामाजिक तत्त्वों की पश्चिमी समाज में बहुत-ही कमी होती जा रही है। पर यहाँ उनकी संख्या बढ़ रही है।

हिन्दी-विरोधी आन्दोलन के दौरान महिलाओं सहित 1500 स्वैच्छिक कार्यकर्ताओं ने तमिल भाषा को बचाने के लिए अपनी गिरफ्तारियाँ दीं। इस आन्दोलन का एक अच्छा प्रभाव यह हुआ कि हमारे लोगों में तमिल संगीत सुनने की ललक बढ़ी। तमिल संगीत आन्दोलन के प्रोत्साहन के लिए कई अमीर लोग स्वेच्छा से धन देने के लिए सामने आए। इन निर्लज्ज अभिनेताओं और शर्मनाक निर्माताओं को उखाड़ फेंकने में ज्यादा वक़्त नहीं लगेगा। हमें सिर्फ इनके खिलाफ आन्दोलन करते रहना है। अगर 5000 लोग भी जेल जाने को तैयार हैं, तो यह काफी होगा। ऐसी बहुत सारी बातें हैं, जो हमें करनी हैं; और इन बहुत सारी बातों में एक यह भी है।

पश्चिमी देशों में नाटकों और फिल्मों में नवजागरण को दिखाया जाता है। पर हमारे देश में धर्म, पुराणों और ईश्वरों के नाम पर कई अविश्वसनीय बातें हो रही हैं। यहाँ तक कि सरकार भी इसमें शामिल है। जिन बातों को त्यागना चाहिए; जिनसे घृणा करनी चाहिए और जिनको अस्वीकार करना चाहिए; वे हमारे ऊपर राज कर रही हैं। आप किसी को भी इस बारे में चिन्ता ज़ाहिर करते हुए नहीं पाएँगे।

क्या समाज को सुधारने और देश का भला करने के बारे में सिर्फ चिकनी-चुपड़ी बातें करना ही काफी है? क्या देश के कल्याण के लिए लोगों से सिर्फ चरखा चलाने को कह देने भर से ही हो जाएगा? क्या सिर्फ लोगों को खादी पहनने के लिए कह देने भर से देश का कल्याण हो जाएगा?

क्या हमें योजनाबद्ध तरीक़े से काम नहीं करना चाहिए? हमें काम रचनात्मक तरीक़े से करना चाहिए। सिर्फ भाषण को ज्यादा महत्त्व देने और कुछ भी महत्त्वपूर्ण कार्य नहीं करने से बेईमान लोगों को नेता और प्रमुख व्यक्ति बनकर उभरने में मदद मिली है। वे खुद को

इस देश के बड़े नेता और राजनीतिक व्यक्ति के रूप में बहुप्रचारित करते घूमते हैं।

इसलिए, मैं युवाओं से अपील करता हूँ कि वे वर्तमान हालात के बारे में सोचें और अपने दायित्वों को समझें। यहाँ तक कि हमारी महिलाओं को भी किसी भी बात की परवाह किए बिना सामने आना चाहिए। देश के लुटे हुए स्वाभिमान को वापस लाने के लिए, कम-से-कम कुछ लोगों को किसी भी तरह का अपमान सहने के लिए तैयार रहना चाहिए। क्या आपने लोगों को अपने पेट के लिए अनैतिक कार्य करते हुए नहीं देखा है? इसलिए अपने खोए हुए सम्मान और गौरव को किसी भी कीमत पर वापस प्राप्त करने के लिए कोई निर्णय लीजिए। अगर आप किसी का भला कर सकते हैं, तो उसे करने में हिचकें नहीं।

जरा नैतिक मूल्यों के महान उपदेशकर्ता वल्लुवर ने आत्मसम्मान के बारे में जो कहा है, उसको याद करें। वे हमें चेतावनी देते हैं कि अगर हम अपने ही सम्मान और स्टेटस की चिन्ता नहीं करते हैं, तो हम एक बड़े बदलाव का रास्ता रोकते हैं। अपने सम्मान और गौरव के लिए लोगों को अपनी जान तक की बाज़ी लगाने के लिए तैयार रहना चाहिए। पर मैं यह सब क्यों कह रहा हूँ। जो लोग स्वाभिमान को महत्त्व देते हैं, वे अपना मान और आदर खो जाने का ख़तरा नहीं उठा सकते।

हमारे देश में साम्यवाद की जितनी भी बातें हो रही हैं, वे बकवास हैं। हमारे युवाओं को इन बातों से दूर रहना चाहिए। वे कौन-सा काम करते हैं? उनकी नजरें हमेशा ही जस्टिस पार्टी के नेताओं पर टिकी रहती हैं। उनका काम मुसलमानों और धनी लोगों की निन्दा करना है। वे जातिवाद की दुष्टता और प्रतिक्रियावादी गांधी के दुष्प्रचार के कुप्रभावों के प्रति चिन्तित नहीं लगते। वे उस राजाजी के प्रति चिन्तित नहीं हैं, जिसकी चिन्ता सिर्फ यह है कि ब्राह्मण कैसे सुख से जीवित रहेंगे। वे उस कांग्रेस पार्टी के बारे में चिन्तित नहीं हैं, जो वर्णाश्रम धर्म को सही ठहराती है। वे उस खादी के प्रति चिन्तित नहीं हैं, जो बर्बर युग का प्रतीक है।

साम्यवादियों में उन बुरी ताकतों का बोलबाला है, जिनकी ऊपर चर्चा की गई है। इसलिए, मैं युवाओं से अपील करता हूँ कि वे साम्यवादियों से सावधान रहें। साम्यवाद, जैसी कि उसकी फितरत है; यहाँ वह मिश्री घुला जहर है। इससे सावधान रहें!

(स्रोत : कलेक्टेड वर्क्स ऑफ पेरियार ई.वी.आर., संयोजन : डॉ. के. वीरामणि, प्रकाशक : दि पेरियार सेल्फ-रेसपेक्ट प्रोपेगंडा इंस्टीट्यूशन, पेरियार थाइडल, 50, ई.वी.के. सम्पथ सलाय, वेपरी, चेन्नई-600007 के प्रथम संस्करण, 1981

(अंग्रेजी से अनुवाद : अशोक झा)

शोषित वर्ग के लोग कौन हैं?

मित्रो!

आज इस वार्षिकोत्सव में यू.पी.ए. सौदिरपांडियन, एन. शिवराज, एस. गुरुसामी, टी.एन. रामन, कुंजीतम, विद्वान मुनीस्वामी, अरोकियासामी और कल्याण सुन्दरम ने अपनी बात कही। मुझे लगता है कि मेरे भाषण के साथ वार्षिकोत्सव का समापन होगा। अधिकांश वक्ताओं ने वे बातें कह दी हैं, जो मैं कहना चाहता था। इसलिए आप यह सोच सकते हैं कि मैं शायद बहुत अधिक न बोलूँ। आप सभी को एकजुट रहना चाहिए और अधिक-से-अधिक महिलाओं को सदस्य के रूप में अपने साथ जोड़ना चाहिए।

सच तो यह है कि हर किसी को तर्कवाद को तवज्जो देनी चाहिए। आपको तार्किक सोच विकसित करनी ही चाहिए। आपको हमेशा हर चीज के बारे में गहराई से अध्ययन करना चाहिए। जो भी दिमाग में आता है, उसे ही तार्किकता समझना सही नहीं है। किताबों में लिखे विचारों को याद करना भी तार्किकता नहीं है।

हमें क्या सम्भव है और क्या असम्भव है इसका भेद करना आना चाहिए। हमें यह पता होना चाहिए कि हमारी ताकत और मजबूती क्या है। हमें समय, स्थान और परिस्थितयों पर पूरा ध्यान केन्द्रित करना चाहिए।

अगर हमारी बुद्धिमत्ता कहती है कि कोई खास बात सही है, तो भी उसे कड़े परीक्षण से गुजारने के बाद ही उसका क्रियान्वयन किया जाना चाहिए। जाहिर है तार्किकता विकसित करने के लिए हममें तार्किक सोच का होना आवश्यक है।

यहाँ कई लोगों ने आत्मसम्मान और राजनीति के बारे में बात की। चूँकि इस संगठन में बहुत बड़ी संख्या में ऐसे लोग भी हैं, जो वंचित वर्ग से आते हैं; तो ऐसे में सरकारी समर्थन हासिल करना आपकी राजनीति के अनुरूप होना चाहिए। राजनीति में आपका समुदाय अलग-थलग है। आपके और अन्य समुदायों के दर्जे और लक्ष्यों में काफी अन्तर है। ऐसे में आपको अलग अधिकार माँगने का हक है। इसी तरह अगर सरकार ने आपको अलग अधिकार दे भी दिए हैं तो भी तथाकथित ऊँची जाति के लोग आपको ठगते हैं। ऊँची जाति के लोगों में जन्मजात धूर्तता और चालाकी है। यही वजह है कि वे उच्च वर्ण के लोग बने हुए हैं। आप को वंचित जाति के रूप में श्रेणीबद्ध किया गया है और वे तमाम सुविधाओं का लाभ ले रहे हैं। कॉमरेड अरोकियासामी तो आपको वंचित वर्ग का कहने तक पर आक्रोशित होते हैं। गुस्सा होने से क्या होगा? क्या हकीकत में आप वंचित और दमित नहीं हैं? अगर ऐसा नहीं होता, तो अलग से अधिकार माँगने की आवश्यकता ही नहीं होती। जरा सोचिए, सामाजिक जीवन में कितनी कानूनी बाधाएँ आपके सामने हैं। आपके पास मन्दिरों में घुसने का अधिकार नहीं है। यहाँ तक कि सड़कों पर चलने, जलस्रोत से पानी लेने और स्कूल में जाने तक का अधिकार आपको जस्टिस पार्टी के आगमन के बाद मिला। इसके बावजूद अनेक इलाकों में इन अधिकारों की राह में बाधाएँ हैं।

आपमें से कई ने त्रावणकोर मन्दिर में प्रवेश का अधिकार मिलने की सराहना की है। यह आपके किस उपयोग का है? अपनी ही मातृभूमि में आपकी स्थिति क्या है? कई लोग ऐसे भी हैं, जो आपसे ऊँची जाति के माने जाते हैं; उनको भी मन्दिर परिसर के आस-पास जाने की इजाजत तक नहीं है।

जब हालात ऐसे हैं, तब कुछ लोग बेशर्मी से राजनीति की बातें कर रहे हैं। यह अपने आप में बताता है कि वे मानवाधिकार हासिल करने तक के अयोग्य हैं। अगर साफ कहा जाए, तो केवल आप ही वंचित नहीं हैं। कुछ जगहों पर तो ऐसे लोगों को भी मन्दिर प्रवेश की इजाजत नहीं है, जो वंचित वर्ग से नहीं हैं। हम, जिन्हें हर मन्दिर में प्रवेश की इजाजत है; भी वंचित हैं। कुछ मन्दिरों में हमें भी कुछ खास अधिकार हासिल नहीं हैं। कॉफी शॉप और होटलों में हमारे साथ अलग व्यवहार होता है। हमें कई जगह प्रवेश का अधिकार नहीं है। आपके दमन और आपकी अवनति को लेकर बातों में जो सहानुभूति जताई जाती है, उसका तात्पर्य यह भी है कि हमारी वंचनाओं का भी अन्त हो। क्या आप कुछ लोगों की चतुराई से नहीं जूझे हैं। ऐसे लोग पंक्तिबद्ध व्यवस्था में औरों के साथ भोजन करते हुए भी परोसने वालों से कहते हैं कि वे उनके आस-पास बैठे लोगों पर अधिक ध्यान दें। इस तरह वे अपने लिए ज्यादा खाना जुटाते हैं। ठीक उसी तरह हम सोचते हैं कि अगर आपके कष्टों का अन्त होगा, तो हमारी दिक्कतें खुद समाप्त हो जाएँगी।

मेरा विचार है कि आप 'राजनीतिक कोलाहल' से जितनी घृणा करेंगे और 'राजनीतिक दलों' में शामिल होने से जितना इनकार करेंगे, आपकी समस्या दूर होने की सम्भावना उतनी ही बढ़ती जाएगी। अगर आप उन लोगों के सामने झुकना बन्द कर दें, जो आपके सर कुचलकर चलना चाहते हैं; तो आप पर होने वाले अत्याचार शीघ्र समाप्त हो जाएँगे। अन्यथा आप दूसरों के लिए आगे बढ़ने का जरिया बने रहेंगे।

हालाँकि, कांग्रेस की स्थापना को 50 वर्ष से अधिक हो चुके हैं; लेकिन केवल जस्टिस पार्टी की स्थापना और राजनीतिक और सामाजिक जीवन में हिस्सेदारी की इसकी माँग के बाद ही हमें सुधार देखने को मिला। उसके बाद पिछले 10 साल में कई बदलाव आए हैं। उसके बजाय अगर आपने कांग्रेस के समर्थन में हाथ बढ़ाना जारी रखा होता तो आप बस उच्च जाति के लोगों के पीछे 'गोविंदा' 'गोविंदा' का नारा लगाते रह जाते। जरा सोचिए, उस स्थिति में अब तक आपकी स्थिति क्या होती?

जरा त्रावणकोर मन्दिर प्रवेश के प्रोपेगंडा को देखिए। यह कैसे सामने आया या घटित हुआ? क्या हमें अपने मित्र डॉ. सीपी रामासामी अय्यर के बारे पता नहीं है? जब जस्टिस पार्टी के मंत्रियों ने यह कानून बनाया कि सभी लोगों को सार्वजनिक देख-रेख वाली सड़कों पर चलने का अधिकार है, तो उन्होंने क्या किया? क्या उन्होंने इसे नहीं रोका? जब एक ब्राह्मण मजिस्ट्रेट ने एझावा समुदाय के लोगों को इस कानून के तहत कलपाती में सड़क पर चलने से रोकने के लिए धारा-144 लागू की और जब विधानसभा में इस बारे में प्रश्न किए गए, तब श्रीमान अय्यर ने क्या कहा? उन्होंने इसके समर्थन में वक्तव्य दिया। उन्होंने इस कानून की ही एक नई परिभाषा दे डाली है। उन्होंने कहा कि यह कानून केवल उन्हीं लोगों पर लागू होता है, जिनको किसी खास काम से सड़क पर चलना हो। उनके मुताबिक यह कानून उन लोगों के लिए नहीं था, जिन्हें यूँ ही अनावश्यक सड़क पर टहलना हो। उन्होंने कहा कि धारा 144 लागू करने का अर्थ था—उच्च जाति के लोगों को उस शर्मिंदगी से बचाना, जो उनके सामने तब पैदा होती है, जब कोई निम्न जाति का व्यक्ति सड़क पर यूँ ही चला आता है। इस प्रकार इस धारा का प्रयोग उचित था।

इस प्रकार हम बहुत अच्छी तरह समझ सकते हैं कि त्रावणकोर के दीवान सर सी.पी. अय्यर के 'उदार विचार' किस प्रकार के हैं। इसके अलावा यह भी सोचिए कि आखिर उन्होंने अपने मन्दिरों के दरवाजे हमारे लिए कैसे खोले? वहाँ वंचित वर्ग के लोगों एझावा और नडार तथा अन्य तमाम लोगों के मन्दिर को ध्वस्त करके लघु मूर्तियाँ स्थापित करनी चाहीं। उन्होंने सम्मेलन किए और हजारों लोगों ने यह शपथ ली कि हिन्दू-धर्म धोखा है, उसके मन्दिर धोखा हैं और ईश्वर की अवधारणा ही धोखा है। कई लोग मुस्लिम बन गए। उन्होंने इस्लामिक टोपियाँ पहन लीं। कुछ ने दाढ़ी बढ़ा ली और सिख धर्म अपना लिया। कुछ अन्य सपरिवार ईसाई हो गए। तब जाकर मन्दिरों के दरवाजे खोले गए। ब्राह्मणों समेत उच्च जाति के तमाम लोगों ने त्रावणकोर के शासक की तारीफ की। जरा

देखिए तो, इस जीत का राज कहाँ छिपा है? इसी तरह अगर आप कांग्रेस को तोड़ना शुरू करेंगे, मन्दिरों, धर्म और देवताओं की मूर्तियों को भंग करना शुरू करें, तो बिना किसी की दया के सारे अधिकार खुद-ब-खुद आप तक पहुँचेंगे।

अगर आपको वंचित कहा जाता है और आपको इस पर गुस्सा आता है, तो आप कुछ भी हासिल नहीं कर सकते। जिस तरह 'परयर' शब्द बदलकर आदि द्रविड़ हो गया, अब वह हरिजन है; आगे वह कुछ और हो सकता है। इससे आपके कष्ट या आपकी अपमानजनक स्थिति में कोई बदलाव नहीं आने वाला। वेश्याओं को देवदासी कहने भर से क्या उनकी सामाजिक स्थिति में कोई बदलाव आता है?

ठीक इसी प्रकार गैर-ब्राह्मणों के लिए केवल नायकर, मुदलियार, देवार, वेललार, राजार, रायार आदि नाम रख लेने भर से समाज में उन पर लगा शूद्र का ठप्पा दूर नहीं होने वाला। इसका उपाय केवल यही है कि जो लोग हमारे साथ अनुचित व्यवहार करते हैं, उनके साथ असहयोग किया जाए और उनकी प्रगति की राह रोकी जाए।

अगर कुछ विश्वासघाती उनके साथ सहयोग करें, तो हमें निराश नहीं होना चाहिए। क्योंकि, ऐसे गिरे हुए और बेशर्म लोग मौजूद हैं। हमें संगठित होकर अपने अधिकारों के लिए लड़ना ही होगा। अगर हर किसी में आत्मसम्मान हो, तो वंचित वर्ग के लोगों या गैर-ब्राह्मणों की स्थिति सुधारने के लिए किसी संस्थान की आवश्यकता ही नहीं। हममें से कई लोगों को उन लोगों के चरण चूमने को मजबूर किया जाता है, जो हमें लात मारते हैं। हमें इस अपमानजनक स्थिति से उबरने का रास्ता निकालना ही होगा। इसका हल केवल हमारे बहादुर सहयोगी सहकारी प्रयासों, हमारी खुद की मजबूती और उनके लिए बाधाएँ खड़ा करने पर निर्भर हैं। कुछ वक्ताओं ने आत्मगौरव की बात की और कुछ अन्य ने मुझे नोट भेजकर विस्तृत जानकारी भी माँगी है।

1. एक सज्जन ने मुझसे पूछा है कि जीवनानन्दम और हम जैसे लोगों में क्या फर्क है?

इसका उत्तर है कि अब कोई अन्तर नहीं। पहले वे कहते थे कि चुनावी प्रोपेगंडा करना एक गंदा काम है। अब प्रेस से मिलने वाली रिपोर्ट से मुझे जानकारी मिलती है कि वे भी बेहद रुचिपूर्वक यही काम कर रहे हैं। वे यह काम कांग्रेस के लिए कर रहे हैं। इसके अलावा कोई अन्तर नहीं है।

2. एक मित्र ने पूछा है कि जस्टिस पार्टी और डेमोक्रेटिक पार्टी में क्या अन्तर है?

इसका उत्तर भी यही है कि कोई अन्तर नहीं है। अगर जस्टिस पार्टी के सिद्धान्तों के अनुरूप रोजगार में साम्प्रदायिक प्रतिनिधित्व में लोगों को कुछ भी लाभ हो रहा है, तो मैं यही कहूँगा कि ऐसा मोटे तौर पर मत्तियास मुदलियार नामक व्यक्ति की सेवाओं के कारण हो रहा है; जिन्होंने शुरू में इसके लिए प्रयास किया। हालाँकि, जस्टिस पार्टी के अनेक नेताओं और कई गैर-ब्राह्मणों ने उनके प्रति पर्याप्त आभार प्रदर्शन नहीं किया; लेकिन जहाँ तक मेरी बात है, मैं उनके प्रति शुक्रगुजार हूँ। अन्यथा डेमोक्रेटिक पार्टी के राजनीतिक अनुभव के आधार पर कुछ लोग कह सकते हैं कि उसमें और जस्टिस पार्टी में अन्तर है। लेकिन, मेरी नजर में ऐसा कुछ नहीं है।

आज भारत में केवल एक राजनीतिक दल है। वह ऐसे लोगों का दल है, जो चुनाव जीतना चाहते हैं; मंत्री पद चाहते हैं; पैसे और ताकत अर्जित करना चाहते हैं। ऐसा लग सकता है कि इस लक्ष्य को हासिल करने के कई तरीके और रास्ते हैं। वे सामाजिक मुद्दों पर एक-दूसरे के खिलाफ भी नजर आ सकते हैं। परिणामस्वरूप कुछ दल सच बोलते हैं। कुछ अन्य दल अपने सिद्धान्त में अस्पष्ट रहते हैं। यही आज के राजनीतिक दलों का सच है।

लेकिन, जस्टिस पार्टी अपने सिद्धान्तों और योजनाओं में सही प्रतीत होती है। वह खुलकर कहती है कि वह हर सम्भव प्रयास करेगी। पार्टी के नेता और सदस्य भी पार्टी के सिद्धान्तों को लेकर पूरी तरह एकमत हैं। हाँ, कुछ मौकों पर इन सदस्यों और नेताओं के बीच मतभेद भी होते हैं;

और सम्भव है उनमें से कुछ स्वार्थ के वशीभूत होकर और जनसरोकार की प्रतिबद्धता भुलाकर काम करें। परन्तु, हम इस बात को लेकर चिन्तित नहीं हैं। सभी दलों में आपको ऐसे रुख वाले लोग मिलेंगे। हर पार्टी को ऐसे लोगों के लिए गुंजाइश छोड़ देनी चाहिए। अन्यथा तो मैं यही कहूँगा कि दासता और अपमान से जूझ रहे लोगों के लिए जस्टिस पार्टी सबसे बेहतर है।

मैं कांग्रेस को केवल इसलिए दोष नहीं दे रहा हूँ, क्योंकि उसके सदस्यों में सत्ता और पद की भूख है; बल्कि मैं उसे दोषी इसलिए मानता हूँ, क्योंकि अपने एक महत्त्वपूर्ण सिद्धान्त के तौर पर वह पिछड़े और दमित वर्ग के लोगों को समान अधिकार देने से इनकार कर रही है। इसलिए मैं कहता हूँ कि हमें इसे नष्ट करना ही चाहिए। मेरा इसमें कोई भरोसा नहीं है और न ही मैं इसके उन नेताओं की इज्जत करता हूँ, जो वर्ण-व्यवस्था में यकीन करने वाले रुढ़िवादी लोग हैं। मैं अन्य दलों को लेकर चिन्तित नहीं हूँ।

3. एक प्रश्न यह पूछा गया है कि आत्मसम्मान के लिए कहीं कोई प्रचार क्यों नहीं है?

मेरे मित्र और मैं ऐसा कर रहे हैं। लेकिन, हमारा मुख्य ध्यान जस्टिस पार्टी पर है। मुझे लगता है कि आत्मसम्मान आन्दोलन की बेहतरी के नजरिये से ऐसा करना आवश्यक है। चाहे जो भी हो; लेकिन जस्टिस पार्टी के लिए चुनाव प्रचार का काम डेढ़ महीने में समाप्त हो जाएगा।

उसके बाद चुनावों में पार्टी जीते या हारे; मैं और मेरे मित्र आत्मसम्मान आन्दोलन का प्रचार करना जारी रखेंगे।

4. एक प्रश्न यह पूछा गया कि जस्टिस पार्टी चुनाव जीतेगी या नहीं?

अगर जस्टिस पार्टी हार जाती है तो मैं बहुत खुश होऊँगा। आत्मसम्मान आन्दोलन को गैर-ब्राह्मणों से और अधिक समर्थन मिलेगा। इसके प्रचार के काम को और गति मिलेगी। अगर जस्टिस पार्टी जीत जाती है, तो सत्ता और पद लाभ पाने वाले उसके नेताओं की ओर से कोई सहयोग नहीं मिलेगा।

पराजय गैर-ब्राह्मणों में एकता लाने की वजह बनेगी; जबकि अभी वे बँटे हुए हैं और बेहतरी के लिए कड़ी मेहनत कर रहे हैं। लेकिन, जस्टिस पार्टी हारेगी नहीं। राजनीतिक दलों द्वारा इसके विरोध की साधारण-सी वजह यह है कि उनके पास पर्याप्त मजबूत सिद्धान्त नहीं हैं। अगर कुछ नेता अलग अन्दाज में बात करें, मसलन गैर-जिम्मेदारी और स्वार्थ दिखाएँ और खुद को अवनत करें, तो भी मुझे नहीं लगता कि पार्टी हारेगी। इसलिए, क्योंकि उसके सिद्धान्त मजबूत हैं। कांग्रेस में उनका सख्त अभाव है। इसलिए मुझे लगता है कि जस्टिस पार्टी नहीं हारेगी।

5. एक मित्र ने समता और सामाजिक न्याय की बात की है। याद रखिए कि जस्टिस पार्टी एक सामाजिक न्याय की पार्टी है। उसके आगमन के बाद ही परयर और ब्राह्मण कुछ स्थानों पर पूरी समानता के साथ मंच साझा करने लगे हैं। पुराने दिनों में कहा जाता था कि अगर कोई शेर और गाय एक ही घाट पर पानी पिएँ, तो यह सामाजिक समता होगी। लेकिन, ऐसा केवल सर्कस कंपनी द्वारा दिखाए जाने वाले तमाशे में होता है। उस लिहाज से वहाँ सामाजिक न्याय मौजूद है। लेकिन आज एक परियाह, एक ब्राह्मण, एक शास्त्री, एक शंकराचारी और एक मोची एक ही स्थान पर हैं। कैसे? ऐसा भयवश हुआ है? कैसा भय? रिवॉल्वर की गोली से मारे जाने का? बिलकुल नहीं। वे समान स्तर पर रहने के लिए 10 से 20 हजार रुपए खर्च करते हैं। ब्राह्मण परियाह के सामने उसे स्वामी और मालिक कहता हुआ गिड़गिड़ाता है। यह कैसे हुआ? जरा सोचिए कि जस्टिस पार्टी की स्थापना के पहले क्या कांग्रेस की बैठकों, गतिविधियों, योजनाओं, उसके सिद्धान्तों और प्रस्तावों में वंचित वर्ग या दमित वर्ग का कोई सन्दर्भ मिलता है? इसलिए मैं आपसे पूछता हूँ कि क्या आपको अभी भी जस्टिस पार्टी द्वारा लाए गए सामाजिक न्याय पर कोई सन्देह है? मैं सामाजिक न्याय और समता के हित में काम करना जारी रखूँगा।

मैं आर्थिक समता और न्याय के क्षेत्र में काम करने और सेवा देने के लिए उत्सुक हूँ। लेकिन कांग्रेस ऐसे किसी भी विचार के पूरी तरह खिलाफ है और वह इस काम में धोखा देगी। जब वह नष्ट हो जाएगी,

तभी आर्थिक न्याय सुनिश्चित हो सकता है। अभी भी बिना सरकार को ठेस पहुँचाए और बिना उसका विरोध किए मैं आर्थिक न्याय के लिए जितना प्रचार कर सकता हूँ, कर रहा हूँ। मैं ऐसा करना जारी रखूँगा। मैं इतने सम्मान के लिए और अपने विचार प्रकट करने का अवसर देने के लिए आपका आभारी हूँ।

(कोडम्बक्कम रेशनलिस्ट्स सोसाइटी के चौथे वार्षिक दिवस आयोजन में ई.वी. रामासामी का समापन भाषण)

(रिपब्लिक (कुदी आरसु), 10 जनवरी, 1937)

(अंग्रेजी से अनुवाद : पूजा सिंह)

क्या शोषित वर्ग हिन्दू है?

हम लम्बे समय से कहते रहे हैं कि हिन्दू-धर्म का अर्थ है—आर्य धर्म, और हिन्दू आर्य हैं। इसलिए हम यह कहते रहे हैं कि हम द्रविड़ों को खुद को हिंन्दू नहीं कहना चाहिए; न ही खुद को हिन्दुत्व को मानने वाला कहना चाहिए। इसी के अनुरूप सन् 1940 में जस्टिस पार्टी के प्रान्तीय सम्मेलन में मेरी अध्यक्षता में एक प्रस्ताव पारित हुआ। फैसला किया गया कि हम द्रविड़ खुद को हिन्दू नहीं कहेंगे, और न ही यह कहेंगे कि हम हिन्दू-धर्म से ताल्लुक रखते हैं। मैंने उस वक्त भी यह बताया था कि ये फैसला क्यों किया गया? अब भी कुछ लोग हैं, जो कहते हैं कि हम हिन्दू हैं और हमें हिन्दू-धर्म का त्याग नहीं करना चाहिए।

हम इस बिंदु की और व्याख्या करना चाहेंगे। हिन्दू नाम हिन्दुस्तान में रहने वाले आर्यों को अन्य देश के लोगों ने दिया था। हिन्दू शब्द की कोई सुस्पष्ट व्याख्या नहीं है। इसका भी कोई सबूत नहीं है कि हिन्दू-धर्म जैसी कोई चीज अस्तित्व में है। कहा केवल यही जा सकता है कि हिन्दुस्तान में रहने वाले लोग एक धर्म का पालन करते हैं और विदेशियों द्वारा इसे ही क्रमश: हिन्दू और हिन्दुत्व कहा जाता है। शब्दकोशों में भी हिन्दू शब्द का अर्थ हिन्दुस्तान में रहने वाले व्यक्ति के रूप में दिया गया है। अब इस

शब्द का अर्थ उन लोगों से लगाया जाता है, जो इस्लाम के विरोधी हैं और ब्राह्मणवाद के समर्थक। यह भी कहा गया कि इस शब्द का अर्थ सनातन धर्म को मानने वाले लोग भी हैं। इससे उलट यह भी कहा जाता है कि फारसी भाषा में हिन्दू शब्द का अर्थ चोर होता है।

तो आप इसे चाहे जिस तरह देखें; लेकिन यह स्पष्ट है कि हिन्दू शब्द का कोई समुचित अर्थ नहीं है। इसका अर्थ केवल लोगों का एक समूह और एक धर्म है, जिसका यह समूह पालन करता है। हमें अलग से यह बताने की आवश्यकता नहीं है कि यह कौन-सा समुदाय है और यह किस धर्म की ओर संकेत करता है? ऐसा इसलिए क्योंकि इतिहास बताता है कि आर्यों के आगमन के बाद ही विदेशियों ने भारत पर हमला किया और कब्जा किया।

अतीत में जो लोग भारतीय उपमहाद्वीप में आए, वे कुछ खास रास्तों से आए; न कि समुद्री मार्ग से। निश्चित तौर पर उन्होंने उत्तर पश्चिम और उत्तर पूर्व की दिशा में मौजूद रास्तों का प्रयोग किया होगा। हम इतिहास से यह भी सीख सकते हैं कि सबसे पहले आकर बसने वाले लोगों ने उत्तर पश्चिम के दर्रों का प्रयोग किया। आर्य ऐसे पहले लोग थे। अगर बाद में आने वाले लोगों ने यहाँ के निवासियों को हिन्दू कहा, तो यह तो कोई भी समझ सकता है कि उनका इशारा किसकी ओर रहा होगा। मुझे नहीं लगता कि आज भी यह स्पष्ट करने की आवश्यकता है कि आर्य किस तरह के लोग थे और वे किस धर्म का पालन करते थे।

अगर आज हम इन परिस्थितियों में जीवन बिता रहे हैं और विदेशियों के इस कदर नियंत्रण के शिकार हैं, तो इसकी वजह क्या है? क्या यह आर्यों द्वारा बोए गए बीज का नतीजा नहीं है? हमारे देश के लोग इस दर्शन के अधीन जीवन बिताते हैं कि हर कोई एक समाज का हिस्सा है और हम सभी भाई हैं। चार वर्णों की स्थापना के लिए कौन जिम्मेदार है? हमारे समाज की एकता को नष्ट करने वाली सैकड़ों जातियाँ किसने बनाई हैं और देश की एकता को नष्ट किसने किया? क्या यह काम आर्यों ने नहीं किया?

इन वर्णों और जातियों को बनाकर और एक जाति का दूसरी जाति से हर तरह का सम्पर्क रोककर, हर जाति के लिए काम और कर्तव्य निर्धारित

करके क्या आम जनता के बीच की एकता को खंडित नहीं किया गया? क्या यही वजह नहीं है कि हमारे लोग देश के बारे में चिन्ता नहीं करते और अन्य लोगों की भी उनको कोई परवाह नहीं रहती? ऐसे में आक्रमणकारियों के लिए और भारतीय उपमहाद्वीप को अपना उपनिवेश बनाने वालों के लिए यह सुनहरा अवसर था। यह कहना कोई अतिरंजना नहीं होगी कि हम लोग, जिन्होंने इस भूमि पर शासन किया; दूसरों में डर पैदा किया; जिन्होंने शेष विश्व को संस्कृति और सभ्यता का पाठ पढ़ाया; वही अब अपने शहर और देश गँवा चुके हैं। हम शर्मिंदगी के शिकार हैं और आर्यों और विदेशियों के गुलाम बन गए हैं।

अगर वास्तव में भारतीय उपमहाद्वीप को स्वतंत्र बनाना है, तो यहाँ रहने वाले लोगों को आजाद रहना होगा। क्या हमें यह नहीं सोचना चाहिए कि हमें इस दशा में पहुँचाने वाले लोगों को उखाड़ फेंका जाए। यही वजह है कि हम जोर देकर कहते हैं कि हम द्रविड़ों को खुद को हिन्दू नहीं कहना चाहिए। हमें हिन्दू-धर्म का आचरण और व्यवहार भी नहीं अपनाना चाहिए। अगर द्रविड़ समुदाय को प्रगति करनी है, तो उसे आत्मगौरव के साथ जीना होगा।

यही वजह है कि 4 जनवरी, 1945 को जब डॉ. आंबेडकर ने कलकत्ता में वंचित वर्ग के साप्ताहिक 'पीपुल्स हेराल्ड' की शुरुआत की, तो उन्होंने बहुत दुःखी मन से कहा था कि हिन्दू परजीवी हैं। हम कड़ी मेहनत करते हैं; वे हमारे श्रम का रस चूस लेते हैं। अगर आजादी इस शोषण का अन्त नहीं कर सकती, तो ऐसी आजादी मिले या न मिले; कोई फर्क नहीं पड़ता।

जो लोग दूसरों का रक्त चूसते हों, जो बिना मेहनत का मामूली-सा काम किए भी सुख और आराम का जीवन बिताते हों; उनके खिलाफ गुस्सा और क्रोध तो उत्पन्न होगा ही। मैं भी ऐसी प्रतिक्रिया देखकर कतई चकित नहीं ने वाला। हजारों साल से जिन लोगों ने हमें मेंढक की तरह समझा और हमारे साथ दुर्व्यवहार किया और उस आधार पर एक आसान और सहज जीवन जिया; उनके लिए इस सुखद जीवन को यूँ आसानी से छोड़ देना सम्भव नहीं। उन्हें तो अपनी इस जीवन शैली की आलोचना सुनना भी गवारा नहीं होगा। जाहिर है, वे नाराज होंगे; हम पर नियंत्रण करना चाहेंगे।

सत्ता की मदद लेना चाहेंगे और गाली-गलौज की भाषा का इस्तेमाल भी कर सकते हैं। हमें इसकी चिन्ता करने की आवश्यकता नहीं है। यह एकदम स्वाभाविक है।

अगर आप किसी चोर को चोर कहेंगे, तो निश्चित तौर पर उसे बुरा लगेगा। अगर आप किसी वेश्या को वेश्या कहेंगे तो वह गुस्से से लाल हो जाएगी। इसी तरह अगर आप दूसरों की मेहनत पर जिन्दा रहने वाले लोगों को परजीवी कहेंगे, तो उनको दिक्कत होगी। हम इन लोगों को भला और क्या कहें? क्या हमें उनकी अनभिज्ञता से सहानुभूति होनी चाहिए या फिर उनको मोटी चमड़ी वाला या बेशर्म कहते हुए हमें चीजों को यूँ ही उनके हाल पर छोड़ देना चाहिए।

चूँकि, हम सभी चीजों को यूँ ही उनके हाल पर छोड़ देते हैं; इसीलिए उपमहाद्वीप में आर्यों के विरुद्ध उपजे तमाम विद्रोह ठंडे पड़ गए या उनको आसानी से दबा दिया गया। आज हम विश्वयुद्ध में ऐसी ही घटनाओं का दोहराव देख रहे हैं। जो देश दूसरे देशों से लड़ रहे हैं, वे विजित देश में अपना काडर तैयार करने की रणनीति अपना रहे हैं, जो उन्हें स्थानीय सरकार के खिलाफ मदद करे। ठीक यही बात अपने देश में घटित हो रही है। जब भी वे देखते हैं कि आर्यों के खिलाफ प्रतिरोध मजबूत हो रहा है, तो वे इसे नष्ट करने के उपाय अपनाते हैं। एक विरोधी समूह तैयार किया जाता है और उसकी मदद से उन लोगों को खत्म किया जाता है, जो वास्तव में प्रतिरोध के लिए खड़े हुए थे। हमें कभी-भी ऐसे लोगों से सहानुभूति नहीं दिखानी चाहिए।

इस लड़ाई में आर्यों के खिलाफ जंग में अगर आर्यों का विरोध करने वालों को सफल होना है, तो उनको आर्यों की उपरोक्त जैसी किसी भी योजना को पहले विफल करना होगा। अगर आप इससे निपट नहीं सकते, तो कभी आर्यों के चंगुल से मुक्त नहीं हो पाएँगे। यदि ऐसा नहीं हुआ, तो हमारे सारे प्रयास नाकाम साबित होंगे। अगर किसी बर्तन में छेद हों, तो कितना भी प्रयास कर लिया जाए; उसमें पानी नहीं भरा जा सकता। अगर बर्तन को पानी से भरना है, तो सभी छेदों को पहले मूँदना होगा या फिर बर्तन बदलना होगा। समझदार लोग यही करते हैं। हमें भी यही करना होगा।

हम इस पर जोर क्यों दे रहे हैं, यह भी एकदम स्पष्ट है। डॉ. आंबेडकर ने कहा है कि वंचितों की यह स्थिति और उनके इस खराब जीवन स्तर की वजह हिन्दू-धर्म है। एक व्यक्ति हिन्दू तब होगा, जब वह आर्यों के वेदों, पुराणों, इतिहास और मिथक आदि में भरोसा करेगा और उनका समर्थन करेगा। अगर आप इनको नहीं मानते या इनका पालन नहीं करते, तो आपको हिन्दू नहीं कहा जाएगा। अगर ऐसा नहीं होगा; तो जातीय भेद, उपजातियाँ, धर्म के अलग-अलग पंथ और वर्ण आदि सब निष्प्रभावी हो जाएँगे और गायब हो जाएँगे। क्या समाज अर्थव्यवस्था और राजनीति में प्रगति नहीं करेगा? यही वजह है कि डॉ. आंबेडकर ने जोर देकर कहा कि वंचित वर्ग के लोगों को खुद को हिन्दू नहीं कहना चाहिए। इसके अलावा वेद, पुराण, इतिहास आदि, जिन्होंने समाज में इतना हौवा बनाया है और जो लोगों के अलगाव के लिए उत्तरदायी हैं, जिन्होंने देश को नष्ट कर दिया, उनको भी खत्म किया जाना आवश्यक है। लेकिन दक्षिण भारत में जो लोग वंचितों के नेता होने का दम्भ भरते हैं; मसलन—मुनिस्वामी पिल्लई और शिवषडमुगम जैसे लोग कहते हैं—'हरिजनों को डॉ. आंबेडकर के उस हिन्दू विरोधी प्रोपेगंडा का शिकार नहीं होना चाहिए जो उन्होंने अभी हाल में चेन्नई में फैलाया। उनको हिन्दू-सिद्धान्तों के मुताबिक अपनी भूमिकाओं का अपने कर्तव्य का निर्वहन करना चाहिए।'

उन्होंने यह भी कहा कि डॉ. आंबेडकर द्वारा हिन्दू-धर्म के बारे में कही गई बातों पर ध्यान देने की आवश्यकता नहीं है।

आम जनता को जरूर यह सोचना होगा कि क्या इन लोगों ने ये विचार अपने समाज की अतीत की स्थिति और उसके कष्टप्रद वर्तमान को ध्यान में रखने के बाद दिया है? अगर उनके समुदाय के कुछ लोगों को मंत्री पद मिल गया और राव बहादुर और दीवान बहादुर जैसी पदवी मिल गई, तो क्या यह पर्याप्त होगा? समुदाय की आम हालत कैसी है? क्या कुछ लोगों का आर्थिक रूप से सम्पन्न हो जाना पर्याप्त होगा? उनका आर्थिक आधार क्या है?

मूर्ख-से-मूर्ख व्यक्ति भी कहेगा कि अगर उन लोगों ने अपने समाज की मौजूदा व्यवस्था पर गहराई से निगाह डाली होती, तो वे ऐसी बात कभी

नहीं कहते। ऐसे लोगों की जीवन परिस्थितियाँ बदलने की योजना धीरे-धीरे सामने आएँगी। अगर लोगों ने इसी समझ के साथ बात की कि कुछ लोगों के जीवन में आया बदलाव और कुछ लोगों की सराहना पर्याप्त है, तो यह ठीक नहीं है। अभी भले तालियाँ और फूलमाला जैसी चीजें कुछ देर के लिए ठीक लगें; लेकिन भविष्य के इतिहासकार ऐसे लोगों की आलोचना करेंगे। इतना ही नहीं भविष्य के लोग ऐसे नेताओं पर हँसेंगे।

ऐसे में आज कुछ हलकों के नामधाम की चमक में बहने और केवल अपने कल्याण के बारे में सोचने के बजाय अगर लोग व्यापक समाज के कल्याण के बारे में सोचें और इस पर विचार करें कि ऐसे लोगों की बेहतरी के लिए क्या कुछ किया जा सकता है? इसके लिए क्या बलिदान देने होंगे। इन लोगों की प्रगति में बाधा बन रहे लोगों से किस तरह निपटना होगा? केवल ऐसा करके ही सम्बन्धित समुदाय और लोगों की हालत में सुधार लाया जा सकता है।

इन लोगों को यह भी विचार करना चाहिए कि आखिर डॉ. आंबेडकर ने हिन्दू-धर्म की बुराई क्यों की और उन्होंने हिन्दुओं को परजीवी क्यों कहा? अगर आप इतिहास पर नजर डालें, पुराणों को देखें, मनु शास्त्र को पढ़ें या आर्यों के किसी भी साहित्य पर गहराई से नजर डालें, तो आप पाएँगे कि आर्य-हिन्दू बिना मेहनत किए परजीवियों की भाँति दूसरों की मेहनत पर जीवित रहते थे। वे आज भी ऐसा ही कर रहे हैं।

आप चाहे जो किताब उठा लीजिए। आप पाएँगे कि उनमें आर्यों के बारे में यही लिखा होगा कि वे खूब आराम से रहते थे; जबकि शेष लोग उनके आदेश का पालन करते थे। यह देखकर किसका दिल नहीं दुखेगा? उन लोगों को दुःखी दिलों की इन आवाजों को सुनकर सच्चाई का आकलन करना ही होगा, बजाय उनकी अनदेखी करने के।

(रिपब्लिक (कुदी आरसु), सम्पादकीय, 6 जनवरी, 1945)

(अंग्रेजी से अनुवाद : पूजा सिंह)

अस्पृश्यता और शराबबन्दी

'भले ही आप लोग इस कुएँ का उद्घाटन मुझसे कराकर मुझे मान दे रहे हैं; लेकिन स्पष्ट कहूँ, तो मैं ऐसा करते हुए बहुत खुश नहीं हूँ। दरअसल, मैं इस कार्यक्रम में भागीदारी को काफी कष्टप्रद काम मान रहा हूँ। मेरा विचार है कि आदि द्रविड़ों के लिए अलग कुआँ खोदना एक तरह का अत्याचार है। आदि द्रविड़ों के लिए अलग कुओं का निर्माण हमारे और उनके बीच एक स्थायी गतिरोध को जन्म देता है। यह बात हमें हमेशा यह याद दिलाएगी कि आदि द्रविड़ हमसे कमतर हैं और वे हमसे मेल-जोल के लायक नहीं। आखिर उनके लिए अलग कुआँ क्यों होना चाहिए? ऐसे परोपकार के काम कुछ ऐसे लोगों की मदद करते हैं, जो खुद को आदि द्रविड़ों का हितैषी और उनसे बेहतर दिखाना चाहते हैं। हम उनको अपने कुओं से पानी निकालने की इजाजत क्यों नहीं दे सकते? क्या पशु-पक्षी तालाबों से पानी नहीं लेते? क्या हम नहीं जानते कि उनमें पानी किस प्रकार भरा जाता है? क्या आप नहीं जानते कि उस पानी में कितने प्रकार की अशुद्धियाँ होती हैं। यह भी कि उस पानी का प्रयोग करने से आदि द्रविड़ों को कितनी तरह की परेशानियाँ हो सकती हैं?'

मेरे स्वागत में जो उद्बोधन दिया गया, उसमें आपने मेरी तारीफ करते हुए कहा कि मैंने आपके लिए काफी कुछ किया है। यह सच नहीं है। मैंने

कभी खासतौर पर आपके लिए कुछ नहीं किया। अगर कोई कहता है कि उसने आदि द्रविड़ों के कल्याण के लिए, उनकी स्थिति में सुधार के लिए कुछ किया है, तो वह साफतौर पर दिखावा कर रहा है। यह कुछ ऐसा ही है, जैसे कहा जाए कि भारत पर यूरोपीय शासन अच्छा था। मैं ऐसा नहीं सोचता।

हमारे देश में परयर नामक एक जाति है और एक जाति का नाम 'शूद्र' भी है। 'शूद्र' जाति नाम परयर की तुलना में अधिक अपमानजनक है। हिन्दू शास्त्रों के मुताबिक ऐसे शुद्ध रक्त वाली महिलाएँ और अन्य लोग हो सकते हैं, जो एक ही पिता और माँ की सन्तान हों। लेकिन, उनके मुताबिक 'शूद्रों' पर यह बात लागू नहीं होती। क्योंकि 'शूद्र' स्त्री अन्य लोगों की भी सेवा करती है। वह एक 'वेश्या' के समान होती है। 'शूद्र' पुरुष से तात्पर्य था एक ऐसी स्त्री का पुत्र, जो दूसरों की सेवा करती हो; यानी वेश्या का पुत्र। शास्त्रों के मुताबिक अगर आप इस विचार को स्वीकार नहीं करते, तो आप हिन्दू नहीं हैं। ऐसे में अगर मुझ जैसे 'शूद्र' कहे जाने वाले लोग परयर के लिए काम करें, तो इसका अर्थ है कि बस हम दूसरों से शूद्र कहे जाने से बचने की कवायद कर रहे हैं। ऐसे में जब मैं अपने लिए कड़ा परिश्रम करता हूँ, तो आपको लगता है कि मैं आपके लिए काम कर रहा हूँ। जो स्त्री-पुरुष आपको कमतर समझते हैं, वे यह नहीं जानते कि खुद उनको अन्य लोग अपने से कमतर समझते हैं। दूसरों को अपने से कमतर समझने के कारण वे अन्य लोगों की नजर में खुद की कमतरी को बुरी चीज नहीं समझते।

मानो इतना ही पर्याप्त नहीं हो, तो वे आपमें और कमियाँ निकालना शुरू कर देते हैं। उनको आपके शरीर से बदबू आती है; उनकी नजर में आप स्नान नहीं करते; कपड़े नहीं धोते; आप गोमांस खाते हैं; आप शराब पीते हैं। वे आपको उपदेश देते हैं कि आपको ये सारे काम छोड़ देने चाहिए। वे समझते नहीं हैं कि आपके न नहाने या कपड़े न धोने के पीछे कौन जिम्मेदार है? जब आपके पास पीने के लिए ही पानी नहीं होगा, तो नहाने और कपड़े धोने के लिए पानी कहाँ से आएगा? अगर आप संत या शंकराचार्य कहे जाने वाले लोगों को ही नहाने न दें और कपड़े न धोने दें, तो क्या उनके कपड़े मैले नहीं होंगे? क्या उनके शरीर और मुँह से बदबू नहीं आएगी? हम

किसी व्यक्ति को भूखा रखें और उसके मर जाने पर कहें कि वह भूख से मर गया। जरा सोचिए इसमें पाप किसका है?

यह कहना ईमानदारी की बात नहीं है कि गोमांस खाने या शराब पीने से आप परयर हुए। वास्तव में गोमांस खाने और शराब पीने वाले तो आज दुनिया पर शासन कर रहे हैं। इसके उलट अगर आप गोमांस खाते हैं तो यह आपका दोष नहीं है क्योंकि आपको तो बढ़िया कमाने, खाने, सड़कों पर चलने, मर्जी से काम करने तक की इजाजत नहीं दी गई। आपको अपने सीमित संसाधनों में ही भोजन करना है और एक सीमित धनराशि में जो मिल जाए, वही खाना है। यहाँ तक ईसाई और इस्लाम अपनाने वाले, जो गोमांस खा सकते हैं; वे भी यही कहते हैं कि अगर उनके पास खाने पर खर्च करने के लिए और पैसे होते तो वे गोमांस नहीं खाते। लेकिन, हमारे देश में गोमांस खाने की सबसे प्रधान वजह गरीबी है।

इतना ही नहीं, प्रश्न यह भी है कि आखिर कैसे गोमांस खाना बकरी, मुर्गा, मछली या सूअर खाने से अलग है? मुर्गा, मछली और सूअर आदि तो गंदी सामग्री खाते हैं। जब उत्तर भारत के ब्राह्मणों से लेकर दक्षिण भारत के शूद्रों तक इन चीजों का सेवन किया जाता है, तो गोमांस खाने वाले कमतर कैसे हो गए? जबकि गाय तो गंदगी नहीं, बल्कि चारा और घास जैसी शाकाहारी चीजें खाती है। इसके बावजूद वे गोमांस खाने वालों के बारे में कहते हैं कि मत छुओ, सड़कों पर मत चलो, टंकी से पानी मत पियो और गाँवों में मत रहो।

मेरा निष्कर्ष यह है कि यह आपको खराब परिस्थितियों में रखने की किसी ठोस वजह के बजाय एक बेईमान और गैर-जिम्मेदार वजह है। मैं इस बात पर आपत्ति नहीं कर रहा हूँ कि गोमांस और शराब को प्रतिबन्धित किया जाना चाहिए। लेकिन जब कुछ लोग कहते हैं कि अगर आप इनको छोड़ देंगे, तो आपकी जात ऊँची हो जाएगी; तो मैं इस बात पर आपत्ति करता हूँ। क्योंकि, यह एक किस्म की बेईमानी है। मैं आपसे केवल अपनी जाति का दर्जा ऊँचा करने के लिए शराब या गोमांस त्यागने को नहीं कहूँगा। उसके लिए आपको दोनों में से कोई काम करने की आवश्यकता नहीं है। नारियल

और ताड़ से निकलने वाली ताड़ी का सेवन आप नहीं करते, हमारे प्रान्त में आने वाली 10 से 15 करोड़ रुपए मूल्य की विदेशी शराब का सेवन आप नहीं करते। इन बातों पर कोई यकीन नहीं करेगा। अगर कोई कहता कि ऊँची जाति का दर्जा हासिल करने के लिए आपको यह करना होगा, तो पहले उनको शराब छोड़ने दीजिए।

मैं मानता हूँ कि शराब पीना अच्छे आचरण का प्रतीक नहीं है। मैंने शराबबन्दी के लिए भी काम किया है। लेकिन, शराब पीने का जाति-व्यवस्था से कोई ताल्लुक नहीं है। ऐसे में यदि कोई कहता है कि गोमांस भक्षण और शराब छोड़ने से कोई ऊँची जाति का बन जाता है, तो मैं कहूँगा कि वह झूठ बोल रहा है। मैं आपकी कुछ कमियाँ भी सामने लाना चाहता हूँ।

आप अपनी जातीय गिरावट के लिए खुद भी उत्तरदायी हैं। आप अनावश्यक रूप से हर किसी को नमस्कार करते हैं, उनको स्वामी कहकर पुकारते हैं। आपके रक्त में ही यह शामिल हो गया है कि आप खुद को दूसरों से कमतर समझते हैं। आपको अपने आपमें बदलाव लाना होगा। जब आप किसी को देखें, तो खुद से पूछें कि आखिर किन मायनों में आप उससे अलग हैं? यदि किसी जाति ने आत्मगौरव का भाव ही गँवा दिया हो, तो आप उसका स्तर ऊँचा नहीं उठा सकते। हर किसी को यह समझना होगा कि वह मनुष्य है। आज के बाद किसी को स्वामी मत कहिए। अगर आप चाहते ही हैं, तो अय्या कहकर पुकारिए। आपको दूसरों से अलग दिखने की बुरी आदत छोड़नी होगी। केवल तभी आपके साथ बराबरी का व्यवहार किया जाएगा।

(6 अप्रैल, 1926 को कराईकुड सिरवयाल में गांधी रीडिंग लाइब्रेरी के वार्षिक उत्सव के दौरान एक कुएँ के उद्घाटन समारोह में दिया गया भाषण।)

(रिपब्लिक (कुदी आरसु), 25 अप्रैल 1926)

(अंग्रेजी से अनुवाद : पूजा सिंह)

समाज का पुनर्निर्माण

(द्रविड़िस्तान आन्दोलन का स्पष्टीकरण)

सम्पादक महोदय चाहते थे कि मैं ब्लैकशर्ट मूवमेंट (काली कमीज आन्दोलन) के विषय में कुछ लिखूँ। इस नाम का कोई भी आन्दोलन नहीं है। जो लोग इस आन्दोलन से असन्तुष्ट हैं; इसकी गतिविधि से जिन्हें बाधा पहुँचती है; या यह जिनके प्रतिकूल है; उन्होंने इसका ऐसा नामकरण किया है। वास्तव में सम्पादक महाशय का भाव द्रविड़िस्तान से है। राष्ट्र के किसी विशाल आन्दोलन के अनुयायियों द्वारा पहनी जाने वाली ड्रेस व रंग के आधार पर उस आन्दोलन का नामकरण करना असंगत है। मैं कांग्रेस आन्दोलन को खद्दर आन्दोलन नहीं कह सकता।

इस महान प्रायद्वीप के निवासी द्रविड़ जिस अज्ञान एवं पतनोन्मुख स्थिति में कर दिए गए हैं; काली कमीज उस स्थिति की सूचक है। यह हमारी आर्थिक दासता को प्रकट करती है। जिस प्रकार एक सच्चा कांग्रेसी खद्दर पहनकर अपने को गौरवान्वित समझता है; उसी प्रकार हम लोग काली कमीज पहनकर अपने को गर्वीला मानते हैं। काली कमीज पहनने का सुझाव मेरा अपना है; किसी विदेशी पार्टी अथवा संगठन से यह नहीं लिया गया। काला रंग प्राय: मृत्यु और शोक का सूचक है। हम द्रविड़ लोग मृत पुरुषों

से भी अधिक गए-गुजरे हैं। पुराण, इतिहास स्मृति और अन्य हिन्दू शास्त्र हम लोगों को शूद्र मानते हैं। हिन्दू-विधान अब भी हमें ऐसा ही मानता है। हिन्दू मन्दिर तक हमारा तिरस्कार करते हैं। मन्दिर प्रवेश कानून, जिसका कांग्रेसियों को बड़ा गर्व है; इन पवित्र मन्दिरों में हमें नहीं जाने देता। द्रविड़ भाषाएँ ईश्वर के लिए अभिशाप समझी जाती हैं। समाज में हम लोगों को कितना नीचा एवं लज्जास्पद समझा जाता है, इसके समर्थन में सैकड़ों प्रमाण तथा उदाहरण प्रस्तुत किए जा सकते हैं।

जनता की जानकारी तथा समाज में अपनी इस दु:खद स्थिति की यादगार के लिए मैंने यह काली कमीज प्रतीक रूप में निर्धारित की है। जो इसे पहनते हैं, वे उतना ही गर्व का अनुभव करते हैं, जितना गर्व गांधी जी ने दक्षिण अफ्रीका के कैदियों की टोपी अपने सिर पर पहनकर किया था। क्या गांधी के अनुयायियों ने उस टोपी को गांधी टोपी कहकर उसका सम्मान नहीं किया था? बावजूद इस तथ्य के कि काली कमीज एक साधारण प्रतीक है; फिर भी प्रान्तीय सरकार ने काली कमीज आन्दोलन पर प्रतिबन्ध लगाने का विचार किया। यह गलती एक बार सरकार को बताई गई। हम लोग बराबर इसे पहनते रहे; यद्यपि सरकार ने अपना प्रतिबन्ध इस पर से नहीं हटाया। लेकिन, मैं सरकार को धन्यवाद देता हूँ कि प्रतिबन्ध लगाकर उसने हमारे आन्दोलन को आगे बढ़ाया।

इतना सब कुछ है, इस कथित काली कमीज आन्दोलन के विषय में।

यह भली प्रकार ज्ञात है कि जस्टिस पार्टी के संस्थापक दक्षिण भारत के दो महान नेता डॉ. टी.एम. नायर और सर पी. त्यागरोया चेट्टियर थे; जो बहुत दिनों तक कांग्रेस में रहे हैं।

सन् 1920 के पूर्व कांग्रेस संगठन का मुख्य ध्येय भारतीय लोगों के लिए बड़ी-बड़ी नौकरियाँ प्राप्त करना था, जो अधिकांश रूप से विदेशियों के हाथ में थीं। परिणामस्वरूप समस्त प्रधानपद विशेषाधिकार प्राप्त कुछ लोगों ने अर्थात ब्राह्मणों ने हथिया लिए थे। दक्षिण भारत की शेष जातियों को समान अधिकार एवं समान अवसर प्राप्त हों और पद दलित अब्राह्मण को राजनीतिक, शैक्षिक तथा आर्थिक समानता मिले; एतदर्थ जस्टिस पार्टी

की स्थापना इन दो महान नेताओं द्वारा की गई थी। उन दिनों अब्राह्मण 10 प्रतिशत भी शिक्षित न थे और 5 प्रतिशत से अधिक सरकारी या गैर-सरकारी स्थानों पर नौकर नहीं थे। राजनीतिक क्षेत्र में तो इनका पूर्ण अभाव था। विधानसभाओं, स्थानीय स्वायत्त संस्थाओं तथा जीवन के प्रत्येक क्षेत्र में अब्राह्मण वर्ग पूर्णरूप से उपेक्षित था। लाभ वाले अधिकांश समस्त स्थान (100 रुपए से ऊपर के) अब्राह्मण वर्ग को नहीं दिए जाते थे; जबकि उनकी जनसंख्या का अनुपात 97 प्रतिशत था। हजारों रुपए मासिक वेतन वाले पद तो अब्राह्मणों को मिलना स्वप्न मात्र था।

इस प्रकार एक अल्पसंख्यक जाति जीवन के प्रत्येक क्षेत्र में बहुसंख्यक जाति पर अपना अधिकार जमाए हुई थी; यहाँ तक कि अब्राह्मण वर्ग के कुछ पढ़े-लिखे और कार्य में विशेष क्षमता रखने वाले व्यक्ति तक सरकारी और गैर-सरकारी उच्च पदों पर नहीं लिए जाते थे। अतएव साउथ इंडियन लिबरल फेडरेशन' (जस्टिस पार्टी) का आविर्भाव हुआ।

उस समय की कांग्रेस पर दक्षिण भारतीय ब्राह्मणों का प्रभुत्व था। उत्तर भारत के नेता भी कांग्रेस पर हावी थे, परन्तु या तो उन्हें दक्षिण भारत के अब्राह्मणों की इस दयनीय स्थिति का पूर्ण ज्ञान न था, या जानबूझकर इनकी उपेक्षा उनके द्वारा की गई थी। स्वभावत: कांग्रेस ने अपना ध्यान दक्षिण भारतीय आन्दोलन की ओर लगाया। लगभग समस्त भारतीय समाचार पत्र कांग्रेस, ब्राह्मण तथा ब्राह्मणों के साथ सहानुभूति रखने वाले व्यक्तियों के हाथ में थे; जैसा कि आजकल भी है। अतएव देश के कोने-कोने में झूठा प्रचार किया गया कि जस्टिस पार्टी अन्तर्राष्ट्रीय एवं ब्रिटिश पोषक है। इस मिथ्या एवं भ्रामक प्रचार का एक मात्र कारण जस्टिस पार्टी का वह आन्दोलन था, जिसमें माँग की गई थी कि अब्राह्मण वर्ग को भी उच्च सरकारी व गैर-सरकारी नौकरियाँ दी जाएँ, और इस माँग के न मानने पर येन-केन प्रकारेण शासन पर अधिकार जमाकर सरकारी उच्च नौकरियाँ प्राप्त की जाए। इसमें जस्टिस पार्टी को कुछ अंश तक सफलता भी मिली; परन्तु जस्टिस पार्टी के विरुद्ध मिथ्या प्रचार की गति बहुत तीव्र थी। परिणामस्वरूप अनपढ़ एवं मूर्ख जन समूह इस भ्रामक प्रचार पर विश्वास करने लगा।

सन् 1920 के बाद कांग्रेस आन्दोलन ने नरम आन्दोलन उखाड़ फेंका (यहाँ यह स्मरणीय है कि सन् 1920 के पूर्व कांग्रेस के अधिवेशनों में ब्रिटिश राष्ट्रीय स्तुति गाई जाती थी) और ब्रिटिश विरोधी तथा असहयोगात्मक उग्र भावना अपनाई जाने लगी। अत: यह स्वाभाविक था कि जस्टिस पार्टी को, जो देश के राज्य शासन में समान अधिकारों के लिए लड़ रही थी; एक अन्तर्राज्यीय संगठन घोषित किया जाए। इसके अतिरिक्त मंत्री पदों को प्राप्त करने हेतु जस्टिस पार्टी में आपस में भीतरी संघर्ष चला और पार्टी का विभाजन हो गया। यद्यपि, ऐसे अनेक विभाजन आए दिन कांग्रेस वार्षिक अधिवेशन के समय मंत्रियों के मध्य होते चले आए हैं; परन्तु जनता ने उन्हें गम्भीर नहीं समझा। लेकिन ऐसी बात उन दिनों न थी।

इस लम्बी-चौड़ी कहानी को संक्षेप में कहने के लिए यह मानना पड़ेगा कि स्वराज्य पार्टी का उदय, चुनावों में जस्टिस पार्टी की हार, तथा कुछ अब्राह्मण लोगों की धोखाधड़ी ने जस्टिस पार्टी का अन्त कर डाला।

कांग्रेस से अलगाव

सन् 1923-26 के मध्य हममें से उन्होंने, जो कांग्रेस की भीतरी व बाहरी प्रत्येक गति को जानते थे—मेरा मतलब मुझसे और ब्राह्मण समाज से है; कांग्रेस से त्याग-पत्र दे दिया। लेकिन, मैं जस्टिस पार्टी से फौरन ही नहीं जुड़ गया। मैं अन्तरंग से राष्ट्रीय था। लेकिन, मैंने जस्टिस पार्टी की सम्प्रदाय आधारित प्रतिनिधित्व वाली नीति को सिद्धान्तत: स्वीकार कर लिया। कट्टर कांग्रेसी, दलबदलू नहीं; और शक्तिशाली मि. राजगोपालाचार्य, (अब स्वतंत्र पार्टी के कर्णधार) का लेफ्टीनेंट होते हुए भी मैं सम्प्रदाय आधारित प्रतिनिधित्व और समान तथा विशिष्ट अधिकारों के लिए लड़ता रहा। इस सिद्धान्त को मद्रास कांग्रेस पार्टी द्वारा मान्यता दिलाई और अब्राह्मण जाति के लोगों के लिए 50 प्रतिशत स्थान सुरक्षित करवाए। मैंने तथा अन्य राष्ट्रीय अब्राह्मण लोगों ने मद्रास प्रेसीडेंट एसोसिएशन की स्थापना की; जिसने इस सिद्धान्त को माना।

मैंने 'नेशनलिस्ट एसोसिएशन' की स्थापना की; जिसमें कुछ राष्ट्रीय ब्राह्मण भी सम्मिलित थे, जिन्होंने सम्प्रदाय आधारित प्रतिनिधित्व का सिद्धान्त स्वीकार किया।

मैं यह इसलिए कहता हूँ कि अब्राह्मण जाति की उन्नति के लिए यही एक मात्र रचनात्मक तरीका है। यह मेरा अटल सिद्धान्त है; जिस पर मुझे पूर्ण विश्वास है। कांजीवरम में होने वाले प्रान्तीय कांग्रेस अधिवेशन में किस प्रकार मैंने इस सम्प्रदाय आधारित प्रतिनिधित्व के प्रस्ताव को स्वीकार कराने के लिए प्रस्तुत किया, और यह किस प्रकार अध्यक्ष द्वारा खारिज कर दिया गया, और अपने सहयोगियों के साथ किस प्रकार मैं बाहर चला आया, इन सब तथ्यों की जानकारी जरूरी है। मैं उस समय प्रान्तीय कांग्रेस कमेटी का सेक्रेट्री था और उसके पूर्व दो बार इस कमेटी का अध्यक्ष भी रह चुका था। मेरे इस महत्त्वपूर्ण पद के बावजूद यदि मेरे साथ ऐसा दुर्व्यवहार होता है; तो कौन स्वाभिमानी व्यक्ति इसको सहन कर सकता है? दस वर्ष तक कांग्रेस में सेवा की, त्याग, तपस्या, लगन एवं जेल यात्रा का आदर्श जनता के समक्ष प्रस्तुत किया। फिर ऐसी दशा में मुझे कांग्रेस का परित्याग करना पड़ा। इसी कारण 'आत्मसम्मान' आन्दोलन का आविर्भाव हुआ।

दक्षिण भारत में एक विशाल राष्ट्रीय संगठन द्रविड़ कड़गम का किस प्रकार उदय हुआ? कुछ घटना चक्रों के कारण सुविख्यात जस्टिस पार्टी का नामकरण 'साउथ इंडियन लिबरल फेडरेशन' हुआ और सन् 1939 में इसका मुझे अध्यक्ष चुना गया। सन् 1944 में सलीम में हुए वार्षिक कनफेडरेशन की बैठक में मैंने प्रस्ताव रखा कि इस संस्था का नाम द्रविड़ कड़गम रख दिया जाए। सब लोगों ने इसे स्वीकार कर लिया, क्योंकि 'आत्मसम्मान आन्दोलन' का यह प्रतीक था; जिसे मैंने द्रविड़ कड़गम में मिला दिया। इसका मैं ही संस्थापक था।

द्रविड़ जाति की अपनी स्पष्ट मौलिकता है। उसकी अनेक भाषाएँ हैं, जो अपना बिलकुल स्वतंत्र अस्तित्व रखती हैं। किसी अन्य भाषा से न मिली-जुली है और न ही किसी भाषा पर अवलम्बित हैं। इन भाषाओं

पर इन्हीं लोगों का अधिकार है। 'आर्य' और 'द्रविड़' शब्द मेरे खोजे हुए नहीं हैं। वे तो ऐतिहासिक तथ्य हैं और छात्रों की प्रत्येक पाठ्य पुस्तक में पाए जाते हैं।

इस तथ्य को स्वामी विवेकानन्द सहित अन्य गणमान्य समाज सेवियों, पं. जवाहरलाल नेहरू तथा विभिन्न इतिहासकारों ने माना है कि रामायण, आर्य और द्रविड़ लोगों के आक्रमण के प्रतिनिधित्व का एक लाक्षणिक ग्रंथ है। मेरी इच्छा इस भेदभाव को स्थिर करना नहीं है; अपितु समाज में इन दो परस्पर विरोधी तत्त्वों को एक साथ सूत्र में बाँध देना है। जर्मनी के भूतपूर्व नाजी नेता हिटलर की तरह जातिवाद के सिद्धान्त में मेरा बिलकुल विश्वास नहीं। रक्त परीक्षण द्वारा कोई भी व्यक्ति दक्षिण भारत के लोगों को दो भागों में विभाजित नहीं कर सकता।

जिन लोगों ने बड़े ध्यानपूर्वक दक्षिण भारत के आर्य और द्रविड़, इन दो स्पष्ट विभिन्न जातियों का अध्ययन, उनकी जीवन परिचर्या, स्वभाव तथा साहित्य को देखकर किया है, वे इस तथ्य को कभी-भी इनकार नहीं कर सकते कि इन दोनों की संस्कृतियों में मौलिक भिन्नता है। द्रविड़ लोगों का यह आन्दोलन मुख्यत: धर्म के आधार पर समाजवादी समाज का संगठन करने के लिए है; जिसका एक मात्र ध्येय विवेक एवं मानवीय आधार पर सामाजिक पुनर्निर्माण करना है। यह वर्ण-व्यवस्था तथा जाति, उप-जाति आदि भेद का विरोधी है। यह औषधि की हल्की-फुल्की मात्रा या इंजेक्शन में विश्वास नहीं रखता। रोग ग्रसित अंग के अंग-विच्छेद में इसकी पूर्ण आस्था है। द्रविड़ लोग किन्हीं राजनीतिक एवं धार्मिक संगठन के हों, यह आन्दोलन उन सबको एकता के सूत्र में बाँध देना चाहता है। यद्यपि द्रविड़ लोगों का यह आन्दोलन कट्टर धर्म-परायण लोगों द्वारा पालन किए हुए धर्मों को नष्ट करता है; परन्तु यह इतना भयंकर धर्म-विरोधी नहीं है, जैसा कि निहित स्वार्थ वाले लोग समझते और प्रचार करते हैं। उच्च जाति के लोगों ने उन्हें शूद्र जाति की संज्ञा दी है और कहा है कि इनका जन्म वेश्याओं से हुआ है।

पृथक राज्य की माँग

यह द्रविड़ आन्दोलन धर्म अवलम्बित सामाजिक व्यवस्था की माँग पर ही समाप्त नहीं हो जाता। आर्थिक दृष्टिकोण से यह अपने को उत्तर भारत अर्थात केन्द्रीय सरकार से बिलकुल सम्बन्ध विच्छेद कर लेना चाहता है। उत्तर भारत द्वारा दक्षिण भारत का शोषण नहीं होना चाहिए। यह बिड़ला, गोयनका, टाटा, डालमिया आदि पूँजीपतियों से अपना सम्बन्ध नहीं जोड़ना चाहता है। हम लोग, जो दक्षिण भारत के निवासी हैं; केवल अधिकारियों के नाम परिवर्तन मात्र से सन्तुष्ट नहीं हो सकते। जब मैं कहता हूँ कि हमारे ऊपर उत्तर भारत अर्थात केन्द्रीय सरकार का कोई भी अधिकार और नियंत्रण न रहे, इसका अर्थ यह नहीं कि द्रविड़िस्तान उत्तर भारत की आँखों में काँटे की तरह हमेशा चुभता रहे और कष्ट देता रहे। लंका और स्वतंत्र वर्मा से अधिक हमारा मित्रतापूर्ण व्यवहार हो सकता है। एक पृथक तंत्र एक द्रविड़िस्तान राज्य की माँग द्रविड़ लोगों की आर्थिक स्वतंत्रता, पूर्णता एवं स्वावलम्बन का प्रतीक है।

ब्रिटिश लोगों के शासन के पूर्व भी दक्षिण भारत एक पृथक प्रदेश रहा। अकबर तथा अशोक ने इसके स्वतंत्र अस्तित्व में कोई हस्तक्षेप नहीं किया। हमारा 1500 मील लम्बा समुद्र का किनारा है; बहुत-से जंगल हैं; अनेक नदियों का जाल बिछा हुआ है; और बहुत बड़ी खनिज सम्पत्ति है तथा निपुणता एवं चतुरता में हम अद्वितीय हैं। इसकी मानव शक्ति महान है। क्या हमें इस बात का गर्व नहीं है कि हम लोगों ने केन्द्रीय सरकार को हममें से ही एक गवर्नर जनरल, दो वित मंत्री और अन्त में एक प्रधान सेनापति प्रदान किया है?

प्रस्तुत पृथक द्रविड़िस्तान स्विटजरलैंड, लंका तथा वर्मा से भी कहीं अधिक श्रेष्ठ एवं विशाल हो सकता है। जबकि भारत के छोटे-छोटे भूखंड पृथक किए जा रहे हैं, तब हमारा भूभाग, जिसका क्षेत्रफल लगभग 9,25000 वर्ग मील है और जिसकी जनसंख्या 6 करोड़ है तथा जिसके अनेक प्राकृतिक साधन हैं; तब हमारी पृथक राज्य की माँग की उपेक्षा क्यों की जाती है।

द्रविड़िस्तान आन्दोलन साम्प्रदायिक आन्दोलन नहीं है। यह एक विशुद्ध राष्ट्रीय आन्दोलन है। लम्बी अवधि से सामाजिक एवं धार्मिक बन्धनों से जकड़े हुए द्रविड़ लोगों को इन बन्धनों से मुक्त कर दो शताब्दियों से पड़ी हुई इन ऐतिहासिक पुरुषों की बेड़ियों को काटना है, जो कि विदेशी-प्रभुसत्ता द्वारा डाली गई थी।

('दि हिन्दू' मद्रास, 26 जनवरी, 1950, अंग्रेजी से अनुवाद : दयाराम जैन। चन्द्रिका प्रसाद जिज्ञासु द्वारा 'बहुजन कल्याण माला' की 61वीं कड़ी के रूप में प्रकाशित पुस्तिका 'ई.वी. रामासामी पेरियार नायकर' 1970 समाज सेवा प्रेस, लखनऊ में संकलित अनुवाद का परिष्कृत रूप)

समाज-सुधार और सामाजिक क्रान्ति

('अरिविन इल्लाई', 1965 से)

सामाजिक सुधार एक ऐसी योजना है, जिसमें मुझे बड़ी आशा थी; परन्तु, अब वह आशा क्षीण हो गई है। मेरी समझ में राष्ट्रीय, स्वाभिमानी तथा समाजवादी व्यक्तियों के सम्मुख सामाजिक सुधार की यह योजना नहीं है, बल्कि वास्तव में बड़े साहस और दृढ़तापूर्वक अपनाई गई एक विनाशकारी योजना है। मैं यह बात बड़ी नम्रतापूर्वक आपके सम्मुख रख रहा हूँ; क्योंकि गम्भीर अन्तरावलोकन और क्रियात्मक अनुभव द्वारा इस निष्कर्ष पर पहुँचा हूँ। निम्नलिखित उदाहरण द्वारा मैं इस दृष्टिकोण का स्पष्टीकरण करता हूँ—

कल्पना कीजिए कि एक पवित्र तालाब है। पुराण में कहा गया है कि जो व्यक्ति इसकी एक बूँद भी मुख में डाल ले अथवा शरीर पर चुपड़ ले, वह सबसे बड़ा पापी होते हुए भी नर्क न जाकर सीधा स्वर्ग जाता है। यदि इस तालाब का पानी पीने से अजीर्ण हो जाए या बदन पर मलने से फोड़े-फुन्सियाँ हो जाएँ, तब हमें क्या करना चाहिए? सर्वप्रथम पानी की सतह पर फैले हुए विषाक्त जीवाणुओं का नाश कर देना पड़ेगा और अगर फिर भी स्थिति में सुधार न हो, तो हमारा कर्तव्य हो जाता है कि हम तालाब खाली करके उसे साफ-सुथरा कर लें। यदि फिर भी पानी विषाक्त जान पड़े, तब

हमें इस निश्चय पर पहुँच जाना चाहिए कि झरने गंदे हैं। इन परिस्थितियों में क्या आपका विश्वास पुराण में तथा तालाब की इस पवित्रता में बना रहेगा? यदि ऐसा है तो आप बीमारी और मृत्यु का आह्वान करते हैं। अन्ततोगत्वा आपका कर्तव्य हो जाता है कि आप ऐसे तालाब को मिट्टी व कीचड़ से भर दें और उसे नष्ट कर दें।

उपर्युक्त उदाहरण से यह स्पष्ट हो जाता है कि सामाजिक सुधार भी, उस गंदे तालाब के गंदे पानी को कीड़े-मार जहरीली दवा से शुद्ध करके तथा अन्त में पानी को निकालकर तालाब को शुद्ध कर लेने वाली एक प्रक्रिया है। तालाब को बन्द करने का अर्थ उसे नष्ट कर देना है। मैं इस अर्थ में अपने को विनाशकारी मानता हूँ। मैं यह सब इसलिए कहता हूँ कि सामाजिक सुधारों का हमारे देश में एक समय था। आधुनिक सुधारों की बात मैं नहीं कहता, जो नाम लेने योग्य ही नहीं है; क्योंकि अज्ञानी एवं सामान्य मनुष्य को धोखा देने के लिए इसमें अमीर तथा शिक्षित व्यक्तियों का हाथ रहता है। वे उस सामान्य पुरुष के भाग्य का विकास करने में असमर्थ हैं; लेकिन फिर भी वह सामान्य व्यक्ति प्रचार द्वारा ठगा ही जाता है। यहाँ तक कि उसकी स्थिति शनैः-शनैः बुरी-से-बुरी होती जाती है।

इस स्थिति का एक मात्र कारण यह है कि समाज सुधारवादी लोग राजनीतिक स्वार्थ से प्रेरित होकर जनता को सामाजिक सुधार के नाम पर गुमराह करते हैं। मेरे मस्तिष्क के अनुसार सबसे बड़े सुधारक सिद्ध, बुद्ध, तिरूवल्लुवर, रामानुजम आदि हुए हैं, जिन्होंने बड़े-बड़े सुधार करने में अनेक प्रयत्न किए। परन्तु, अन्त में बुरी तरह असफल रहे।

सामाजिक सुधार एक देश से दूसरे देश में भिन्न होते हैं। पश्चिम देश में सामाजिक सुधार समान रूप से प्रत्येक जाति पर लागू होते हैं; परन्तु, हमारे देश में ये सुधार जातिगत भेदभाव के आधार पर क्रियान्वित किए जाते हैं। परिणामस्वरूप आदि से अन्त तक असमानता की स्थिति समाज में बनी रहती है। इन सुधारों में सबसे बड़े और आवश्यक सुधार की आवश्यकता हमारे देश में जन्मजात असमानता के क्षेत्र में है, जो विश्व में कहीं नहीं देखा जाता।

द्वितीय महान आवश्यक सुधार ईश्वर, धर्म, स्वर्ग और नर्क के सम्बन्ध में अन्धविश्वास के आधार पर चालू है। सिद्ध, बुद्ध, तिरूवल्लुवर, रामानुजम जैसे महान सुधारवादियों ने इन सुधारों का उपदेश समाज में किया है; लेकिन सुधार के रूप में इन्हें कोई सफलता मिली हो, ऐसा नहीं कहा सकता। जनता के स्वभाव तथा विचारों में परिवर्तन करने वाले जो भी थोड़े-बहुत सुधार हमारे देश में लागू हुए, वे सब पश्चिम में हुए सुधारों की एक प्रक्रिया मात्र और हमारे पश्चिमी शासकों के न्यस्त स्वार्थ से प्रेरित हैं। इसलिए, यह कहना कठिन है कि लोक समाज में कोई सुधार प्रस्तुत किए गए हैं।

ईश्वर, धर्म, वेद, शास्त्रों में अन्धविश्वास के कारण हमारे देश के सुधारक देश में कोई भी वास्तविक सुधार नहीं ला सके। भारतीय समाज में 'भेदभाव की नीति' ने कुछ जातियों को बड़ा लाभ पहुँचाया और अब भी पहुँचा रही है। ये लोग इन सुधारों की ओर तनिक भी ध्यान नहीं देते।

बुद्ध, कपिल, तिरूवल्लुवर, रामानुजम जैसे महान पुरुषों ने समाज में सुधारों का घोर विरोध करने वालों का डटकर सामना किया। परन्तु, इन सुधारों के भविष्य में प्रचलन के विषय में कोई कुछ नहीं कर सका। हमारे समाज में सुधार लाने में रुकावट डालने वाले व्यक्ति समाज की जातिगत भेदनीति तथा समाज में व्याप्त अन्धविश्वास के कारण लाभान्वित हो रहे हैं और अब भी उन्नति कर रहे हैं। लेकिन, पहले से अब स्थिति बदल गई है। फिर भी धार्मिक कट्टरता तथा अन्धविश्वासों के कारण बदली हुई समाज की स्थिति में भी कोई सुधार लागू नहीं हो पाते। यह समझ लेना चाहिए कि जनता के अन्धविश्वास की नींव पर धर्म और ईश्वर रूपी भवन का निर्माण हुआ है। हमारी दिनचर्या का एक मात्र आधार हमारे अन्धविश्वास की प्रक्रिया है। इस बात से आप यह परिणाम नहीं निकाल सकते कि इन अन्धविश्वासों के विरुद्ध युद्ध अथवा उपदेश करना समाज सुधार के क्षेत्र के बाहर है। इसके अतिरिक्त सामाजिक सुधार पर आक्रमण करने वाले ये विनाशकारी लक्ष्य हैं। लेकिन, जिस प्रकार विध्वंसकारी प्रक्रिया प्राय: सुधार में मेल नहीं खाती, उसी प्रकार समाज का पुनर्निर्माण का अर्थ सर्वप्रथम विध्वंस तत्पश्चात निर्माण करना है।

इस पुनर्निर्माण के कार्य में जुटाने के लिए दृढ़ निश्चय एवं साहस के प्रदर्शन की आवश्यकता है, अन्यथा यह आत्मघात होगा। समाज की इस प्रतिमा को तोड़ने के लिए परम्परागत प्राचीन कट्टर धर्मपरायणता के विरुद्ध घनघोर युद्ध अपेक्षित है। इन अड़चनों के जो कुछ भी कारण हों, उनके अस्तित्व को जड़मूल से खोद देने की आवश्यकता है। मेरा यह दृढ़ विश्वास है कि यदि अन्धविश्वासों पर आधारित इन प्राचीन परम्पराओं का अस्तित्व बना रहा, तो समाज में सुधार करने की प्रक्रिया में पूर्ण असफलता ही मिलेगी।

मैं उन लोगों में से नहीं हूँ, जो यह विश्वास करते हैं कि समय तथा धर्म के बल पर समाज सुधारकों को रोका जा सकता है। मैं जानता हूँ कि यह बहुतों को अरुचिकर प्रतीत होगा; लेकिन मानना पड़ेगा कि संयम, सहिष्णुता और धैर्य के मामले में बुद्ध जैसे महान दृष्टा के समकक्ष किसी और धर्म नेता को विशिष्टता प्राप्त नहीं हो सकती। यह विशिष्टता ही उनकी निर्बलता थी। जो मनुष्य आत्मीय सावधानी बरतते हैं और जनता की आलोचना से भयभीत होते हैं; वे कभी-भी कार्य-साधक, सुधारक नहीं बन पाते और उनके प्रयत्न कभी-भी सफल नहीं होते। सुधारकों पर परम्परागत रीति-रिवाजों का कोई प्रतिबन्ध नहीं रहता। इसके अतिरिक्त उन्हें ऐसे प्रत्येक बन्धन को तोड़ देना चाहिए।

क्या हमारे प्राचीन सुधारकों ने अपने शान्तिपूर्ण प्रोत्साहन, धर्मोपदेश तथा सहकारिता के आधार पर जनता में सुधार करने का पर्याप्त प्रयत्न नहीं किया? उनके महान प्रयत्नों का क्या फल निकला? कब तक हम इस रीति-नीति की पुनरावृत्ति करते रहेंगे? यह सम्भव है कि महात्मा गांधी तथा स्वामी विवेकानन्द के मुख से निकले धर्मोपदेश मेरे विरुद्ध उद्धरित किए जाएँ। मैं निश्चय रूप से उनके दृष्टिकोण के विरुद्ध हूँ। हम सब यह जानते हैं कि जनता उनकी पूजा करती है और उनके धर्मोपदेश का उद्धरण फौरन ही प्रस्तुत करने लगती है। लेकिन, मैं पूछता हूँ कि समाज की आज भी क्या स्थिति है?

किसी वस्तु का मूल्य उस वस्तु के बाह्य-दर्शन पर नहीं, बल्कि लोगों के लिए उसकी वास्तविक उपयोगिता क्या है, इस पर निर्भर करता है।

कुछ उपदेशकों का कथन है कि सुधार के नाम पर हमें पुरातन चिह्नों और कलाओं को नष्ट नहीं करना चाहिए। लेकिन, यथार्थ में जिन प्राचीन चिह्नों, कलाओं एवं सजधज को वे प्रशंसनीय समझते हैं, वे ही जनता के पतन और हमारे देश की हीनता एवं दीनता के कारण है। उदाहरणस्वरूप, रामानुजम ने 'नमम' एवं 'पूनूल' के प्राचीन चिह्नों की विशेषता एवं उपयोगिता के विषय में जनता में विश्वास उत्पन्न कर दिया है और प्रत्येक जातिच्युत, निर्बल तथा निम्न जाति को इनसे अलंकृत कर दिया, जो रामानुजम के कथनानुसार उनकी समानता का सूचक है। इसका परिणाम यह हुआ कि असमानता में तनिक भी परिवर्तन लाए बिना इन प्राचीन चिह्नों की रक्षा की गई। इन चिह्नों को बरतने वाले लोगों में असमानता की भावना इतनी दृढ़ हुई कि जो लोग चिह्नों का उपयोग नहीं करते थे, उनके प्रति उनकी घृणा की भावना तीव्रतर हो गई।

हमारे मन्दिर उन पुरातन चिह्नों के पवित्र स्थान हैं। जहाँ कहा जाता है कि सर्वशक्तिमान ईश्वर इनमें निवास करता है। ईश्वर की आराधना हेतु ये पवित्र स्थान बनाए गए हैं; लेकिन इन मन्दिरों की क्या स्थिति है? जनता को इनसे क्या लाभ है? क्या कोई इस तथ्य को अस्वीकार कर सकेगा कि समाज में व्याप्त बुराइयों को मिटाने के लिए जिन मन्दिरों का निर्माण हुआ, उनमें सर्वशक्तिमान ईश्वर के सम्मुख ही अनेक व्यभिचार एवं नीच कर्म होते हैं। क्या इनकी तुलना वेश्यालयों एवं मद्यशालाओं से नहीं की जा सकती?

प्राचीन कलाओं के विषय में भी यही स्थिति है। कोई भी यह प्रश्न कर सकता है कि वेद, शास्त्र, इतिहास तथा पुराण आदि पवित्र ग्रंथों में जिनमें ईश्वर सृष्टि रचना तथा उसके लोक कल्याणकारी कार्यों का पूर्ण विवेचन है; मानव के लिए क्या उपयोगी है और उन्होंने मानव समाज के उत्थान के हेतु क्या किया है? रामायण, महाभारत, शिवपुराण, विष्णु पुराण, पेरिया पुराण आदि पुरातन एवं विद्वानों द्वारा प्रतिष्ठित ग्रंथों ने जनता के लिए क्या किया? क्या कोई इस तथ्य को स्वीकार नहीं करेगा कि इन उपर्युक्त ग्रंथों में ईश्वर के उन निम्न कोटि के गुणों एवं कार्यों का उल्लेख है जो हमारे निम्न स्तर वाले समाज के सदस्यों से भी निम्न स्तर के हैं? क्या कोई इस वास्तविकता

को अस्वीकार कर सकेगा कि इन पुराण आदि ग्रंथों ने मानवोत्थान में अड़चनें एवं रुकावटें पैदा की हैं?

इस पर भी क्या हम यह नहीं देखते कि इन कथित पवित्र देव चिह्नों, कलाओं एवं साहित्य की दुहाई देकर धर्म-परायण कट्टरपंथी लोग सुधारकों को वास्तविक सुधार लाने में रोड़े अटकाते हैं? सुधारात्मक विचारों के अनुकूल कुछ विद्वान इन पुराणों में से गूढ़ उद्धरण प्रस्तुत करते हुए प्राय: पाए जाते हैं। मेरे मतानुसार, सहज में विश्वास करने वाली जनता को धोखा देने के लिए ये उद्धरण प्रस्तुत किए जाते हैं। पुराणों में भरी हुई चमत्कारिक घटनाएँ मनुष्य के ज्ञान के बाहर हैं और यथार्थता एवं क्रियात्मकता से रहित हैं। इसलिए आधुनिक युग में इनकी बारम्बार आवृत्ति असम्भव है। पुराण में इस प्रकार की अनेक कथाओं एवं घटनाओं का उल्लेख है कि जातिच्युत पुरुषों को मन्दिर में प्रवेश करने की आज्ञा प्रदान की गई; वहाँ पर प्रत्येक प्रकार के देवी-देवताओं ने उन्हें वरदान देकर सीधी मुक्ति प्रदान की। आजकल ऐसी घटनाएँ क्यों नहीं होतीं? इस शंका का समाधान केवल यह है कि प्राचीन समय के जातिच्युत पुरुषों की भाँति आजकल के जातिच्युत लोग नहीं होते। यदि इसमें यथार्थता है, तो इन प्राचीन कलाओं तथा ग्रंथों को संजोकर उन्हें जीवित रखने की क्या आवश्यकता है? जब मनुष्य की अज्ञानावस्था के कारण अस्पृश्यता की भावना क्षम्य है, तो पौराणिक कथाओं में प्रचलित कथन के आधार पर ईश्वर ने अस्पृश्यता को मान्यता क्यों प्रदान की है?

वे कौन-सी वस्तुएँ हैं, जो सुधार की अपेक्षा रखती हैं?

जिन वस्तुओं में सुधार अपेक्षित है, उनमें से ईश्वर और धर्म के विषय में सुधार अभीष्ट है; क्योंकि इन्हीं के कारण सुधारों में अड़चनें तथा रुकावटें पैदा होती हैं।

जितना कम ईश्वर के विषय में कहा जाए, उतना ही अच्छा है। क्योंकि, ईश्वर के विषय की बातचीत बूँद-बूँद चूने वाले उस बर्तन की भाँति है, जो जल-तल को छोड़ते समय पूर्ण भरा हुआ होता है, और कुएँ के मुंडेर पर

पहुँचते-पहुँचते खाली हो जाता है। यह सब बातें सिर्फ विवाद के लिए हैं और इससे कोई वास्तविक परिणाम नहीं निकाला जा सकता। फिर भी, सर्वोत्तम पैगम्बर तथा अवतारों ने कहा है कि ईश्वर ऐसी कोई शक्ति है, जो अदृश्य एवं इन्द्रिय अगोचर है और मनुष्य के ज्ञान के परे है और अन्त में यह भी कहा है कि ईश्वर कोई वास्तविक पदार्थ है, जिसका अस्तित्व इसके विश्वास में गर्भित है। इस प्रकार ईश्वर की परिभाषा में किसी तर्क की अपेक्षा नहीं की जा सकती।

धर्म एक पृथक वस्तु है, जो ज्ञान अथवा बोध के लिए अधिक सहायता प्रदान नहीं करता। जहाँ तक मैं समझता हूँ—धर्म किसी को शान्ति तथा सफलता नहीं देता। फिर भी धर्म के नाम पर मानव इतिहास युद्ध और उसके प्रचार की विभीषिका से परिपूर्ण है।

प्रत्येक विशिष्ट धर्मावलम्बी विश्वास करता है कि अपने दृढ़ विश्वास के आधार पर ही मुक्ति प्राप्त करना सम्भव है। पैगम्बर अथवा अवतार तो मात्र ईश्वर-पुत्र माना गया है और उसके द्वारा कथित उपदेश ईश्वर के ही उपदेश हैं। इस तथ्य से कोई इनकार नहीं कर सकता कि प्रत्येक बड़े धर्म के अनेक उप धर्म हैं।

यह समझना असम्भव-सा प्रतीत होता है कि सत्य का कौन प्रतिनिधित्व करता है और नरक के विषय में किसकी भर्त्सना से भयभीत होना चाहिए। मैं पूछता हूँ कि ईश्वर के प्रेम को प्राप्त करने के हेतु इस प्रकार की प्रतियोगिता की क्या आवश्यकता है? क्या ये धर्मपरायण प्रधान व्यक्ति इस बात का अनुभव करते हैं कि अपने प्रयत्न से वे मानव को ईश्वर तक पहुँचाने में समर्थ हो सकते हैं? अगर इन प्रश्नों पर शान्तिपूर्वक मनन किया जाए, तो धर्म की निरर्थकता तथा अनुपयोगिता स्पष्ट रूप से प्रमाणित हो सकती है।

जिस प्रकार एक साहसी योद्धा प्रकट रूप में लोक-कल्याण के लिए राजा होने की शक्ति दूसरे से छीन लेता है और कुछ समय बाद अपने कर्तव्य को भुलाकर दूसरे लोगों की भूमि पर विजय प्राप्त करने के हेतु अपनी प्रजा पर दबाव डालता है और उसे युद्ध में सम्मिलित होने के लिए विवश करता है, उसी प्रकार ये धर्मनिष्ठ मुखिया प्रकट रूप में जन-क़ल्याण के लिए जनता का नेतृत्व करते हैं; तत्पश्चात शक्ति की वृद्धि होने पर समस्त जनता

को इस विश्वास में निमग्न कर देते हैं कि उसे संसार के बन्धनों से मुक्ति प्रदान करने का साहस केवल मात्र उन्हीं में ही है। इसलिए, अनेक धर्मों तथा विश्वासों से सत्य असम्बद्ध एवं परस्पर विरोधी प्रतीत होता है और ऐसा आभास होता है कि पृथ्वी पर ईश्वर के अनेक प्रतिनिधि हैं। इसलिए धर्म और ईश्वर का समीकरण कठिन हो जाता है; यद्यपि प्रत्येक धर्म ईश्वर से सम्बद्ध समझा जाता है।

अगर यह कहा जाए कि प्रत्येक क्षेत्र और देश की जनता के लिए धर्म, जनता द्वारा आचरण पालन हेतु एक धर्म-संहिता है; और द्रव्य, क्षेत्र, काल और भाव के अनुसार परिवर्तनशील है; —यह कथन कुछ सीमा तक क्षम्य है। इसके अतिरिक्त जब यह कहा जाता है कि धर्मोपदेश एक वैदिक आदेश है और इसमें कोई भी परिवर्तन अपेक्षित नहीं है; तब ऐसी स्थिति में यह उपर्युक्त कथन पर निरर्थक धर्म का आग्रह मात्र ही है और सुधारकों के द्वारा नष्ट कर देने के उपयुक्त है। मनुष्य के परिवर्तन एवं उसके परिवर्तित अनुभव के आधार पर ही सामाजिक सुधारों का होना महत्त्वपूर्ण है।

स्त्री और पुरुषों का स्तर

समाज में स्त्रियों की स्थिति मनुष्यों से निम्न कोटि की है। यह कहा जाता है कि जिस प्रकार सिंह के भोजन हेतु अन्य वन जंतु बनाए गए हैं और बिल्ली के भोजनार्थ चूहों की रचना की गई है; उसी प्रकार स्त्रियाँ पुरुषों की दासी के रूप में बनाई गई हैं। अगर ईश्वर का यह विधान है, तो संसार से ऐसे ईश्वर को हटा देना चाहिए।

सतीत्व

विश्व की नारियों की अपेक्षा भारत की नारियों की सामाजिक स्थिति अत्यन्त पतनोन्मुख है। उन पर शुद्धता एवं सदाचार के नियमों का प्रतिबन्ध थर्रा देने वाला है। उनका सतीत्व ही एक मात्र गुण माना गया है। हम नारियों को एक विशिष्ट प्रकार की शुद्धता एवं सतीत्व का उपदेश देकर उनमें मिथ्या अहंकार

भरते हैं। उनके सिद्धान्त के अनुसार नारी को अपने पति की अनन्य दासी के रूप में आज्ञाकारिणी होना चाहिए। अगर पति अपनी भार्या से गरम भात को ठंडा कहता है, तो स्त्री का कर्तव्य उसको फेंक देने का है।

अगर पतिदेव कुएँ से पानी भरती हुई अपनी स्त्री को पुकारते हैं, तो स्त्री को चाहिए घड़े को अधर में छोड़कर चली आए और जब तक पुन: पतिदेव की आज्ञा न मिल जाए, वापस न जाए। इसका तात्पर्य यह हुआ कि यदि घट वापस कुएँ में गिर जाता है, तो वह सती कहलाने के योग्य नहीं है। इससे अधिक नारी की और क्या दासता और जड़ता हो सकती है; मैं कुछ नहीं कह सकता। क्या पुराणों में देवताओं ने अपनी-अपनी स्त्रियों के साथ ऐसा ही बर्ताव किया है? इसके विपरीत हमने देखा है कि कोई देवता अपनी स्त्री को अपनी जाँघ तथा कंधों पर बिठाए हुए है। अगर स्त्रियों को दासी समझा जाता है, तो उनकी सन्तान दासी सन्तान कहलाएगी। जहाँ पर स्त्री का दासी का रूप होगा, वहाँ स्वाभिमानी समाज का निर्माण नहीं हो सकता। मनुष्यों के साथ-साथ नारियों की स्वतंत्रता और समानता पूर्ण सभ्यता की उपलब्धि में एक बड़ी कड़ी है। इसके अभाव में समाज का पूर्ण अंग सभ्य नहीं हो सकता। इसके लिए सुधारकों को प्रयत्न करना चाहिए।

स्त्रियों की स्वतंत्रता को स्थिर करने के हेतु उनके सतीत्व एवं पवित्रता की समाज द्वारा बाध्य भावना को रद्द करना पड़ेगा। दबाव डालकर उनका सतीत्व दृढ़ करना सतीत्व नहीं है। स्त्री के सतीत्व की अपेक्षा तब ही की जा सकती है, जब आप उसे अपना विशुद्ध प्रेम प्रदान करें तथा उसे अपना सच्चा साथी समझें। पुरुषों के लिए एक नियम और स्त्रियों के लिए दूसरा नियम पूर्णत: निन्दनीय है और समानता के सिद्धान्त के सम्मुख कभी-भी स्थिर नहीं रह सकता। पुरुषों द्वारा नारियों को स्वतंत्रता प्रदान करना एक मनगढ़ंत बात है।

अत: इस उद्देश्य की प्राप्ति हेतु नारी समाज को स्वयं उठकर सतत प्रयत्न करना चाहिए। सरकार की भी अपनी जिम्मेदारी इस ओर है। सामाजिक-सुधारों की तुलना में शासक परम्पराओं तथा धर्म का आश्रय लेकर इनके सुधार की अपेक्षा नहीं कर सकते। टर्की, अफगानिस्तान तथा चीन आदि देशों ने इस विषय में सुधारात्मक नेतृत्व प्रदान कर मार्ग प्रदर्शन किया है।

यह स्मरणीय है कि टर्की की स्त्रियों के नेत्र तथा चीनी नारियों के पंजे अब बन्धनों से मुक्त कर दिए गए हैं।

वैधव्य

इस अवसर पर भारतीय विधवा नारियों के विषय में कुछ उल्लेख कर देना हमारी लेखनी के क्षेत्र से बाहर नहीं है। यह आप भली-भाँति जानते हैं कि स्वाभाविक प्रवृत्ति के विरुद्ध अभागी विधवाओं पर मनुष्य समाज अपना प्रभाव जमाता है। इस प्रकार का कार्य मनुष्य की निर्दयता का प्रतीक ही नहीं, अपितु मानवता का दिवालियापन है। यह वास्तव में अजीब बात है कि जिस देश में देवियाँ पूजी जाती हों; नदियों के नाम स्त्रियों के नाम पर रखे जाते हों और देवगण अपनी देवियों को सिर, जिह्वा तथा जंघा पर आसन देकर उनका सम्मान करते हों; वहाँ दैनिक जीवन में गुड़ियों से भी अधिक बुरा व्यवहार उनके साथ होता है। बाल-वैधव्य की बात में कोई सार नहीं है। समाज में इस प्रकार के प्रचलन का क्या औचित्य हो सकता है? विधवा से समाज के किस अंग को अधिक लाभ होता है? क्या साधु संन्यासी लोग, जो अपना एकाकी जीवन व्यतीत करते हैं; उससे लाभान्वित होते हैं? प्राचीन समय में शासकगण नारियों की संख्या में विषम वृद्धि के भय से डरते थे कि कहीं लड़कियों के विवाह की जटिल समस्या खड़ी न हो जाए।

इन सब प्रश्नों का उत्तर हमारे समाज-सुधारकों को देना है। इस प्रकार की स्थिति अब असहनीय है। अब स्त्रियों को आगे बढ़कर अपनी स्वतंत्रता की माँग करनी चाहिए। अपने पतियों का उन्हें स्वयं चुनाव करना चाहिए और निम्न कोटि की जातियों के आदर्शों का अनुसरण करना चाहिए; जहाँ विधवा नारियाँ अपना पुनर्विवाह कर लेती हैं। इस विषय में सुधारकों का विशेष कर्तव्य एवं उत्तरदायित्व है।

जातिगत भेदभाव

मनुष्य समाज में जातिवाद का स्वत: आविर्भाव नहीं हुआ। दंड-विधान की नियमावली के अन्तर्गत इस संस्था का उदय हुआ है। बलवान द्वारा निर्बल

पर शासन जातिवाद का आधार है। जातिवाद की भावना स्वयं प्रमाणित करती है कि मनुष्य समाज पूर्णरूपेण सभ्य नहीं है। जन्मजात जातिवाद का क्या औचित्य है? इस बात का कोई प्रमाण नहीं दे सकता है कि कोई व्यक्ति किसी एक जाति से मानवोचित वृत्ति, चरित्र तथा बुद्धि प्राप्त करने की क्षमता नहीं रखता। यह प्रकृति के नियम के विरुद्ध है। जन्म के समय समानता होने पर भावी जीवन में असमानता का पाठ पढ़ाया जाता है।

भले आदमी जातिवाद (वर्ण-व्यवस्था) को समाप्त कर देना उचित समझते हैं। युग-युगान्तरों से इस ओर सतत प्रयत्न जारी है। परन्तु, हमें कोई परिवर्तन दृष्टिगोचर नहीं होता। हृदय के सूक्ष्मान्वेषण व राष्ट्रीय आवश्यकता द्वारा धार्मिक श्रद्धा में परिवर्तन होने की मुझे कोई आशा नहीं है। प्रत्येक जाति की जनसंख्या के अनुपात से उनके जीवन के प्रत्येक क्षेत्र में प्रतिनिधित्व देकर सरकार इस बीमारी को दूर कर सकती है। भौतिक पदार्थों के उपयोग में समानता का व्यवहार उनके स्तर को ऊँचा करेगा और इस स्थिति में ऊँच-नीच का भेदभाव मिटेगा, जातिवाद रूपी महल गिरेगा।

समान प्रतिनिधित्व के कारण सबल निर्बलों का शोषण नहीं कर पाएँगे। यह माँग समाज सुधारकों के क्षेत्र से बाहर नहीं है।

कुछ राष्ट्रीय जन इस बात का विरोध करते हुए कहते हैं कि इसके द्वारा जातिगत भेदभाव और अधिक बढ़ेगा। वे नीची जाति के साथ समानता के व्यवहार की दलील इसलिए देते हैं, जिससे अमीरों को लाभ हो। इसके अतिरिक्त कुछ ऐसी धार्मिक तथा मनोवैज्ञानिक रुकावटें हैं, जो नीची जातियों को आगे बढ़ने से रोकती हैं और उच्च जाति को आगे बढ़ने को प्रोत्साहित करती हैं। इसी कारण जनसंख्या के अनुपात से प्रतिनिधित्व होने पर जाति-भेद समाप्त हो जाएगा।

अस्पृश्यता

यह बात असंगत है कि पारस्परिक छुआछूत से मनुष्य अपवित्र हो जाता है। जिस देश में ऐसी प्रथा चालू हो उस देश को किसी जल-प्रलय और अग्नि से

नष्ट हो जाना चाहिए। ऐसी स्थिति में जबकि अस्पृश्यता युगों से चली आ रही हो और समझ के बाहर हो, तो संसार में यह कैसे सम्भव हो सकता है कि हम ईश्वर की कृतज्ञता, दया आदि गुणों का गुणगान करते रहें और उसकी आराधना के लिए तत्पर रहें? अस्पृश्य लोगों के लिए क्या यह वांछनीय नहीं है कि वे शक्ति अथवा हिंसा के बल पर इन विषमताओं से स्वतंत्रता प्राप्त करें या इस प्रयत्न में अपने को समाप्त कर डालें? जिस देश में ऐसी प्रथा का चलन हो; क्या वह देश राजनीतिक स्वतंत्रता तथा स्वराज्य की अपेक्षा कर सकता है?

कुछ लोगों का कहना है कि राजनीतिक स्वतंत्रता प्राप्त कर लेने के बाद ये असमानताएँ स्वत: दूर हो जाएँगी। परन्तु, वे इस बात को भूल जाते हैं कि अस्पृश्यता उस युग में भी थी, जब भारत स्वतंत्र था और राम और हरिश्चन्द्र जैसे देवतुल्य राजाओं द्वारा यह देश शासित था। अस्पृश्यता का कारण राजनीतिक दासता नहीं, यह तो केवल मात्र हिन्दू-धर्म की देन है। समाज सुधारकों का यह परम कर्तव्य है कि वे इस अस्पृश्यता रूपी राक्षस का हनन कर डालें। यदि आवश्यकता पड़े, तो हिन्दू-धर्म को भी नष्ट कर डालें।

शिक्षा

सामाजिक सुधार के अन्तर्गत शिक्षा के विषय का ज्ञान भी अनिवार्य है। प्रकृति और सामान्य मानव चरित्र का सम्बन्ध शिक्षा से है। शेष सब चमत्कार ही कहा जा सकता है। 'तिरुक्कुरम' का कथन है—'जो मनुष्य यह जानता है कि मानव जीवन का उपयोगी अंग क्या है? वह जीवित है। शेष मनुष्यों की गणना मृतकों में है। जो मनुष्य संसार में समन्वयपूर्वक रहना जानते हैं, वे संसार की बहुत-सी बातें समझ जाते हैं; अन्य पुरुष नहीं।' शिक्षा में व्यावहारिक तथा प्राकृतिक तथ्यों की जानकारी आवश्यक है।

आजकल जो कुछ सिखाया जाता है, वह सब हमारे मौलिक सिद्धान्तों के विपरीत है। वर्तमान शिक्षा उस शोषक वर्ग के हित में है, जो दूसरों के श्रम पर जीवित है। संक्षेप में मैं यह कहूँगा कि देव-आराधना, धार्मिक कृत्य, शासकों की पूजा आदि कृत्य, जो मानसिक दासता के प्रतीक हैं; शिक्षा के

क्षेत्र में अवांछनीय हैं। इसके अतिरिक्त स्त्रियों को शिक्षा दी जानी चाहिए। अस्पृश्य तथा अन्य पिछड़ी जातियों को भी शिक्षा के अवसर प्रदान किए जाने चाहिए और जो लोग पवित्रता और बुद्धिमत्ता का दावा जन्म से करते हैं, उन्हें इस शिक्षा से वंचित कर देना चाहिए। कम-से-कम 15 वर्ष तक उच्च वर्ग के लोगों का कॉलेज और टेक्निकल स्कूलों में प्रवेश रोक देना चाहिए। मैं यह अनुभव करता हूँ कि ईमानदार सरकार को दृढ़तापूर्वक कदम उठाना चाहिए—यदि वह सामाजिक समानता की स्थापना वास्तव में करना चाहती है और वर्ण-व्यवस्था को भंग करना चाहती है। समाज सुधारकों का एक महान कर्तव्य हो जाता है कि वे ऐसा करने के लिए सरकार को विवश कर दें।

अन्धविश्वास

अन्धविश्वास और मिथ्या दर्शन के व्यवहार को समाज से निकाल देने की बात समाज-सुधारकों के क्षेत्र के अन्तर्गत है। यह बात सामान्य रूप से सब जगह मान्य है। जो लोग इन अन्धविश्वासों के चलन का लाभ उठाकर शोषण करते हैं, वे ही लाभान्वित होते हैं; और दूसरा कोई नहीं। साहस और दृढ़ विश्वास के अभाव में दूसरे लोग इस स्थिति को बदलने में असमर्थ हैं। ईश्वर, धर्म, दया ही केवल अन्धविश्वास को प्रोत्साहित नहीं करते; बल्कि भले और बुरे दिनों का विश्वास, संकल्प, उपवास, तीर्थ-पर्यटन, धार्मिक स्थान और साधुओं की प्रशंसा आदि कृत्य भी अन्धविश्वास के प्रचार में सहायता पहुँचाते हैं; जिसके कारण मनुष्य की शक्ति, बुद्धि, धन तथा समय का अपव्यय होता है। यद्यपि, भारत प्राकृतिक साधनों से भरपूर है; फिर भी वह दासता, निर्धनता और पिछड़ेपन के बन्धनों से बँधा हुआ है। इसका एक मात्र कारण मनुष्यों का अन्धविश्वास ही है। संसार के कुछ अन्य देशों ने, जो बहुत पिछड़े हुए थे; कुछ वर्षों के अन्दर कला और विज्ञान में भारी उन्नति की है; क्योंकि उन्होंने इन अन्धविश्वासों को जड़-मूल से नष्ट कर दिया है।

हमारी जनता इन अन्धविश्वासों को दूर करने के लिए तत्पर नहीं होती। 'हमारे पूर्वजों का चलन' इसका सबसे बड़ा तर्क है। करोड़ों रुपया इनके

व्यवहार में नष्ट हो जाता है। भारतवर्ष में कुछ ऐसे मन्दिर हैं, जिनकी वार्षिक आय करोड़ों रुपया है। यह अपार धनराशि निरर्थक धार्मिक कृत्यों तथा कुछ शोषक-जनों के हितार्थ खर्च कर दी जाती है। पुराण, आगम शास्त्र, आचार्यों की कथाएँ, शुभ दिवस, धार्मिक स्थान तथा रीति-रिवाज इन विश्वास सफल मनुष्यों को धोखा देते हैं। यहाँ तक कि देशी और विदेशी सरकारें भी जनता के विश्वास का शोषण करती हैं। भारत की रेलों का उदाहरण लीजिए। यह कोई भी नहीं कह सकता कि रेल के अधिकारीगण इन धार्मिक स्थानों, धार्मिक क्रिया-पद्धतियों तथा तीर्थ यात्राओं में अटूट विश्वास करते हैं। फिर भी आप देखिए, रेलवे विभाग क्या करता है? 'थुला-स्नानार्थ अवश्य आइए', 'वैकुंठ एकादशी आपको आमंत्रित करती है', 'आदि अमावस्या के हेतु धनुष कोटि अवश्य पधारिए', 'थिरूवन्नामलाई में कार्तिकेय दीपम के दर्शनार्थ हम आपका आह्वान करते हैं।', 'क्या आप हरिद्वार कुम्भ मेला में नहीं जाएँगे?', 'कुम्बा कोनम में महामाघम के लिए पधारिए' आदि विषयक विज्ञापन समाचार-पत्रों तथा स्टेशनों पर लगे विज्ञापन-पटों द्वारा चारों ओर प्रसारित किए जाते हैं और इन विज्ञापन-पटों में जनता का ध्यान आकर्षित करने और उसको धोखा देने के हेतु किसी सुन्दर नारी का चित्र भी अंकित कर दिया जाता है। ऐसा वे जनता को सीधा स्वर्ग में पहुँचाने के लिए नहीं करते।

यह सब आप जानते हैं कि ये सब धन अर्जित करने का एक साधन ही है। सरकार को जो भी कर रूप में दिया जाता है, उससे कहीं अधिक जनता इन तीर्थ यात्राओं, धार्मिक अनुष्ठानों तथा झाड़-फूँक और ताबीजों में व्यय कर देती है। जो मनुष्य सरकार को दोष दिया करते हैं कि उसने जन-कल्याण के लिए यह नहीं किया, और वह नहीं किया; वे उपर्युक्त प्रकार के अपव्यय की तनिक भी चिन्ता नहीं करते। वास्तव में अर्थशास्त्रियों, राजनीतिज्ञों तथा पत्रकारों द्वारा सरकार की भूलों की आलोचना करना अधिक सरल है; बजाय इसके कि वे इन अन्धविश्वासों के विरुद्ध अपनी आवाज बुलंद करें, जिस पर जनता की एक बहुत बड़ी धनराशि का अपव्यय ही है। देश में इस बात की कमी है कि इन अन्धविश्वासों के कार्यों में सरकार जरा भी अपना हस्तक्षेप कर सके।

अन्धविश्वासों के कार्यों में व्यय की जाने वाली धनराशि का उपयोग यदि जन कल्याण के हेतु हो सके, तो हमारी अशिक्षा का अनुपात शीघ्र ही घट जाएगा। अशिक्षा, निर्धनता तथा बीमारी का एक मात्र कारण अन्धविश्वास है।

ऐसे समाज सुधारक बहुत हैं, जो मंच पर खड़े होकर 'परोपदेश पांडित्यम' की बात करते हैं; परन्तु वास्तव में वे स्वयं अपने कथित मार्ग का अनुसरण नहीं करते। यथार्थता का सामना करने के लिए उनमें घबराहट तथा अवरोध उत्पन्न हो जाता है। अन्धविश्वासों को बनाए रखने के लिए शोषित वर्ग कभी-भी चैन से नहीं बैठ पाता। लगभग सभी शैव, वैष्णव, सिद्धान्ती आदि धार्मिक सम्प्रदाय गोष्ठियों का आयोजन करते हैं तथा रामायण, महाभारत, थेवरम पर कलक्षेपम की कोई कमी नहीं रहती। इन भयंकर विपरीत शक्तियों का सामना करने के लिए सुधारकों को अधिक वेग से काम करना होगा और अपना मस्तिष्क दृढ़ बनाना होगा।

धर्म और ईश्वर में व्याप्त अन्धविश्वास की शक्ति को अत्यल्प समझते हुए इसे अनंत शक्ति तथा नित्य मानना बुद्धि का दिवालियापन है और असफलता को वरण करना है। अन्धविश्वास का व्यवहार एवं श्रद्धा युग-युगान्तरों से चली आ रही है और इसके समर्थन में एक विशाल साहित्य है; यह कथन सत्यता का प्रमाण उपस्थित नहीं करता। संसार उन महापुरुषों एवं उनके द्वारा सम्पादित उनके उन कार्यों से भरपूर है, जिन्होंने समाज की पुरानी जीर्ण-शीर्ण प्रथाओं को तोड़कर सफलता प्राप्त की और मनुष्यों के रहन-सहन में परिवर्तन कर दिया।

किसी व्यवस्थित हृदयग्राही पद्धति द्वारा समाज में सुधार किया जा सकता है; ऐसा मुझे अब विश्वास नहीं रहा। मैं अनुभव करता हूँ कि हेतुवाद और समाजवाद का दावा करने वाली हमारी यह तानाशाही सरकार ही इस ओर कुछ कर सकती है। यह सरकार वर्ण-व्यवस्था को हटाने के लिए वचनबद्ध है। अतएव वह ऐसी पुस्तकों तथा साहित्य के चलन पर प्रतिबन्ध लगा दे, जिसमें वर्ण-व्यवस्था की प्रशंसा की गई हो। उन समस्त पुस्तकों की होली जला दी जाए, जो अन्धविश्वास और वर्ण-व्यवस्था तथा जातिगत भेदभावों से परिपूर्ण है। शंकराचार्य तथा मठाधिपति आदि धर्म-नेताओं को, जो अब

भी वर्ण-व्यवस्था का उपदेश करते हैं; तत्काल उन पर प्रतिबन्ध लगा दिया जाए या देश निकाला दे दिया जाए।

जवाहरात तथा मूल्यवान बर्तनों के रूप में मन्दिरों में जमा की हुई अतुल धनराशि जब्त कर ली जाए और उसे अशिक्षितों को शिक्षित बनाने तथा बेरोजगारी दूर करने में व्यय किया जाए। यह आवश्यक है कि जनता द्वारा ऐसी सरकार बने, जो सुधारों को दृढ़तापूर्वक कार्यान्वित कर सके। इस प्रक्रिया में सम्भवत: बहुत सुधारकों को अपने जीवन से हाथ धोना पड़ जाए। सबसे बड़ी बात यह है कि समाज सुधारकों को यदि कोई नास्तिक की संज्ञा दे, तो उसे वे निर्भय होकर स्वीकार कर लें। शब्द 'नास्तिक' अथवा उसका नास्तिकता का भाव कोई अर्थ नहीं रखता।

यथार्थ में बात तो यह है कि जो लोग ब्राह्मण पुरोहितों, वेदों, शास्त्रों, इतिहास और पुराणों में विश्वास नहीं करते, उन्हें लोग नास्तिक कहने लगते हैं। आस्तिक होकर यदि कोई शोषण और अन्धविश्वास को न मिटा सका, तो नास्तिक होने में क्या बुराई है? वास्तव में मुझे पूर्ण विश्वास है कि समाज सुधारक यदि संसार को पूर्ण-रूपेण सुधरा हुआ देखना चाहते हैं, तो उन्हें फौरन नास्तिक बन जाना चाहिए। तब ही नास्तिकता का भय दूर हो सकता है।

यह सब ध्यान में रखना चाहिए कि धर्म पुरोहित तथा धनिक लोग सदैव समाजवाद, जनतंत्र और सुधारकों को शत्रु समझते हैं। यह भी ध्यान देने की बात है कि जो लोग किसी एक धर्म का दूसरे धर्म के लिए विरोध करते हैं, एक पैगम्बर या अवतार के विपरीत किसी पैगम्बर में विश्वास करते हैं और अन्त में जनता को संकीर्ण मार्ग में ला पटकते हैं; वे ही सुधारों एवं ज्ञान के विरोधी होते हैं।

इस प्रकार के झूठे प्रचार के विरुद्ध लोगों को सावधान कर देना चाहिए, जिससे वे अज्ञान एवं श्रद्धा के वशीभूत होकर असत्य प्रचार तथा असत्य मार्ग प्रदर्शन के बल पर अपना धर्म-परिवर्तन न कर लें। समस्त धर्मावलम्बी लोग एक ही कुटिल नाव के नाविक हैं। मानव जीवन के लिए धर्म-परिवर्तन कोई अर्थ नहीं रखता। धर्म-परिवर्तन सन्देह निवृत्ति का साधन नहीं है।

ऐसे ब्राह्मण तथा कट्टर धर्मपरायण लोगों के विषय में चेतावनी दे देना परमावश्यक है, जो अपने को बड़ी सरलतापूर्वक महान समाज सुधारकों की श्रेणी में रखते हैं। क्योंकि, उन्होंने मांस सेवन, मद्यपान तथा किसी के भी घर पर खान-पान प्रारम्भ कर दिया है। कुछ लोग अपने को महान सुधारकों की गणना में इसलिए रखते हैं, क्योंकि उन्होंने अपने विवाह संस्कार में अथवा वेश्या के रूप में किसी रखैल को रखने में किसी जात-पाँत का विचार नहीं किया। ये हरकतें समाज सुधार के प्रतिरूप नहीं हैं। इसके साथ-साथ यह भी समझ लेना आवश्यक है कि इस वर्ण-व्यवस्था तथा जात-पाँत भेदभाव के केवल ब्राह्मण ही दोषी हैं। हालाँकि, इस प्रकार के व्यक्ति अन्य सम्प्रदायों में भी थोड़े-बहुत रूप में पाए जाते हैं।

जनता आलोचना करती है कि जो लोग इस जातिगत भेदभाव के कारण ब्राह्मण वर्ग की कटु आलोचना करते हैं, वे लोग ही अपने से निम्न स्तर की जाति के लोगों को समानता का पद नहीं देते। यह आलोचना सत्य है। इसका उत्तर मेरी समझ में यह है कि ब्राह्मण समाज इसका अधिक दोषी है; क्योंकि इसके पूर्वजों ने जातिगत भेदभाव उत्पन्न किया और पनपाया। अगर मानव समाजरूपी सीढ़ी का अन्तिम चरण रूपी ब्राह्मण वर्ग अपना इस विषय में सुधार कर ले, तो और दिशाओं में भी सुधार हो जाएगा। मैं पुन: अपनी बात दोहराता हूँ कि बिना किसी भेदभाव के जनसंख्या के अनुपात से समस्त जातियों को सेवालयों तथा शिक्षालयों में प्रतिनिधित्व प्राप्त हो।

अन्त में यह मैं कहना चाहता हूँ कि सामाजिक सुधार कर अन्तिम लक्ष्य जनता में भली आदतों का शिक्षण, ज्ञान वृद्धि तथा समानता के सिद्धान्तों का पालन, आत्म सम्मान की प्राप्ति और सत्य धर्म-निरपेक्ष समाजवाद की स्थापना करना है।

(चन्द्रिका प्रसाद जिज्ञासु द्वारा प्रकाशित पुस्तिका 'ई.वी. रामासामी पेरियार नायकर' में संकलित दयाराम जैन द्वारा हिन्दी में अनुदित लेख का परिष्कृत रूप)

भविष्य की दुनिया

प्राक्कथन

कल की दुनिया कैसी थी? आज की दुनिया कैसी है? आने वाले कल की दुनिया कैसी होगी? समय के साथ-साथ, शताब्दियों के अन्तराल में कौन-कौन से परिवर्तन होंगे? केवल तर्कवादी इन बातों को सही-सही समझ सकता है। धर्माचार्यों के लिए इन्हें समझना अत्यन्त कठिन है। यह बात कहने का मेरा आधार क्या है?

धर्माचार्य मात्र उतना जानते हैं, जितना उन्होंने धर्मशास्त्रों और ऊटपटाँग पौराणिक साहित्य को रट्टा लगाते हुए समझा है। उन सब चीजों से जाना है, जो ज्ञान और तर्क की कसौटी पर कहीं नहीं ठहरतीं। उनमें से कुछ केवल भावनाओं में बहकर सीखते-समझते हैं। दिमाग के बजाय दिल से सोचते हैं। अंध-श्रद्धालु की तरह मान लेते हैं कि उन्होंने जो सीखा है, वही एकमात्र सत्य है। बुद्धिवादियों का यह तरीका नहीं है। वे ज्ञानार्जन को महत्त्व देते हैं। अनुभवों से काम लेते हैं। उन सब वस्तुओं से सीखते हैं, जो उनकी नजर से गुजर चुकी हैं। प्रकृति में निरन्तर हो रहे परिवर्तनों, जीव-जगत की विकास-प्रक्रिया से भी वे ज्ञान अर्जित करते हैं। इसके साथ-साथ वैज्ञानिक

शोधों, महापुरुषों के ज्ञान, व्यक्तिगत खोजबीन, उपलब्ध शोधकार्यों को भी वे आवश्यकतानुसार और बिना किसी पूर्वाग्रह के ग्रहण करते हैं।

धर्माचार्य सोचता है कि परम्परा-प्रदत्त ज्ञान ही एकमात्र ज्ञान है, उसमें कोई भी सुधार सम्भव नहीं है। अतीत को लेकर जो पूर्वाग्रह और धारणाएँ प्रचलित हैं, वे उसमें किसी भी प्रकार के बदलाव के लिए तैयार नहीं होते। दूसरी ओर तर्कवादी मानता है कि यह संसार प्रतिक्षण आगे की ओर गतिमान है। सब कुछ तेजी से बदल रहा है। इसलिए वह अधुनातन और श्रेष्ठतर के स्वागत को सदैव तत्पर रहता है। मेरा आशय यह नहीं है कि दुनिया-भर के सभी धर्माचार्य एक जैसे हैं। लेकिन, जहाँ तक ब्राह्मणों का सवाल है, वे सब-के-सब बुद्धिवाद का विरोध करते हैं। परम्परा नएपन की उपेक्षा करती है। वह लोगों को तर्क और मुक्त चिन्तन की अनुमति नहीं देती। न ही शिक्षा-तंत्र और परीक्षा-विधि को उन्नत करने में उन्हें कोई मदद पहुँचाती है। उलटे वह लोगों के पूर्वाग्रह रहित चिन्तन में बाधा उत्पन्न करती है। परम्परा-पोषक धर्माचार्य अज्ञानता के दलदल में बुरी तरह धँसे हैं; पुराणों के दुर्गंधयुक्त कीचड़ में वे आकंठ लिप्त हैं। अन्धविश्वास और अवैज्ञानिक विचारों ने उन्हें खतरनाक विषधर बना दिया है।

हमारे धार्मिक नेता, विशेषकर हिन्दू-धर्म के अनुयायी; धर्माचार्यों से भी गए-गुजरे हैं। यदि धर्माचार्य लोगों को 1000 वर्ष पीछे लौटने की सलाह देता है, तो नेता उन्हें हजारों वर्ष पीछे धकेलने की कोशिश में लगे रहते हैं। ये जनता को सदियों पीछे धकेल भी चुके हैं। बुद्धिवाद न तो धर्माचार्यों को रास आता है, न ही हमारे हिन्दू-नेताओं को। उन्हें केवल अवैज्ञानिक, मूर्खतापूर्ण और बुद्धिहीन वस्तुओं से लगाव है।

अपने अनुभव के आधार पर मैं कह सकता हूँ कि ये लोग नई दुनिया में भी उम्मीद लगाए रहते हैं कि आने वाला समय उन जैसे असभ्य और गँवारों का होगा। 'स्वर्णिम अतीत'(ओल्ड इज गोल्ड) की परिकल्पना पर वही व्यक्ति विश्वास कर सकता है, जिसने नए परिवर्तन को न तो समझा हो, न उसकी कभी सराहना की हो; केवल अकल के अंधे लोग उनका अनुसरण कर सकते हैं।

हम जैसे तर्कवादी लोग पुरातन को पूर्णतः खारिज नहीं करते। उसमें जो अच्छा है, हम उसका स्वागत करते हैं। उसे अपनाने के लिए भी अच्छाई और नएपन में विश्वास करना अत्यावश्यक है। तभी हम नए और अधुनातन सत्य की खोज कर सकते हैं। समाज तभी प्रगति कर सकता है, जब हम नए और बेहतर समाज की रचना के लिए नवीनतम परिवर्तनों के स्वागत को तत्पर हों।

लोग चाहे वे किसी भी देश अथवा संस्कृति के क्यों न हों, पुरातन से सन्तुष्ट कभी नहीं थे। उनकी दृष्टि सदैव अधुनातन ज्ञान एवं प्रगति पर केन्द्रित रही है। वे जिज्ञासु और निष्पक्ष थे। इसी कारण वे विस्मयकारी वस्तुओं की खोज कर पाए। आज दुनिया के हर कोने के लोग मानवोपयोगी आविष्कारों का लाभ उठा रहे हैं। इसलिए यह आलेख केवल उन लोगों के लिए है, जो सत्य को अनुभव करना जानते हैं। उसे आत्मसात करने को तत्पर हैं। ऐसे ही लोग शताब्दियों आगे के परिवर्तनों की कल्पना कर सकते हैं।

भविष्यलोक : एक नास्तिक का स्वप्न

अतीत के विहंगावलोकन और महान इतिहासकारों की राय से पता चलता है कि आने वाले समय में राजशाही का अन्त हो जाएगा। बहुमूल्य सोना-चाँदी, हीरे-जवाहरात प्रभु वर्ग का विशेषाधिकार नहीं रह पाएँगे। उस दुनिया में न तो शासक की आवश्यकता होगी, न शासन की; न राजा होगा, न ही राज्य की जरूरत होगी। लोगों की आजीविका और सुख-शान्ति पर ऐसा कोई प्रतिबन्ध नहीं होगा, जैसा आजकल का चलन है। आज रोजी-रोटी के लिए किया जाने वाला श्रम अत्यधिक है, अपनी ही मेहनत का सुख प्राप्त करने के अवसर अपेक्षाकृत अत्यन्त सीमित हैं। जबकि हमारे पास खेती-किसानी और सुखामोद, यहाँ तक कि वैभव-सामग्री जुटाने के विपुल संसाधन हैं। दूसरी ओर भूख, गरीबी और दैन्य के सताए लोग बड़ी संख्या में हैं। ऐसे लोगों के पास सामान्य सुविधाओं का अभाव हमेशा बना रहता है। उनके पास न तो भरपेट भोजन है, न ही जीवन का कोई सुख। हालाँकि, दुनिया में

अवसरों की भरमार है। उनसे कोई भी व्यक्ति अपनी रुचि के अनुसार जीवन के लक्ष्य निर्धारित कर सकता है; अपने आपको ऊँचा उठा सकता है। फिर भी ऐसे लोग बहुत कम हैं, जो उन सबका आनन्द उठा पाते हैं।

कच्चे माल और उत्पादन के क्षेत्र में तेजी से विकास की ओर दुनिया अग्रसर है। दूसरी ओर ऐसे लोग भी अनगिनत हैं, जो मामूली संसाधनों के साथ गुजारा करने को विवश हैं। समाज में जीवन की मूलभूत अनिवार्यताएँ होती हैं। उनके अभाव में जीवन बहुत कठिन हो जाता है। बहुत-से लोग न्यूनतम सुविधाओं के लिए तरसते हैं। बड़ी कठिनाई में वे जीवनयापन कर पाते हैं। हमारे पास कृषि भूमि की कमी नहीं है। बाकी संसाधन भी पर्याप्त मात्रा में हैं। मगर ऐसे लोग भी हैं, जिनके पास जमीन का एक टुकड़ा तक नहीं है। ऐसी दुनिया में एक ओर सुखपूर्वक जीवनयापन के भरपूर संसाधन मौजूद हैं, तो दूसरी ओर भुखमरी गरीबी और दुश्चिन्ताओं की भरमार है; जिसके चलते समाज में चुनौतियाँ-ही-चुनौतियाँ हैं।

क्या इन सबके और ईश्वर के बीच कोई सम्बन्ध है?

क्या इन सबके और मनुष्य के बीच कोई तालमेल है?

ऐसे लोग भी हैं जो सांसारिक कार्यकलापों को ईश्वर से जोड़ते हैं। परन्तु, हमें ऐसा कोई नहीं मिलता, जो दुनिया की बुराइयों के लिए ईश्वर को जिम्मेदार ठहराता हो। तो क्या यह मान लिया जाए कि आदमी नासमझ है; उसमें इन बुराइयों से निपटने की सामर्थ्य ही नहीं है?

प्राणी मात्र के बीच मनुष्य सर्वाधिक बुद्धिमान है। यह आदमी ही है, जिसने ईश्वर, धर्म, दर्शन, अध्यात्म को गढ़ा है। कहा यह भी जाता है कि असाधारण मनुष्य ईश्वर का साक्षात्कार करने में सफल हुए थे। कुछ लोगों के बारे में तो यह दावा भी किया जाता है कि वे ईश्वर में इतने आत्मलीन थे कि स्वयं भगवान बन चुके थे। मैं बड़ी हिम्मत के साथ पूछता हूँ कि आखिर क्यों ऐसे महान व्यक्तित्व भी दुनिया में व्याप्त तमाम मूर्खताओं को उखाड़ फेंकने में नाकाम रहे? क्या इससे स्पष्ट नहीं होता कि लोग अपने सामान्य बोध से यह नहीं समझ पाए कि सांसारिक चीजों का ईश्वर, धर्म, आध्यात्मिक निर्देश, न्याय, मर्यादा, शासन आदि से कोई सम्बन्ध नहीं है। ये सिर्फ इसलिए हैं,

क्योंकि अधिकांश लोग स्वतंत्र रूप से सोचने तथा निर्णय लेने में अक्षम हैं?

पश्चिमी देशों में अनेक विद्वानों ने बुद्धि को महत्त्व देते हुए तर्कसंगत ढंग से सोचना आरम्भ किया। उन विचारों की मदद से उन्होंने विलक्षण ज्ञान के साथ-साथ चमत्कारिक आविष्कार किए हैं। उसके फलस्वरूप वे अपनी आध्यात्मिकता के परिष्कार के साथ-साथ अन्धविश्वासों और आत्म-वंचनाओं का समाधान खोजने में भी कामयाब रहे। अन्ततः वे इस निष्कर्ष पर पहुँचे कि प्राचीन ढकोसले ज्यादा दिन टिकने वाले नहीं हैं। यही कारण है कि उन्होंने नए युग पर ध्यान-केन्द्रित करना आरम्भ कर दिया है।

हम क्यों जन्मे हैं? आम आदमी को आज भी रोजी-रोटी के लिए संघर्ष क्यों करना पड़ता है? क्यों लोग भूख और गरीबी के कारण अकाल मौत मरते हैं? जबकि दुनिया में संसाधनों का प्राचुर्य है। ये मानव-मस्तिष्क को स्तब्ध कर देने वाले प्रश्न हैं। आज हालात बदल रहे हैं। आजकल बुद्धिवादी तरीके से अनेक चीजों का वास्तविक रूप हमारे सामने है। कालांतर में यही तरीका न केवल परिवर्तन का वाहक बनेगा, बल्कि सामाजिक क्रान्ति को भी जन्म देगा। एक समय ऐसा आएगा, जब धन-सम्पदा को सिक्कों में नहीं आँका जाएगा। न सरकार की जरूरत रहेगी। किसी भी मनुष्य को जीने के लिए कठोर परिश्रम नहीं करना पड़ेगा। ऐसा कोई काम नहीं होगा जिसे ओछा माना जाए या जिसके कारण व्यक्ति को हेय दृष्टि से देखा जाए। आज सरकार के पास असीमित अधिकार हैं। किन्तु, भविष्य में ऐसी कोई सरकार नहीं होगी, जिसके पास अन्तहीन अधिकार हों। दास-प्रथा का नामोनिशान नहीं बचेगा। जीवनयापन हेतु कोई दूसरों पर आश्रित नहीं रहेगा। महिलाएँ आत्मनिर्भर होंगी। उन्हें विशेष संरक्षण, सुरक्षा और सहयोग की आवश्यकता ही नहीं पड़ेगी।

आने वाली दुनिया में मनुष्य को सुखपूर्वक जीवनयापन करने के लिए एक अथवा दो घंटे का समय पर्याप्त होगा। उससे वह वैसा ही वैभवशाली जीवन जी सकेगा, जैसा संत-महात्मा, जमींदार, शोषण करने वाले धर्मगुरु और तत्त्वज्ञानी जीते आए हैं। सामान्य सुख-सुविधाओं तथा समस्त आनन्दोपभोग के लिए मात्र दो घंटे का श्रम पर्याप्त होगा। मनुष्य के सामान्य रोग जैसे पैरों का दर्द, कान, नाक, पेट, हड्डी आदि के विकार तथा अन्यान्य रोग सहन

नहीं किए जाएँगे। आने वाली नई दुनिया में अकेले मनुष्य की दुश्चिन्ताएँ और कठिनाइयाँ समाज द्वारा सही नहीं जाएँगी। उस दुनिया में समाज एकता और सहयोग के आधार पर गठित होगा।

युद्ध, जो इन दिनों आम हैं; भविष्य में उनके लिए कोई जगह नहीं होगी। लोगों को युद्ध में जान देने के लिए मजूबर नहीं किया जा सकेगा। हत्या और लूटमार की घटनाओं में उल्लेखनीय गिरावट होगी। कोई बेरोजगार नहीं रहेगा। न कहीं भोजन और आजीविका के लिए मारामारी होगी। लोग काम की तलाश अपने आप को सुखी और स्वस्थ रखने के लिए करेंगे। बहुमूल्य वस्तुएँ, मनोरम स्थल, मनभावन दृश्य और दमदार प्रदर्शनियाँ, जहाँ लोग मिल-जुलकर जीवन का आनन्द ले सकें; सभी को समान रूप से सदैव उपलब्ध होंगी। आने वाली दुनिया में साहूकारों, निजी व्यापारियों, उद्योगपतियों और पूँजीपतियों के अधीन चल रही संस्थाओं के लिए कोई जगह नहीं होगी। केवल लाभ की कामना के साथ काम करने वाला कोई एजेंट, ब्रोकर या दलाल आने वाली दुनिया में नजर नहीं आएगा।

सहयोगाधारित विश्व-राज्य में जल, थल और वायुसेना बीते जमाने की चीजें बन जाएँगी। बस्तियों को तबाह कर देने वाले युद्धक जहाज और हथियार खुद नष्ट कर दिए जाएँगे। आजीविका के लिए रोजगार की तलाश आसान और मानव-मात्र की पहुँच में होगी। सुखामोद में चौतरफा वृद्धि होगी। ज्ञान-विज्ञान की मदद से मनुष्य की औसत आयु में बढ़ोतरी होगी। जनसंख्या वृद्धि की चाहे जो रफ्तार हो, आवश्यक वस्तुओं की उपलब्धता तथा उन्हें जुटाने में लगने वाला श्रम मूल्य न्यूनतम स्तर पर होगा। मशीनी-क्रान्ति उसे सहज-सम्भव कर दिखाएगी।

मिसाल के तौर पर—कभी वे दिन थे, जब एक कारीगर एक मिनट में औसतन 150 धागे बुन पाता था। आज ऐसी मशीनें हैं, जो किस्म-किस्म के कपड़ों के 45,000 धागे प्रति मिनट की रफ्तार से आसानी से बुन लेती हैं। इसी तरह पहले कारीगर के लिए प्रति मिनट दो-तीन सिगरेट बनाना भी मुश्किल हो जाता था। आज एक मशीन प्रति मिनट में ढाई हजार सिगरेट बना देती है। आज मशीन के डैशबोर्ड पर केवल तम्बाकू की पत्तियाँ, कागज

आदि रखने की जरूरत होती है। सिगरेट बनाने से लेकर उनके पैकेट बनाने, फिर पैक करने तक का काम मशीनें करती हैं। वहाँ से उन्हें आसानी से बाहर भेजा जा सकता है। इसके अलावा खराब सिगरेटों को अलग करने से लेकर नष्ट करने तक का काम मशीनें स्वत: कर लेती हैं। आज जीवन के सभी क्षेत्रों में मशीनों के जरिए आसानी से काम हो रहा है। प्रौद्योगिकी विषयक ज्ञान में तीव्र वृद्धि हो रही है। तकनीक की मदद से आने वाली दुनिया में ऐसा सम्भव होगा, जब कोई आदमी दो सप्ताह श्रम करके साल-भर के लिए जरूरी वस्तुओं का उपार्जन कर सकेगा।

इस बात से डरने की जरूरत नहीं है कि लोग इससे सुस्त और आराम पसन्द हो जाएँगे। इस तरह की चिन्ता किसी को भी नहीं करनी चाहिए। यही नहीं, जैसे-जैसे जीवनोपयोगी वस्तुओं के उपार्जन के तरीकों और संसाधनों का विकास होगा और जैसे-जैसे सुख-सुविधाओं की माँग बढ़ेगी, स्वाभाविक रूप से मनुष्य के श्रम और क्षमताओं का लोकहित में पूरे वर्ष उपयोग करने के लिए आवश्यक कदम भी उठते रहेंगे। ऐसी योजनाएँ बनाई जाएँगी, जिससे मनुष्य के खाली समय का सार्थक सदुपयोग सम्भव हो सके। आधुनिकतम मानवोपयोगी आविष्कारों की कोई सीमा नहीं होगी। सभी लोगों को काम मिलेगा; विशेषरूप से गुणी, प्रतिभाशाली और मनुष्यता के हित में आधुनिक सोच से काम लेने वालों के लिए काम की कोई कमी नहीं होगी। मजदूर केवल मजदूरी के लिए काम नहीं करेगा, बल्कि वह अपने मानसिक विकास के लिए भी काम को समर्पित होगा। उससे प्रत्येक व्यक्ति व्यस्त रहेगा। केवल लाभार्जन के लिए कोई उत्पादन नहीं किया जाएगा।

अपने से बड़ों को काम करते देख छोटे भी समाज हित में बहु-उपयोगी योगदान देने को आश्चर्यजनक रूप से तत्पर होंगे। ठीक है, कुछ लोग सोच सकते हैं कि उनके कुछ उत्तराधिकारी सुस्त और आराम-पसन्द होंगे; मैं ऐसा नहीं मानता। यह सोचते हुए कि कुछ लोग आलसी और निकम्मे हो सकते हैं, वे समाज के लिए बोझ नहीं रहेंगे। समाज की प्रगति पर उनसे न्यूनतम प्रभाव पड़ेगा। यदि कोई जानबूझकर सुस्त रहने की जिद ठाने रहता है, तो वह उसके लिए नुकसानदेह होगा; न कि पूरे समाज के लिए। सच तो यह

है कि आने वाले समय में कोई भी खुद को आलसी और सुस्त कहलवाने में लज्जित महसूस करेगा। लोगों में समाज के लिए कुछ-न-कुछ उपयोगी करने की स्पर्धा बनी रहेगी। उनके लिए अपेक्षाकृत अधिक काम होगा। और किसी काम को करने वाले हाथों की कमी नहीं रहेगी। कोई किसी काम को पूरा न करने का दोष अपने सिर नहीं लेना चाहेगा।

आप पूछ सकते हैं कि क्या कुछ आदमी ऐसे भी होंगे, जिन्हें ओछे और गंदे कार्यों पर लगाया जाएगा? अभी तक गंदे और खराब कार्यों से हमारा जो मतलब रहा है, आने वाली दुनिया में उन्हें ऐसा नहीं माना जाएगा। न उनके कारण किसी को हेय-दृष्टि से देखा जा सकेगा। आने वाले समय में झाड़ू लगाने, मैला उठाने, जूठे बर्तन धोने, कप-प्लेट धोने जैसे कार्यों के लिए मशीनों की मदद ली जाएगी। आदमी से उम्मीद की जाएगी कि तकनीकी कौशल प्राप्त कर, मशीनों का उपयोग करना सीखे। सिर पर भारी बोझा ढोने, खींचने या गड्ढा खोदने के लिए मानव-श्रम की आवश्यकता नहीं पड़ेगी। किसी भी कार्य को असम्मानजनक नहीं माना जाएगा। कवियों, कलाकारों, कलमकारों और मूर्तिकारों के बीच नई दुनिया गढ़ने के लिए स्पर्धा रहेगी। अच्छे आदमियों को अच्छे काम सौंपे जाएँगे; ताकि वे नाम और शोहरत दोनों कमा सकें।

कोई भी व्यक्ति आत्मगौरव, चरित्र और मान-मर्यादा से शून्य नहीं होगा। चूँकि, व्यक्तिगत लाभ के सभी रास्ते बन्द कर दिए जाएँगे, इसलिए कोई भी आदमी गलत चाल-चलन में नहीं पड़ेगा। ऐसा कोई व्यक्ति नहीं होगा, जिसका झुकाव अनुचित और अनैतिक कार्य की ओर हो। ये शर्तें प्रत्येक व्यक्ति को उच्च नैतिक मापदंडों के अनुसरण की प्रेरणा देंगी। उसे अधिक सुसभ्य और संवेदनशील बनाएँगी। यदि कहीं ऊँच-नीच, विशेषाधिकार और अधिकारविहीनता दिखेगी, वहाँ घृणा, जुगुप्सा, और विरक्ति के कारण भी मौजूद होंगे; और जहाँ ये चीजें अनुपस्थित होंगी, वहाँ अनैतिकता के लिए कोई स्थान न होगा। नए विश्व में किसी को कुछ भी चुराने या हड़पने की आवश्यकता ही नहीं पड़ेगी। पवित्र नदियों जैसे कि गंगा के किनारे रहने वाले लोग उसके पानी की चोरी नहीं करेंगे। वे केवल उतना ही पानी लेंगे, जितना

उनके लिए आवश्यक है। भविष्य के उपयोग के लिए वे पानी को दूसरों से छिपाकर नहीं रखेंगे। यदि किसी के पास उसकी आवश्यकता की वस्तुएँ प्रचुर मात्रा में होंगी, वह चोरी की सोचेगा तक नहीं। इसी प्रकार किसी को झूठ बोलने, धोखा देने या मक्कारी करने की आवश्यकता नहीं पड़ेगी। क्योंकि, उससे उसे कोई प्राप्ति नहीं हो सकेगी। नशीले पेय किसी को नुकसान नहीं पहुँचाएँगे। न कोई किसी की हत्या करने का खयाल दिल में लाएगा। वक्त बिताने के नाम पर जुआ खेलने, शर्त लगाने जैसे दुर्व्यसन समाप्त हो जाएँगे। उनके कारण किसी को आर्थिक बर्बादी नहीं झेलनी पड़ेगी।

पैसे की खातिर अथवा मजबूरी में किसी को वेश्यावृत्ति के लिए विवश नहीं होना पड़ेगा। स्वाभिमानी समाज में कोई भी दूसरे पर शासन नहीं कर पाएगा। कोई किसी से पक्षपात की उम्मीद नहीं करेगा। ऐसे समाज में जीवन और काम-सम्बन्धों को लेकर लोगों का दृष्टिकोण उदार एवं मानवीय होगा। वे अपने स्वास्थ्य की देखभाल करेंगे। प्रत्येक व्यक्ति में आत्मसम्मान की भावना होगी। स्त्री-पुरुष दोनों एक-दूसरे की भावनाओं का सम्मान करेंगे और किसी का प्रेम बलात हासिल करने की कोशिश नहीं की जाएगी। स्त्री-दासता के लिए कोई जगह नहीं होगी। पुरुष सत्तात्मकता मिटेगी। दोनों में कोई भी एक-दूसरे पर बल-प्रयोग नहीं करेगा। आने वाले समाज में कहीं कोई वेश्यावृत्ति नहीं रहेगी।

मानसिक अपंगता के शिकार लोगों को विशेषरूप से देखभाल की जरूरत पड़ सकती है। बावजूद इसके ऐसे व्यक्तियों को तभी बन्द किया जा सकेगा, जब वे दूसरे लोगों के लिए परेशानियाँ खड़ी कर रहे हों। स्त्री-पुरुष दोनों पर किसी प्रकार के प्रतिबन्ध लागू करने की आवश्यकता नहीं पड़ेगी। क्योंकि, वे दोनों ही सम्बन्धों की अच्छाई-बुराई की ओर से सावधान रहेंगे।

यातायात के साधन मुख्यत: हवाई होंगे और वे तीव्र गति से काम करेंगे। सम्प्रेषण प्रणाली बिना तार की होगी। सबके लिए उपलब्ध होगी और लोग उसे अपनी जेब में उठाए फिरेंगे। रेडियो प्रत्येक के हैट में लगा हो सकता है। छवियाँ सम्प्रेषित करने वाले उपकरण व्यापक रूप से प्रचलन में होंगे। दूर-संवाद अत्यन्त सरल हो जाएगा और लोग ऐसे बातचीत कर सकेंगे, मानो

आमने-सामने बैठे हों। आदमी किसी से भी कहीं भी और कभी-भी तुरन्त संवाद कर सकेगा। शिक्षा का तेजी से और दूर-दूर तक प्रसार करना सम्भव होगा। एक सप्ताह तक की जरूरत का स्वास्थ्यकर भोजन सम्भवतः एक कैप्सूल में समा जाएगा, जो सभी को सहज उपलब्ध होंगे। मनुष्य की आयु सौ वर्ष अथवा उससे भी दोगुनी हो चुकी होगी। नपुंसक स्त्री या पुरुष को सन्तान के लिए संभोग करने की जरूरत नहीं पड़ेगी। यही नहीं पशुओं की उन्नत नस्ल के लिए ताकतवर और सुदृढ़ सांड विशेषरूप से लाए जाएँगे। स्वस्थ और बुद्धिमान पुरुषों को वीर्यदान के लिए तैयार किया जाएगा तथा उसे वैज्ञानिक ढंग से स्त्री के गर्भाशय में स्थापित किया जाएगा। वह ऐसा रास्ता होगा, जिससे आने वाली सन्तान शारीरिक एवं मानसिक रूप से पूर्णतः स्वस्थ एवं तेजवंत होगी। बच्चे के जन्म की प्रक्रिया सरल होगी; जिसके लिए दम्पति को संभोग की जरूरत ही नहीं पड़ेगी। जनता की इच्छा और सहयोग से जनसंख्या नियंत्रण का काम आसान हो जाएगा।

दैनिक उपभोग की वस्तुएँ, जैसी वे आज हैं; भविष्य में उससे अलग होंगी। उदाहरण के लिए वाहनों का भार उल्लेखनीय रूप से कम हो जाएगा। उससे पेट्रोल की खपत में कमी आएगी। भविष्य की कारें बिजली अथवा दोबारा चार्ज होने वाली बैटरियों से चल सकेंगी। बिजली का उपयोग इस प्रकार किया जाएगा, ताकि प्रत्येक व्यक्ति उसका लाभ उठा सके। वह मनुष्यता के लिए बहुपयोगी होगी। इस तरह के अनेक वैज्ञानिक सुधार देखने में आएँगे। विज्ञान का बड़ी तेजी से विकास होगा, उसके माध्यम से नए-नए और उपयोगी आविष्कार सामने आएँगे।

उस दुनिया में आविष्कारों के दुरुपयोग के लिए कोई गुंजाइश नहीं होगी। आजकल सम्पत्ति, कानून और व्यवस्था की देखभाल, न्याय, प्रशासन, शिक्षा आदि के सुरक्षा की जिम्मेदारी सरकार सँभालती है। इसके लिए सरकार के अलग-अलग विभाग हैं। आगे चलकर ये सब माध्यम अनावश्यक और अप्रचलित हो जाएँगे। इन कार्यों के लिए आजकल प्रचलित प्रणालियाँ कालांतर में अर्थहीन लगने लगेंगी। मुश्किल है कि आने वाली दुनिया में भी कोई व्यक्ति ईश्वर को समझने की चाहत रखे।

ईश्वर की संकल्पना स्वतः और स्वाभाविक रूप से नहीं जन्मी है। यह विश्वास की प्रक्रिया है; जो बड़ों द्वारा छोटों में सम्प्रेषित और उपदेशित की जाती है। आने वाली दुनिया में ईश्वर की चर्चा तथा कर्मकांड करने वाले लोग नगण्य होंगे। यही नहीं ईश्वर के नाम पर जितने चमत्कारों का दावा किया जाता है; कालांतर में वे लुप्त हो जाएँगे। मनुष्य ईश्वर की चर्चा करेगा; किन्तु बिना किसी अलौकिकताबोध के। आज आदमी यह सोचकर ईश्वर को याद करता है, क्योंकि उसे उसकी आवश्यकता बताई जाती है।

यदि हम काम करते समय अचानक बीच में आ जाने वाली बाधाओं के रहस्य को समझ लें; यदि मनुष्य की सामान्य जरूरतें उसकी आवश्यकता के अनुसार समय रहते आसानी से पूरी हो जाएँ; तब उसे ईश्वर और सृष्टि की परिकल्पना की आवश्यकता ही न पड़े। स्वर्ग की परिकल्पना अवैज्ञानिक और अप्रामाणिक है। यदि मानव-मात्र के लिए धरती पर ही स्वर्ग जैसा वातावरण उपलब्ध हो जाए, तब उसे स्वर्ग जैसी आधारहीन कल्पना की आवश्यकता ही नहीं पड़े। न ही स्वर्ग मिलने की चाहत उसे परेशान करे। यही मानवीय बोध की चरमसीमा है। ज्ञान-विज्ञान और विकास के क्षेत्र में ईश्वर के लिए कोई स्थान नहीं है।

यदि व्यक्ति में खुद को जानने की योग्यता हो, तो उसे ईश्वर की जरूरत ही नहीं है। यदि मनुष्य इस दुनिया को ही अपने लिए स्वर्ग मान ले, तो वह स्वर्ग के आकाश में तथा नर्क के पाताल में स्थित होने की जैसी भ्रामक बातों पर विश्वास ही नहीं करेगा। जागरूक और विवेकवान व्यक्ति इस तरह के अतार्किक सोच को तत्क्षण नकार देगा। जहाँ व्यक्तिगत इच्छाओं का लोप हो जाता है, वहाँ ईश्वर भी मर जाता है। जहाँ विज्ञान जिन्दा हो, वहाँ ईश्वर को दफना दिया जाता है।

सामान्य धारणा में अपरिवर्तनीयता या अनश्वरता के बारे में ठोस परिकल्पनाएँ सम्भव हैं। इसका आशय क्या है? इसमें भ्रम पैदा करने वाले कारक कौन-से हैं? अनश्वरता को लोग ईश्वर के पर्याय और गुण के रूप में देखते आए हैं। वैज्ञानिकों की दृष्टि में इस तरह का अर्थ निकालना मूर्खता है। हम अपने निजी अनुभवों को दूसरों को बताने में प्रायः संकोची रहे हैं।

इसलिए दूसरों के अनुभव और विचार हमारे मस्तिष्क पर प्रभावी हो जाते हैं। हम अपनी अज्ञानता का प्रदर्शन करते हैं; जो प्रायः हमारी नहीं होती। जबकि, वे दुनिया के जन्म और उसकी ऐतिहासिक सहनशीलता को समझने का आदर्श माध्यम हो सकती है। इन हालात में, जबकि दुनिया के अनेक रहस्य हमें अभी तक अज्ञात हैं; आभार ज्ञापन के बहाने ही सही, कोई भी बुद्धिवादी ईश्वर की पूजा नहीं करेगा।

कोई भी व्यक्ति ज्ञानार्जन द्वारा अपने जीवन में सुधार ला सकता है; यही दुनिया का नियम है। जब कोई तर्कबुद्धि से घटनाओं की सही व्याख्या नहीं कर पाता, तब वह चुपचाप अज्ञानता के वृक्ष के नीचे शरण लेकर ईश्वर को पुकारने लगता है। इस तरह के अबौद्धिक कार्यकलाप आने वाले समय में सर्वथा अनुपयुक्त माने जाएँगे।

आने वाले समय में न तो स्वर्ग होगा, न नर्क। क्योंकि, उसमें सनातन पाप या पुण्य के लिए के लिए कोई स्थान नहीं होगा। किसी को किसी की मदद की जरूरत नहीं पड़ेगी। सिवाय पागल के कोई दूसरों को नुकसान नहीं पहुँचाना चाहेगा। इसलिए, स्वर्ग और नर्क की परिकल्पना भविष्य में मनुष्यता के लिए अर्थहीन मान ली जाएगी।

इस तरह की आदर्श दुनिया अचानक नहीं गढ़ी जा सकती। धीर-धीरे, कदम-दर-कदम आगे बढ़ते हुए मेहनती लोगों द्वारा क्रमिक परिवर्तन के बाद, लम्बे अन्तराल में इस तरह की दुनिया अवश्य बनाई जा सकती है। समाज की विभिन्न समस्याओं के समाधान तथा मानवमात्र के बेहतर जीवन के लिए, नई दुनिया की संरचना के लिए यह रास्ता आदर्श होगा।

उस समाज में कोई यह नहीं पूछेगा—'हम क्या करें? जब सब कुछ ईश्वर की मर्जी से संचालित है।' मनुष्यता की जो भी कमियाँ सामने आएँगी, लोग उन पर शान्त नहीं बैठेंगे। लक्ष्य तक पहुँचने के लिए वे उनका समाधान अवश्य करेंगे। नियति और दुर्भाग्य की कोई बात नहीं होगी। प्रत्येक कार्य सम्पूर्ण आत्मविश्वास के साथ किया जाएगा। समाज में जो भी बुराइयाँ सामने आएँगी, बेहतर समाज की रचना के लिए उनका निदान तत्क्षण और निपुणता के साथ किया जाएगा।

प्राचीन रीति-रिवाजों और परम्पराओं में अंध-आस्था ने लोगों के सोचने-समझने, तर्क-बुद्धि से काम लेने की प्रवृत्ति का लोप कर दिया है। ये चीजें दुनिया की प्रगति में बाधक बनी हुई हैं। कुछ लोगों के स्वार्थ इनसे जुड़े हैं। निहित स्वार्थ के लिए वही लोग, जो इन पुरानी और बकवास चीजों से ही कमाई करते रहते हैं; ऐसे लोग ही नई दुनिया की संरचना का विरोध करते हैं। वे उस दुनिया का विरोध करते हैं, जिसमें खुशियों की, सुख-शान्ति की भरमार होगी। लोगों के विकास की प्रचुर सम्भावनाएँ भी रहेंगी। बावजूद इसके, जो मनुष्य के अज्ञान तथा कुछ लोगों के स्वार्थ के विरुद्ध खुलकर खड़े होंगे; वही नई दुनिया की रचना करने में समर्थ होंगे। नई दुनिया के निर्माताओं को मजबूत करने के लिए हमें उनके साथ उनकी कतार में शामिल हो जाना चाहिए। युवाओं और बुद्धिवादियों के लिए उचित अवसर है कि वे नए विश्व की रचना हेतु अपने प्रयासों को अपने विचार, ऊर्जा और सपनों को समर्पित कर दें।

(यह आलेख 'आत्मसम्मान आन्दोलन' में एक कार्यक्रम में पेरियार द्वारा दिए गए एक भाषण का लिखित रूप है। यह भाषण पुस्तकाकार भी प्रकाशित हुआ, जिसकी समीक्षा सुप्रसिद्ध अंग्रेजी दैनिक 'दि हिन्दू' में छपी थी; जहाँ उनकी तुलना बीसवीं शताब्दी के एच.जी.वेल्स की गई थी।)

(अंग्रेजी से अनुवाद : ओमप्रकाश कश्यप)

परिशिष्ट

पेरियार : जीवन का वर्षवार लेखा-जोखा

मैं कौन हूँ?

"मेरा परिवार एक रूढ़िवादी परिवार है। इसने मन्दिर और सराय बनवाने तथा भूखों को भोजन उपलब्ध कराने आदि का उपाय किया। परिवार के सदस्यों ने ऐसे परोपकारी कार्यों के लिए खुलकर दान भी दिया। एक ऐसे परिवार में पैदा होने के बावजूद कई लोग मुझे क्रान्तिकारी और चरमपंथी कहते हैं। उनके इस विचार के पीछे कारण यह है कि मैं अपने समाज के कुछ ऐसे पहलुओं पर चोट करता हूँ, जो हमें नीचा दिखाते हैं। मेरा जोर इस बात पर है कि जब तक हमारा भरोसा हिन्दू-धर्म, हिन्दू देवताओं, हिन्दू शास्त्रों, पुराणों, वेदों और इसके इतिहास में है और जब तक हम इनका अनुसरण करते हैं, तब तक हमारा दमन और शोषण जारी रहेगा और हम समाज की इन असमान स्थितियों से कभी उबर नहीं पाएँगे। ऐसी सड़ी हुई स्थिति से बाहर निकलने के बजाय जो केवल इनका पालन करने में लगा रहेगा, भले ही वह कितनी भी बेहतर स्थिति में आ जाए; पर वह खुद को इस अवनति से उबार नहीं पाएगा। मेरा कहना केवल यह है कि हर वह व्यक्ति, जो खुद को सुधारवादी कहता है; उसे यह समझना ही चाहिए।"

(कानपुर में दिए भाषणों से 29-30-31.12.1944,
रिपब्लिक 19.1.1945)

"मैंने, यानी ई.वी. रामासामी ने द्रविड़ समाज के सुधार का काम अपने हाथों में लिया है और मैं इसे आत्मसम्मान और गौरव से भरे हुए समाज में बदलना चाहता हूँ। मैं इस काम में न केवल पूरी तरह जुटा हुआ हूँ, बल्कि इसके प्रति पूर्ण रूप से समर्पित भी हूँ। मुझमें यह सेवा करने की काबिलियत है अथवा नहीं; यह बात दीगर है। क्योंकि, कोई और यह काम करने के लिए आगे नहीं आ रहा है। इसलिए, मैं इसे करने के लिए वचनबद्ध हूँ। मेरा इसके अतिरिक्त कोई अन्य लाभ नहीं है। मैं अपनी नीतियाँ और योजनाएँ तार्किक ढंग से तैयार करता हूँ। मुझे लगता है कि मुझमें यह करने की क्षमता है। अगर कोई समाज की सेवा करना चाहता है, तो इतना पर्याप्त है।"

(स्रोत : पांडुलिपि)

17 सितम्बर, 1879

तमिलनाडु के इरोड कस्बे में ई.वी. रामासामी पेरियार का जन्म हुआ। इनके पिता का नाम वेंकट नायकर और माँ का नाम चिन्ना थयम्मल उर्फ मुथम्मल था। पेरियार के पिता एक लोकप्रिय व्यापारी थे।

1898

तेरह वर्षीया नगम्मल से पेरियार का विवाह हुआ। उन्होंने अपनी रूढ़िवादी पत्नी के मस्तिष्क में तार्किक विचारों के बीज बोए।

1904

पेरियार गंगा नदी के तट पर स्थित प्रसिद्ध हिन्दू तीर्थस्थल काशी (वाराणसी) पहुँचे, जहाँ उनको धर्मशालाओं आदि में नि:शुल्क भोजन नहीं मिल सका।

पता चला कि यह सुविधा केवल ब्राह्मणों के लिए है; जबकि शेष हिन्दू जातियाँ इससे वंचित हैं।

कुछ दिनों तक भूखे रहने के बाद खूबसूरत युवक पेरियार ने ब्राह्मण का वेश धारण किया। कंधे पर एक यज्ञोपवीत डाला और धर्मशाला में भोजन

करने जा पहुँचे। लेकिन, उनकी मूँछों ने उन्हें धोखा दे दिया। द्वारपाल ने न केवल उन्हें प्रवेश करने से रोक दिया, बल्कि बहुत बेरुखी से सड़क पर धकेल दिया।

उस वक्त चूँकि भीतर भोज समाप्त हो गया था, तो खाने के जूठी पत्तलें सड़क पर फेंक दी गई थीं। कई दिनों की भूख से तड़प रहे रामासामी ने मजबूर होकर गली में पड़ी जूठी पत्तलों में बचा-खुचा खाना खाया। इस दौरान तमाम कुत्ते भी उनके साथ उन्हीं पत्तलों में बचा-खुचा खाना खा रहे थे।

खाना खाते समय रामासामी की नजर सामने की दीवार पर उकेरे गए कुछ शब्दों पर पड़ी। वहाँ लिखा था—'उक्त धर्मशाला खासतौर पर सर्वोच्च वर्ण यानी ब्राह्मणों के लिए है। इस धर्मशाला का निर्माण तमिलनाडु के एक अमीर द्रविड़ व्यापारी ने करवाया था।' अचानक रामासामी के मन में कुछ प्रश्न पैदा हुए। मसलन, 'जब यह धर्मशाला एक द्रविड़ व्यापारी की बनवाई हुई है, तो ब्राह्मण अन्य द्रविड़ों को यहाँ भोजन करने से भला कैसे रोक सकते हैं? आखिर क्यों ब्राह्मण इतना क्रूर व्यवहार करते हैं कि वे द्रविड़ समेत अन्य समुदायों को भूखा मारने तक में गुरेज नहीं करते और उनकी यह जाति-व्यवस्था लोगों की जान तक ले लेती है?'

उक्त प्रश्नों पर अपनी शंका के समाधान के लिए उन्हें कोई उचित उत्तर नहीं मिल सका।

काशी में ब्राह्मणों की वजह से हुए अपमान ने पेरियार के हृदय में गहरे जख्म कर दिए। इस वजह ने उनके मन में आर्य नस्ल तथा उसके असंख्य देवी-देवताओं के प्रति गहरी घृणा पैदा कर दी।

यद्यपि काशी को ब्राह्मण सर्वाधिक पवित्र शहर मानते हैं; लेकिन यहाँ अनैतिक गतिविधियाँ, वेश्यावृत्ति, धोखाधड़ी, लूट, भीख माँगने जैसी घटनाएँ इतनी ज्यादा थीं कि पेरियार का इस तथाकथित पवित्र शहर से पूरी तरह मोहभंग हो गया। परिणामस्वरूप कुछ समय बाद अपने संन्यास पर पुनर्विचार कर वे दोबारा गृहस्थ जीवन की ओर लौट गए। इरोड वापस पहुँचने पर उनके पिता ने अपना पूरा कारोबार अपने इस दूसरे पुत्र को सौंप

दिया। उन्होंने अपने सबसे बड़े व्यापारिक प्रतिष्ठान का नाम रखा—ई.वी. रामासामी नायकर मंडी।

1905 और उसके बाद

नि:स्वार्थ समाज सेवा : ई.वी. रामासामी इरोड के जाने-माने उद्योगपति तो थे ही; इसके अलावा उन्होंने नि:स्वार्थ समाजसेवा करते हुए भी सार्वजनिक जीवन में अपना स्थान बनाया। एक उल्लेखनीय घटना इस प्रकार है—'एक बार इरोड में प्लेग की घातक और संक्रामक बीमारी फैली। सैकड़ों लोग मारे गए और हजारों लोग अपनी जान बचाने के लिए वहाँ से भाग खड़े हुए। लेकिन, रामासामी ने अन्य अमीर व्यापारियों की तर्ज पर अपनी जन्मभूमि नहीं छोड़ी। प्लेग के संक्रमण से भयभीत होकर सन्तानों और करीबियों द्वारा त्याग दिए गए शवों को उन्होंने खुद श्मशान पहुँचाया; ताकि उनका अन्तिम संस्कार हो सके।'

इरोड की 'बाजार स्ट्रीट' के व्यापारियों पर उनका जबरदस्त प्रभाव था। उन्होंने अपनी निष्पक्षता और सही निर्णय लेने की क्षमता की मदद से व्यापारियों के कई विवाद सुलझाए।

अपनी युवावस्था में वे तमिल विद्वान, पंडित शिरोमणि अयोथी थास से प्रभावित थे; जो अपने तर्कों और बौद्ध सिद्धान्तों की मदद से जाति-व्यवस्था और ब्राह्मणवादी हिन्दू-धर्म की जमकर आलोचना करते थे।

हिन्दू-धर्म और उसमें शामिल जाति-व्यवस्था खासतौर पर द्रविड़ नस्ल के दमन के लिए ब्राह्मणों द्वारा ईजाद की गई। अस्पृश्यता की क्रूरता के प्रति तमाम नफरतों के बावजूद अपनी ईमानदारी और काम करने की क्षमता के कारण ई.वी. रामासामी को कई सरकारी संस्थानों में माननीय पदों पर काम करने का अवसर मिला।

ब्रिटिश सरकार ने पेरियार को मानद मजिस्ट्रेट भी बनाया था। इसके अलावा उन्हें जिला बोर्ड, तालुका बोर्ड, शहरी बैंक, देवस्थानम, शासकीय पुस्तकालय, युद्ध भर्ती समिति, कृषिविदों के संघ, व्यापारी संघ, महाजन स्कूल समिति समेत करीब 29 सरकारी संस्थानों में अध्यक्ष, उपाध्यक्ष, सचिव जैसे पद सँभालने के अवसर मिले।

1918

इरोड नगरपालिका के चेयरमैन बने। उन्होंने कई प्रभावशाली कल्याणकारी योजनाओं को लागू किया। खासतौर पर पेयजल योजना को कुशलतापूर्वक क्रियान्वित किया। जिस समय पेरियार इरोड नगरपालिका के चेयरमैन थे, उस समय उनके और चक्रवर्ती सी राजगोपालाचारी के बीच मित्रता हुई। बाद में राजगोपालाचारी भारत के गवर्नर जनरल बने।

1919

मि. वरदराजुलु नायडू और सी. राजगोपालाचारी ने पेरियार पर दबाव डाला कि वे महात्मा गांधी के नेतृत्व वाली भारतीय राष्ट्रीय कांग्रेस में शामिल हो जाएँ। आखिरकार पेरियार ने इरोड नगरपालिका के चेयरमैन पद से इस्तीफा दे दिया और कांग्रेस पार्टी के सदस्य बन गए।

1920

महात्मा गांधी द्वारा ब्रिटिश शासन के विरुद्ध शुरू किए गए असहयोग आन्दोलन में जमकर भागीदारी की तथा उनके आह्वान पर सभी 29 सार्वजनिक पदों से इस्तीफा दे दिया। उन्होंने उस पारिवारिक कारोबार तक को बन्द कर दिया, जो सालाना 20,000 रुपए की आय दे रहा था। यह वह समय था, जब एक स्वर्ण मुद्रा का मूल्य 10 रुपए से अधिक नहीं था। उन्होंने इरोड में पहली बार लगी धारा 144 का उल्लंघन किया और दुकानों के बाहर धरना देने के कारण गिरफ्तार किए गए। पेरियार ने गांधी को अपना नेता स्वीकार किया और उन पर भरोसा किया। इस तरह एक सच्चे अनुयायी के रूप में वे गांधी के कहे हर शब्द का पालन करते थे।

ऐसा ही एक उदाहरण है—हाथ से खादी का कपड़ा बुनना। जैसे ही गांधी की ओर से खादी के कपड़े पहनने का निर्देश जारी हुआ; पेरियार ने तत्काल अपने महँगे विदेशी वस्त्र त्याग दिए और खादी पहनना शुरू कर दिया। इतना ही नहीं, उन्होंने अपने परिवार के सभी सदस्यों को भी केवल खादी के कपड़े पहनने पर मजबूर किया; जिनमें उनकी 80 वर्ष

की माँ भी शामिल थीं। जीवन के अब तक के सुखों को त्यागकर उन्होंने हर पहलू में सादगी को अपना लिया।

1920

शराबबन्दी की नीति पर पहली बार पेरियार के घर पर ही विचार किया गया था। जब गांधी इरोड आए और उनके आवास पर रुके, तो उनकी पत्नी नगम्मल और उनकी बहन कन्नम्मल ने उन्हें बताया कि कैसे शराब पीने वाले लोग अपनी पत्नियों को बुरी तरह प्रताड़ित करते हैं। इन महिलाओं ने काफी जोर दिया कि शराबबन्दी की नीति तैयार की जानी चाहिए। उन्होंने इस सम्बन्ध में विरोध-प्रदर्शन शुरू करने का अनुरोध भी किया।

गांधी ने इस उपयोगी सलाह को एक बार में ही स्वीकार कर लिया। उन्होंने घोषणा की कि कांग्रेस पार्टी के लोगों को देश भर में ताड़ी की दुकानों के सामने प्रदर्शन करना चाहिए और ब्रिटिश सरकार से यह माँग करनी चाहिए कि वह शराबबन्दी लागू करे। गांधी ने शराबबन्दी को लेकर जो निर्देश दिए, उनका पालन करते हुए पेरियार ने अपने विशाल प्रांगण में से ताड़ के 500 वृक्ष कटवा दिए। इनसे ताड़ी निकाली जाती थी। यह उनकी प्रतिबद्धता की एक बानगी भर है।

1921

इरोड में पेरियार ने प्रदर्शनकर्ताओं का नेतृत्व किया और ताड़ी की दुकान के सामने धरना दिया। उनको गिरफ्तार किया गया और एक महीने की कैद की सजा सुनाई गई।

1922

उनकी पत्नी नगम्मल और बहन कन्नम्मल भी इस आन्दोलन में शामिल हो गईं और उन्होंने शराब की दुकानों के सामने धरना-प्रदर्शन करने वाली महिलाओं का नेतृत्व किया।

जब कांग्रेस की शीर्ष पंक्ति के कुछ नेताओं ने महात्मा गांधी से प्रदर्शन रोकने का आग्रह किया, तो उन्होंने गम्भीरतापूर्वक कहा कि यह फैसला लेना उनके हाथ में नहीं है; बल्कि इरोड की दो महिलाओं के हाथ में है। उनका इशारा पेरियार की पत्नी और बहन की ओर था।

उसके बाद पेरियार तमिलनाडु कांग्रेस कमेटी के अध्यक्ष बने। तिरुपपुर में आयोजित पार्टी के प्रान्तीय सम्मेलन में उन्होंने एक प्रस्ताव पारित किया; जिसमें कहा गया था कि द्रविड़ नस्ल के सभी 'अस्पृश्यों' को पूजा-अर्चना के लिए मन्दिर में प्रवेश की इजाजत मिलनी चाहिए। लेकिन, कांग्रेस कमेटी के ब्राह्मणों ने इस प्रस्ताव को पारित करने पर आपत्ति जताई। जाति की इस समस्या से नाराज पेरियार ने घोषणा की कि वे 'मनुस्मृति' और 'रामायण' आदि पुस्तकों को जलाएँगे। क्योंकि, इन पुस्तकों का प्रयोग कुटिल ब्राह्मणों द्वारा अपने धार्मिक हथियार के तौर पर किया जाता है। इन हथियारों की मदद से वे द्रविड़ नस्ल के लोगों को जाति और अन्धविश्वास में फँसाकर दबाने का काम करते हैं।

1923

पंगल के राजा की अध्यक्षता वाली जस्टिस पार्टी की सरकार ने मद्रास राज्य विधायी परिषद् में एक अधिनियम पारित किया। इस कानून के तहत हिन्दू धार्मिक बन्दोबस्ती बोर्ड बनाया जाना था; ताकि हिन्दू मन्दिरों में ब्राह्मणों द्वारा किया जाने वाला शोषण समाप्त किया जा सके।

हालाँकि, पेरियार कांग्रेस के नेता थे; लेकिन फिर भी उन्होंने जस्टिस पार्टी सरकार के कानून का समर्थन किया। इसलिए, क्योंकि वह सामाजिक न्याय के पक्षधर थे और हिन्दू आर्यों द्वारा प्रताड़ित द्रविड़ नस्ल के शिक्षा, रोजगार तथा आर्थिक अधिकारों को लेकर खासे चिन्तित रहा करते थे।

सामाजिक न्याय के योद्धा

1924

पेरियार ने जस्टिस पार्टी सरकार के उन प्रयासों की सराहना की, जिनके तहत वह शिक्षा और रोजगार के लिए सरकारी आदेश के जरिए जाति के आधार

पर आरक्षण चाह रही थी। ब्राह्मण अस्पृश्यता जैसी क्रूर व्यवस्था का प्रयोग द्रविड़ों के दमन के लिए करते आए थे। पेरियार ने इस व्यवस्था को खत्म करने के लिए केरल के वायकॉम कस्बे में विरोध-प्रदर्शन का आयोजन किया। ऐसा उन्होंने सरकार के कायदे की अवमानना करते हुए किया था।

वायकॉम एक धार्मिक शहर था। लेकिन, वहाँ इड़वा समुदाय समेत किसी भी निचले तबके के व्यक्ति को मन्दिर के आस-पास की गलियों में चलने तक की इजाजत नहीं थी। कांग्रेस पार्टी के लोगों ने इसके खिलाफ सत्याग्रह का आयोजन किया। उन्होंने पेरियार से अनुरोध किया कि वे तमिलनाडु से आएँ और इस सत्याग्रह का नेतृत्व सँभालें। पेरियार ने ऐसा ही किया। उनको गिरफ्तार करके जेल भेज दिया गया। इस मामले में उनको दो बार जेल की सजा हुई। दूसरी बार उनको छह महीने की सजा सुनाई गई। सत्याग्रह पूरे एक साल चला। इसके बाद इन गलियों को अस्पृश्यों के लिए खोल दिया गया।

यह सामाजिक बलिदान की और मानव अधिकारों की एक साहसिक लड़ाई थी; जिसमें जीत मिली। पेरियार को वायकॉम के नायक की उपाधि से नवाजा गया।

11 सितम्बर, 1924

पेरियार को पहले भी खादी के कपड़ों की वकालत और विदेशी वस्तुओं के बहिष्कार के लिए जेल की सजा हुई थी। तिरुवनवेली के निकट चेरनमाधवी में स्थित राष्ट्रीय प्रशिक्षण विद्यालय 'गुरुकुलम' छात्रावास के ब्राह्मण प्रभारी वीवीएस अय्यर ब्राह्मण एवं गैर-ब्राह्मण छात्रों में भेद किया करते थे। हालाँकि, इस संस्थान को तमिलनाडु कांग्रेस कमेटी और परोपकारी द्रविड़ उद्यमियों की ओर से वित्तीय सहायता मिलती थी। ब्राह्मण छात्रों को लेकर अय्यर के जातिवादी रुझान और इसकी वजह से द्रविड़ छात्रों को होने वाली दिक्कतों से पेरियार अत्यन्त क्रोधित हुए। अन्तत: इस समानतावादी नेता ने तमिलनाडु कांग्रेस कमेटी के सचिव पद से त्याग-पत्र दे दिया। इसके बाद पेरियार को तमिलनाडु कांग्रेस कमेटी का अध्यक्ष बना दिया गया। उन्होंने

नवम्बर, 1924 में तिरूवन्नमलई में आयोजित कांग्रेस के प्रान्तीय अधिवेशन में यह पद ग्रहण किया।

वर्ष 1920 के बाद से वह लगातार कांग्रेस के सम्मेलनों में ऐसे प्रस्ताव पेश कर रहे थे, जिनमें सरकारी नौकरियों और शिक्षा के क्षेत्र में गैर-ब्राह्मणों (द्रविड़ों) को आरक्षण देने की माँग की जा रही थी। उनकी कोशिश थी कि इस तबके के लोगों को जीवन के हर क्षेत्र में उच्च पदों पर लाया जा सके और वे ब्राह्मणों से समानता हासिल कर सकें।

इसी तरह उन्होंने तिरूवन्नमलई कांग्रेस सम्मेलन में भी समानता प्रस्ताव रखा। लेकिन, ब्राह्मणों ने उसे पारित नहीं होने दिया। इससे पहले तिरुवनवेली (1920), तंजावुर (1921), तिरूपुर (1922) और सलेम (1923) में ऐसा हो चुका था। सलेम में एक सार्वजनिक आयोजन में बोलते हुए पेरियार ने चेतावनी दी थी कि जब तक ब्रिटिश शासन में गैर-ब्राह्मणों को सामुदायिक प्रतिनिधित्व नहीं मिल जाता है, तब तक ब्राह्मणों का वर्चस्व समाप्त नहीं होगा और द्रविड़ नस्ल को यूँ ही ब्राह्मनोक्रेसी यानी ब्राह्मणवाद के बोझ तले दबे रहना होगा। (द हिन्दू शताब्दी विशेष पृष्ठ क्रमांक-337)। इस तरह उन्होंने एक नया शब्द भी गढ़ा।

2 मई, 1925

पेरियार 'कुदी आरसु' नाम से एक तमिल साप्ताहिक पत्रिका का प्रकाशन किया करते थे, जिसके सम्पादन का भार भी उन्हीं पर था। इसका उद्देश्य द्रविड़ समुदाय के लोगों को ब्राह्मणों की क्रूर जाति-व्यवस्था और हिन्दू-धर्म के अन्धविश्वासों के कारण होने वाले दमन के प्रति जागरूक करना तथा उनमें आत्मसम्मान का भाव पैदा करना था। 'कुदी आरसु' का पहला अंक तमिल भाषा के जाने-माने धार्मिक विद्वान एवं प्रख्यात वक्ता तिरुप्पतिरिपलयार ज्ञनियार स्वामीगल ने जारी किया।

नवम्बर, 1925

एक बार फिर कांचीपुरम में कांग्रेस सम्मेलन का आयोजन हुआ, जिसकी अध्यक्षता महान तमिल लेखक, सम्पादक, वक्ता और मजदूर नेता

तिरु वी. कल्याणसुन्दरम (टीवीकेएस) कर रहे थे। पेरियार ने यहाँ भी गैर-ब्राह्मणों का सामुदायिक प्रतिनिधित्व सुनिश्चित करने को लेकर प्रस्ताव पेश किया। हमेशा की तरह धूर्त ब्राह्मणों ने उसे पारित नहीं होने दिया। इस बात से नाराज पेरियार ने कांग्रेस पार्टी और उस पदानुक्रम का त्याग कर दिया, जिस पर पूरी तरह ब्राह्मणों का कब्जा और दबदबा था।

कांग्रेस से नाता तोड़ते वक्त पेरियार ने जोरदार ढंग से कहा कि उनका भविष्य का काम होगा पार्टी में हर तरीके से ब्राह्मण-राज को खत्म करना। सम्मेलन से उनके हटते ही पार्टी में प्रथम पंक्ति के तमाम नेता और स्वयंसेवक भी उनके साथ पार्टी छोड़कर चले गए। उसी कांचीपुरम कस्बे में पेरियार ने गैर-ब्राह्मणों का एक समांतर सम्मेलन आयोजित किया। अपने भाषण में उन्होंने कहा कि द्रविड़ों और आर्यों (ब्राह्मणों) के बीच नस्ली पहचान का अन्तर हमेशा से, बल्कि पुरातनकाल से रहा है; और कांग्रेस पार्टी में इसकी मौजूदगी से भी इनकार नहीं किया जा सकता है। इसलिए उन्होंने इस बात पर जोर दिया कि द्रविड़ लोगों को अपनी नस्ल के आत्मसम्मान, अपनी भाषा और अपनी उस संस्कृति की रक्षा करनी चाहिए; जिसे ब्राह्मणों के रसूख, उनकी जाति-व्यवस्था और हिन्दू-धर्म के अन्धविश्वास ने कमतर कर दिया है।

पेरियार ने सन् 1925 में कांग्रेस पार्टी से बाहर निकलने के बाद आत्मसम्मान आन्दोलन की शुरुआत की।

1926

उन्होंने तमिलनाडु में तथा कई अन्य स्थानों पर गैर-ब्राह्मण सम्मेलनों में हिस्सा लिया और अपने आत्मसम्मान अभियान के सिद्धान्तों का प्रचार-प्रसार किया। उनकी कोशिश द्रविड़ नस्ल को जागरूक करने की थी; ताकि उनको ब्राह्मणों की दासता से मुक्त किया जा सके।

1927

पेरियार ने बैंगलोर (बंगलूरु) में कांग्रेस नेता मोहनदास करमचन्द गांधी से मुलाकात की और उनसे जोर देकर कहा कि जब तक जहरफली जाति-

व्यवस्था यानी वर्णाश्रम धर्म को खत्म नहीं किया जाता है, तब तक ब्राह्मणों द्वारा जबरदस्त तरीके से व्यवहार में लाई जाने वाली 'अस्पृश्यता' को खत्म नहीं किया जा सकता है। उन्होंने सहानुभूतिपूर्वक गांधी से कहा कि भारत में आजादी के लिए लड़ने के पहले तीन दुश्मनों का खात्मा जरूरी है। ये दुश्मन थे—

(1) कांग्रेस पार्टी (जिस पर ब्राह्मण पदाधिकारियों का दबदबा था) (2) जाति-व्यवस्था वाला हिन्दू-धर्म और (3) समाज में ब्राह्मणों का दबदबा।

1928

पेरियार ने 7 नवम्बर, 1928 को 'रिवोल्ट' शीर्षक से अंग्रेजी पत्रिका प्रकाशित की।

1929

आत्मसम्मान आन्दोलन का पहला प्रान्तीय सम्मेलन पेरियार ने फरवरी, 1929 में चेंगलपट्टू में आयोजित किया। इस सम्मेलन की अध्यक्षता मिस्टर डब्ल्यू. पी.ए. सुन्दर पांडियन को सौंपी गई थी।

पेरियार ने एक नई तार्किक विवाह-पद्धति का चलन पैदा किया; जिसे 'आत्मसम्मान विवाह' का नाम दिया गया। इस विवाह-समारोह के दौरान सभी धार्मिक रीति-रिवाज तथा ब्राह्मणों द्वारा मंत्रोच्चार पूरी तरह प्रतिबन्धित थे। नवविवाहित जोड़े के लिए एक-दूसरे को माला पहनाना व मातृभाषा में विवाह की शपथ दोहराना पर्याप्त था। इस तरह के विवाह में फिजूलखर्ची की कोई जगह नहीं थी। क्योंकि, इसे बहुत सादगी से निपटाना था। पेरियार ने अपनी सुधरी हुई विवाह-प्रथा में इन तमाम शर्तों को शामिल किया था।

इस नई वैवाहिक-व्यवस्था में उन्होंने शादी को धर्मनिरपेक्ष बनाया। किसी भी धर्म का कोई भी व्यक्ति शादी करा सकता था। केवल वर एवं वधू को एक-दूसरे को माला पहनानी थी; एक-दूसरे का पति-पत्नी होने की घोषणा करनी थी। इस नई वैवाहिक-व्यवस्था के अलावा पेरियार ने अन्तर्जातीय-विवाह तथा विधवा-विवाह को भी बढ़ावा दिया।

10-11 मई, 1930

पेरियार ने इरोड में आत्मसम्मान आन्दोलन के दूसरे प्रान्तीय सम्मेलन का आयोजन मिस्टर एम.आर. जयकर की अध्यक्षता में किया। पुणे निवासी जयकर एक तर्कवादी नेता थे। इस दौरान युवा सम्मेलन, महिला सम्मेलन, शराबबन्दी सम्मेलन, तमिल संगीत सम्मेलन आदि का आयोजन भी किया गया। उन्होंने देवदासी प्रथा के खात्मे से सम्बन्धित विधेयक का सक्रिय समर्थन किया। इस व्यवस्था के तहत उस एक खास समुदाय की युवा लड़कियों को अलग कर दिया जाता था; जो हिन्दू मन्दिरों में नृत्य करती थीं। डॉ. मुथुलक्ष्मी (रेड्डी) नामक एक महिला सुधारक ने एक विधेयक पेश किया; जिसे मद्रास विधान परिषद् में पारित कर दिया गया। हालाँकि, जातिवादी ब्राह्मण नेताओं ने इसका जमकर विरोध किया था।

1931

तीसरा प्रान्तीय आत्मसम्मान सम्मेलन विरुतनगर में हुआ; जिसकी अध्यक्षता आर.के. षणमुगम ने की थी।

20 जून, 1932

इंग्लैंड में पेरियार ने श्रमिकों की एक विशाल सभा सम्बोधित की; जिसमें 50,000 से अधिक लोग शामिल थे। उन्होंने तार्किकता और समाजवाद पर अपने सिद्धान्तों को वहाँ स्पष्ट किया।

28-29 दिसम्बर, 1932

महान विचारक कामरेड एम. सिंगारवेलु ने इरोड में पेरियार के आवास पर एक समाजवादी कार्यक्रम का मसौदा तैयार किया; जिस पर हुई चर्चा में आत्मसम्मान आन्दोलन के अनुयायियों ने भी हिस्सा लिया।

1932

सोवियत संघ का दौरा किया तथा समूचे तमिलनाडु में कई बैठकों को सम्बोधित किया और 'समाजवाद की इरोड योजना' का प्रचार किया।

11 मई, 1933

पेरियार की प्रिय पत्नी श्रीमती ई.वी. रामासामी नगम्मल का निधन हो गया और उनका अन्तिम संस्कार अगले दिन किया गया। 12 मई, 1933 को अन्तिम संस्कार के तत्काल बाद वह तिरुचिरापल्ली के लिए निकल गए। वहाँ उन्होंने अन्तर्धार्मिक (ईसाई) आत्मसम्मान विवाह-समारोह का आयोजन किया। इस दौरान उन्होंने धारा-144 का उल्लंघन किया और उनको गिरफ्तारी देनी पड़ी।

1933

ब्रिटिश सरकार ने तमिल साप्ताहिक 'कुदी आरसु' को प्रतिबन्धित कर दिया। एक अन्य पत्रिका 'पुरातकी' (क्रान्ति) का प्रकाशन पेरियार ने किया।

1935

पेरियार ने जस्टिस पार्टी को और अधिक समर्थन देना शुरू कर दिया। पार्टी ने 01 जून, 1935 को तमिल साप्ताहिक पत्र 'विदुथलई' का प्रकाशन शुरू किया। इसका भार पेरियार पर आया; जिन्होंने 01 जनवरी, 1937 से विदुथलई को तमिल दैनिक के रूप में प्रकाशित करना आरम्भ कर दिया। 12 जनवरी, 1935 से पेरियार द्वारा तमिल भाषा की लिपि में किए गए सुधार उनके द्वारा प्रकाशित सभी पुस्तकों और समाचार पत्रों में लागू कर दिए गए।

1940

उन्होंने बॉम्बे में डॉ. बी.आर. आंबेडकर और मोहम्मद अली जिन्ना से मुलाकात की। मि. सी.एन. अन्नादुरै (उन्हें स्नेह से अन्ना कहा जाता था।) उनके साथ हो गए। जब सी. राजगोपालाचारी के मंत्रालय ने इस्तीफा दिया, तो पेरियार को वैकल्पिक मंत्रालय बनाने का निमंत्रण दिया गया। क्योंकि, वे जस्टिस पार्टी के निर्वाचित नेता थे। उन्होंने तिरुवरुर सम्मेलन में अलग द्रविड़नाडु की माँग की; ताकि द्रविड़ नस्ल को बचाया जा

सके। साथ ही तमिल भाषा को हिन्दी और उत्तरी भारतीय हिन्दू पूँजीवादियों के दबदबे से बचाया जा सके।

1944

27 अगस्त, 1944 को सलेम में आयोजित जस्टिस पार्टी के प्रान्तीय सम्मेलन में पार्टी का नाम बदलकर 'द्रविड़ कड़गम' रख दिया गया; ताकि यह पूरी तरह उस सामाजिक क्रान्तिकारी आन्दोलन को परिलक्षित कर सके, जिसका लक्ष्य था—ब्राह्मणों द्वारा दमित द्रविड़ नस्ल का उद्धार। वहाँ यह घोषणा भी की गई कि पार्टी चुनाव नहीं लड़ेगी और न ही ब्रिटिश सरकार द्वारा दिए जाने वाले अलंकरण स्वीकार करेगी।

1946

11 मई, 1946 को मदुरै में वैगई नदी के तट पर प्रसिद्ध 'काली कमीज सम्मेलन' का आयोजन किया गया। रेत पर हो रहे इस आयोजन के दौरान ब्राह्मणों द्वारा भड़काए गए गुंडों ने पंडाल को आग लगा दी और पेरियार तथा उनके साथी पूरा दिन उसी में फँसे रहे।

15 अगस्त, 1947

15 अगस्त, 1947 को जब पूरा भारत और पूरा विश्व भारत की आजादी का जश्न मना रहा था, तब पेरियार ने एक साहसिक घोषणा करते हुए कहा था कि यह तमिलों के लिए शोक का दिन है। उन्होंने कहा कि भारत की आजादी कुछ और नहीं बस ब्रिटिशों से ब्राह्मणों और बनियों के हाथों सत्ता हस्तांतरण है।

14 सितम्बर, 1947

14 सितम्बर, 1947 को द्रविड़नाडु को अलग करने सम्बन्धी एक सम्मेलन का आयोजन कडलोर कस्बे में आयोजित किया गया।

1948

काली कमीज स्वयंसेवक कोर को प्रतिबन्धित कर दिया गया। 18वें द्रविड़ कड़गम राज्य सम्मेलन का आयोजन तूतीकोरिन में 8 और 9 मई, 1948 को पेरियार की अध्यक्षता में किया गया। इस अवसर पर जाति और धर्म से परे पेरियार के हजारों समर्थक जुटे।

पेरियार और मि. सी.एन. अन्नादुरै (अन्ना) ने चेन्नई में मराईमलाई अदिगलार (तमिल शुद्धता के आग्रही) के नेतृत्त्व में आयोजित हिन्दी-विरोधी स्वयंसेवकों के सम्मेलन में हिस्सा लिया। 30 जनवरी, 1948 को महात्मा गांधी को नई दिल्ली में प्रार्थना-सभा के दौरान मराठी ब्राह्मण नाथूराम गोडसे ने गोली मार दी। पेरियार ने तमिलनाडु में आयोजित बैठकों में इसकी निन्दा की। उन्होंने यह सुझाव दिया कि भारत का नाम गांधी-राष्ट्र (नाडू) रख दिया जाए। उन्होंने गांधी की शहादत को याद रखने के लिए गांधी-धर्म नामक नया धर्म चलाने का सुझाव भी दिया।

1949

मनियाम्माई के साथ पेरियार का विवाह उनके स्वास्थ्य की रक्षा और आन्दोलन की परिसम्पत्तियों की देख-रेख के लिए किया गया; ताकि यह सुधारवादी आन्दोलन भविष्य में बिना किसी अड़चन के चलता रह सके।

1950

उन्होंने गणतंत्र दिवस यानी 26 जनवरी, 1950 को तमिलों के लिए शोक दिवस घोषित किया। 22 जनवरी, 1950 को पेरियार को उनकी पुस्तक 'पोनोमोझिगल' (स्वर्णिम कहावतें) के प्रकाशन के लिए जेल की सजा सुनाई गई।

1951

पेरियार के आन्दोलनों द्वारा तैयार हो रहे प्रतिरोध को महसूस करते हुए केन्द्र की नेहरू सरकार ने पहली बार संविधान में संशोधन किया। यह भारतीय संविधान का पहला संशोधन था। संविधान के अनुच्छेद 15 में उपखंड (4) जोड़ा गया और देश में पिछड़े वर्ग के लिए समान अधिकार और अवसर सुनिश्चित करने के लिए सरकारी आदेश का प्रावधान किया गया।

1953

मूर्ति-पूजा की निन्दा करने के लिए और दुनिया को यह दिखाने के लिए कि मूर्तियों में कोई अलौकिक शक्ति नहीं है; पेरियार ने एक अभियान शुरू किया। उनके अनुयायियों तथा खुद पेरियार ने सार्वजनिक स्थानों पर पिल्लैयर (विनायक) की मूर्तियाँ तोड़नी शुरू कर दीं।

पेरियार ने राजाजी के उस शिक्षा सुधार कार्यक्रम का तीव्र विरोध किया, जिसके मुताबिक सभी छात्रों को विद्यालयों में अपने माता-पिता के पेशे को ही सीखना चाहिए था। विरोध इतना तगड़ा था कि सी. राजगोपालाचारी (राजाजी) को मुख्यमंत्री का पद छोड़ना पड़ा। परिणामस्वरूप के. कामराज तमिलनाडु के मुख्यमंत्री बने और उन्होंने भारी विरोध झेल रहे इस शैक्षणिक सुधार को लागू करने से इनकार कर दिया।

1954

पेरियार ने इरोड में बौद्ध धर्म पर एक सम्मेलन का आयोजन किया। पेरियार और उनकी पत्नी तथा कुछ मित्रों ने म्यांमार और मलेशिया की यात्रा की। म्यांमार में मांडले में उन्होंने विश्व बौद्ध सम्मेलन में हिस्सा लिया; जहाँ उनकी मुलाकात बौद्ध विद्वान मिस्टर मल्लाल शेखर और डॉ. बी.आर. आंबेडकर से हुई। उन्होंने डॉ. आंबेडकर से लम्बी चर्चा की और चर्चा में बौद्ध धर्मांतरण का विषय भी आया। उन्होंने डॉ. आंबेडकर को सलाह दी कि वे अकेले नहीं, बल्कि बड़ी संख्या में अपने अनुयायियों के साथ बौद्ध धर्म में दीक्षित हो जाएँ।

1955

पेरियार ने जनभावनाओं के विरुद्ध जाकर तमिलनाडु में हिन्दी को अनिवार्य करने की योजना का विरोध करते हुए घोषणा की कि वे एक निश्चित तिथि को देश का राष्ट्रध्वज जलाएँगे। पेरियार को सार्वजनिक स्थानों पर राम की तस्वीरें जलाने और हिन्दी की अनिवार्यता का विरोध करने के लिए गिरफ्तार कर लिया गया। उन्होंने ये तस्वीरें रामायण महाकाव्य में आर्य दबदबे और द्रविड़ नेताओं के दमन के विरुद्ध जलाई थीं। त्रिची के जिलाधिकारी आर.एस. मलयप्पन अस्पृश्यों के साथ सहानुभूति रखते थे और मद्रास उच्च न्यायालय के दो ब्राह्मण न्यायाधीशों ने अपने एक फैसले में उनकी निर्दयतापूर्वक आलोचना की। पेरियार इस फैसले का सच सबके सामने लाए। क्योंकि, आर.एस. मलयप्पन पिछड़े समुदाय के अधिकारी थे। पेरियार ने त्रिची टाउन हॉल चौराहे पर आयोजित एक जनसभा में उच्च न्यायालय के न्यायाधीशों की आलोचना करते हुए कहा कि वे वंचित वर्ग के प्रति नफरत का भाव रखते हैं।

18 जनवरी, 1957

पेरियार और भूदान आन्दोलन के प्रणेता विनोबा भावे ने तिरुचिरापल्ली में मुलाकात की।

23 अप्रैल, 1957

मद्रास उच्च न्यायालय के दो ब्राह्मण न्यायाधीशों द्वारा त्रिची के जिलाधिकारी आर.एस. मलयप्पन के मामले में दिए गए फैसले की आलोचना करने के चलते पेरियार पर न्यायालय की अवमानना का आरोप लगाया गया और जब न्यायमूर्ति पी.वी. राजामन्नार और न्यायमूर्ति ए.एस. पंचपक्ष अय्यर के समक्ष मामले की अन्तिम सुनवाई हो रही थी, तो उन्होंने उच्च न्यायालय में एक वक्तव्य देकर बताया कि कैसे ब्राह्मणों ने कई मामलों में नस्ली उद्देश्य से काम किया और कहा कि शूद्रों और पंचमों का उन्मूलन करना उनकी प्रकृति है।

1958

पेरियार ने जाति-व्यवस्था के खिलाफ एक और बड़े आन्दोलन की शुरुआत की। ब्राह्मण अपने होटलों के नामपट्ट पर ब्राह्मण होटल लिखा करते थे; ताकि लोगों में यह सन्देश जाए कि ब्राह्मण उनसे श्रेष्ठ हैं। पेरियार ने अपने अनुयायियों से अनुरोध किया कि वे तमिलनाडु के सभी ब्राह्मण होटलों के बोर्ड से ब्राह्मण शब्द मिटा दें। इस प्रदर्शन के परिणामस्वरूप होटलों के नामपट्ट से ब्राह्मण शब्द गायब होने लगा। तमिलनाडु सरकार ने उनके खिलाफ मामला दर्ज किया और पेरियार को गिरफ्तार कर लिया गया। उन पर आरोप था कि उन्होंने पशुपतिपालयम (करूर), कुलितलई और तिरुचिरापल्ली में दिए भाषणों में अपने अनुयायियों को ब्राह्मणों पर हमला करने के लिए भड़काया। उनको तिरुचिरापल्ली की जिला अदालत ने छह माह कैद की सजा दी। पेरियार और उत्तर भारत के समाजवादी नेता राममनोहर लोहिया ने चेन्नई में मुलाकात की और लोगों की सामाजिक और राजनीतिक सेवा करने के बारे में विचार-विमर्श किया।

1960

उन्होंने तमिलनाडु को छोड़कर भारत का नक्शा जलाया और कहा कि केन्द्र सरकार का शासन ब्राह्मणों का शासन है। पेरियार के निर्देशन में समूचे तमिलनाडु में सर्वोच्च न्यायालय के उस निर्णय के विरुद्ध विरोध-दिवस मनाया गया, जिसमें तमिलनाडु लैंड सीलिंग अधिनियम के प्रभाव को समाप्त कर दिया था; जबकि यह अधिनियम संविधान संशोधन के जरिए बना था।

1967

मि. सी.एन. अन्नादुरै तमिलनाडु के मुख्यमंत्री बन गए। उनकी पार्टी डीएमके को तमिलनाडु विधानसभा में सर्वाधिक सीटें मिलीं। वह तिरुचिरापल्ली गए और उन्होंने पेरियार की शुभकामनाएँ और मशविरा लिया।

1968

पेरियार के सच्चे तर्कवादी शिष्य की भाँति अन्ना ने एक सर्कुलर जारी कर सभी सरकारी कार्यालयों से हिन्दू देवी-देवताओं की तस्वीरें हटाने का निर्देश दिया। यह कदम एक धर्मनिरपेक्ष राज्य के अनुरूप था।

1969

पेरियार ने मन्दिरों में व्यवहार में लाए जा रहे जातिगत भेदभाव को समाप्त करने के लिए उनके गर्भगृह में सभी जातियों के योग्य व्यक्तियों का प्रवेश सुनिश्चित करने के लिए एक कार्यक्रम की घोषणा की। इससे पहले केवल ब्राह्मण ही पूजा-अर्चना करवा सकते थे; वह भी तमिल की बजाय संस्कृत में।

1970

तमिल द्विमासिक पत्रिका 'उन्मई' (सच) की शुरुआत पहले पेरियार ने तिरुचिरापल्ली से की। पेरियार ने 'रेशनलिस्ट फोरम' नामक एक नया मंच बनाया, जो गैर-राजनीतिक और सामाजिक संगठन था। इसमें सरकारी और निजी कर्मचारियों को जोड़ा गया और ऐसे अन्य लोगों को भी, जो तार्किकता में यकीन करते थे। अंग्रेजी के तर्कवादियों की आवश्यकता को ध्यान में रखते हुए पेरियार ने अंग्रेजी मासिक 'मॉर्डन रेशनलिस्ट' की शुरुआत की।

8 दिसम्बर, 1973

पेरियार ने एक सामाजिक सम्मेलन का आयोजन कर सामाजिक अवनति और ब्राह्मणों द्वारा थोपी गई जाति-व्यवस्था को खत्म करने पर चर्चा आयोजित की। यह सम्मेलन 8 और 9 दिसम्बर, 1973 को थिडल, वेपेरी, मद्रास में आयोजित किया गया और दोनों ही दिन अपार जनसमूह

वहाँ पहुँचा। पेरियार ने एक शानदार भाषण देकर तमाम द्रविड़ों का आह्वान किया कि वे आगे आएँ और जाति तथा सामाजिक अवनति के उन्मूलन के लिए काम करें। उस समय कई ऐतिहासिक प्रस्ताव पारित किए गए।

19 दिसम्बर, 1973

चेन्नई में त्यागराय नगर में पेरियार ने अपना अन्तिम भाषण दिया। मानो वह बेहद स्मरणीय ढंग से अपना मृत्युपूर्व बयान दे रहे हों।

20 दिसम्बर, 1973

हार्निया की बीमारी के कारण असहनीय दर्द से जूझते पेरियार को चेन्नई के सरकारी अस्पताल में दाखिल किया गया।

21 दिसम्बर, 1973

पेरियार की इच्छा पर उनको वेल्लोर स्थित सीएमसी अस्पताल ले जाया गया।

24 दिसम्बर, 1973

दुनिया के महान विचारकों में से एक और दृढ़ तर्कवादी पेरियार ने अपनी अन्तिम साँस ली। वे दुनियाभर के करोड़ों तर्कवादियों, द्रविड़ नस्ल के तमिलों और अपने तमाम चाहने वालों को असहनीय दु:ख में छोड़कर चले गए।

(द्रविड़ कड़गम की आधिकारिक तमिल वेबसाइट से साभार,
अंग्रेजी से हिन्दी अनुवाद : पूजा सिंह)

परिचय

वी. गीता

दक्षिण भारत की प्रमुख स्त्रीवादी इतिहासविद, लेखक और अनुवादक हैं। जाति, शिक्षा, स्त्रीवाद और समकालीन तमिल समाज पर अंग्रेज़ी और तमिल में लेखन करती रही हैं। इन्होंने एस.वी. राजादुरै के साथ मिलकर 'टुवड्‌र्स, अ नॉन-ब्राह्मिन मिलीनियम : फ्रॉम अयोथी थास टू पेरियार' शीर्षक किताब लिखी है।

ब्रजरंजन मणि

ब्रजरंजन मणि की ताजा पुस्तक है 'नॉलेज एंड पॉवर : ए डिस्कोर्स फॉर ट्रांसफार्मेशन' (2014)। उनकी सबसे प्रसिद्ध रचना 'डीब्राह्मनाईजिंग हिस्ट्री' (2005) कई बार मुद्रित हो चुकी है और अब उसका पूर्णत: संशोधित संस्करण (2015) उपलब्ध है। वे इंडियन इंस्टीट्यूट ऑफ एडवांस स्टडी, शिमला के फेलो रहे हैं; वहाँ उनके शोध प्रबन्ध का शीर्षक था 'डॉ. आंबेडकर्स प्रेडेसेसर्स ऑन द पाथ टुवड्‌र्स नवयान'। वैकल्पिक इतिहास, सामाजिक आन्दोलन और ज्ञान के निर्माण और उसके प्रसार पर शोध में उन्हें विशेषज्ञता हासिल है। वे दिल्ली में रहते हैं और मानवाधिकार व शिक्षा के प्रजातांत्रिकरण के लिए काम कर रहे कई संगठनों और समूहों के सक्रिय सदस्य हैं।

ओमप्रकाश कश्यप

जन्म : 15 जनवरी, 1959। साहित्यकार एवं विचारक ओमप्रकाश कश्यप की विविध विधाओं की तैतीस पुस्तकें प्रकाशित हुई हैं। बाल साहित्य के भी सशक्त रचनाकार ओमप्रकाश कश्यप को 2002 में हिन्दी अकादमी दिल्ली के द्वारा और 2015 में उत्तर प्रदेश हिन्दी संस्थान के द्वारा समानित किया जा चुका है। विभिन्न पत्र-पत्रिकाओं में नियमित लेखन।

संजय जोठे

जन्म : 20 सितम्बर, 1978। फोर्ड फाउंडेशन इंटरनेशनल फेलो और लीड इंडिया फेलो संजय जोठे समाज कार्य में देवी अहिल्या विश्वविद्यालय से एम.ए. के बाद ब्रिटेन की ससेक्स यूनिवर्सिटी से अन्तर्राष्ट्रीय विकास में एम.ए. तथा टीआईएसएस, मुम्बई से पीएचडी कर रहे हैं। इनकी एक किताब 'जोतिबा फुले : जीवन और विचार' प्रकाशित हो चुकी है और एक अन्य किताब प्रकाशनाधीन है।

पूजा सिंह

जन्म : 1 जुलाई, 1983। समतामूलक समाज के स्वप्न के साथ 10 वर्षों से पत्रकारिता में सक्रिय पूजा सिंह नेटवर्क 18, तहलका से जुड़ी रही हैं। इन्होंने आदिवासी, स्त्री और वंचित वर्ग के मुद्दों पर विशेष रिपोर्टिंग की है।

अशोक झा

जन्म : 29 सितम्बर, 1963। पिछले 25 वर्षों से दिल्ली में पत्रकारिता कर रहे हैं। उन्होंने अपने करियर की शुरुआत हिन्दी दैनिक राष्ट्रीय सहारा से की थी तथा वे सेंटर फॉर सोशल डेवलपमेंट, नई दिल्ली सहित कई सामाजिक संगठनों से भी जुड़े रहे हैं।

❂❂❂